新闻传播学核心课程系列教材

广播电视概论（第二版）

主　编　陈相雨　郭　静
副主编　陈瑞娟　阮　立　唐丽雯

西安交通大学出版社
XI'AN JIAOTONG UNIVERSITY PRESS

图书在版编目(CIP)数据

广播电视概论 / 陈相雨,郭静主编. —2版. —西安:西安交通大学出版社,2023.5(2024.7重印)
新闻传播学核心课程系列教材
ISBN 978-7-5693-3147-9

Ⅰ.①广… Ⅱ.①陈… ②郭… Ⅲ.①广播电视-概论-高等学校-教材 Ⅳ.①G220

中国国家版本馆 CIP 数据核字(2023)第 050444 号

书　　名	广播电视概论 GUANGBO DIANSHI GAILUN
主　　编	陈相雨　郭　静
责任编辑	赵怀瀛
责任校对	柳　晨
封面设计	任加盟
出版发行	西安交通大学出版社 (西安市兴庆南路1号　邮政编码 710048)
网　　址	http://www.xjtupress.com
电　　话	(029)82668357　82667874(市场营销中心) (029)82668315(总编办)
传　　真	(029)82668280
印　　刷	陕西奇彩印务有限责任公司
开　　本	787mm×1092mm　1/16　　印张 13.5　　字数 296千字
版次印次	2023年5月第1版　2024年7月第2次印刷
书　　号	ISBN 978-7-5693-3147-9
定　　价	39.80元

如发现印装质量问题,请与本社市场营销中心联系。
订购热线:(029)82665248　(029)82667874
投稿热线:(029)82668133
读者信箱:xj_rwjg@126.com

版权所有　侵权必究

前言
Foreword

广播电视是20世纪人类伟大的发明。作为"技术装置",广播电视不但将人类社会信息传播向纵深推进,而且还改变了人类认知世界的方式,并在实现人类远距离传播梦想的同时,与其他媒介一起将人类带进了一个深度媒介化的时代。如今,广播电视又在融媒体技术的加持和驱动下,发生了翻天覆地的变化。因而不管是从微观,还是从宏观,也不管是过去、现在,还是将来,我们都要对广播电视给予高度和充分的重视。

在概念上,广播电视一般是指通过无线电波或导线,向广大地区或特定范围播送声音、图像节目的大众传播媒介的统称。如果纯粹从技术层面来讲,广播电视就是通过电磁波传送声音和图像符号的技术性工具,它是人类科技进步的产物,代表着一个时代的科学技术成就。但是,任何技术都和人发生着紧密的联系,或者说它承载着人类社会特定阶段的文化基因,一旦出现并嵌入社会结构之中,就会在人类社会的方方面面产生剧烈而深远的影响。

首先是对政治的影响。在广播电视诞生之前,民众了解政治信息和相关动态资讯,主要通过报纸等平面媒介来实现,政党也通过报纸媒介的新闻报道和评论,试图影响民众的政治立场、政治态度和行为。广播电视的诞生,使人类社会迈进了电子传播时代,广播电视凭借现场感强、动态呈现、声情并茂、雅俗共赏等优势,很快赢得了民众的信赖,并超越平面媒介成为影响民众日常生活的第一媒介。政党、政府及各类政治团体,也都竭尽所能,用各种方式试图影响和控制广播电视,使其"为我所用"。著名的例子是美国总统富兰克林·罗斯福(Franklin D. Roosevelt)的"炉边谈话"。20世纪30年代,美国经济正处于大萧条时期,富兰克林·罗斯福总统为了获得民众对政府的强有力支持,做了一档被称为"炉边谈话"的广播节目,这档节目不仅宣传了总统的货币及社会改革主张,而且还赢得了民众对政府当局的理解和尊重,这对缓解危机、帮助美国政府渡过难关起到了很大的作用。随着广播电视的快速发展，尤其是电视媒介技术的突飞猛进，从1952年开始，美国总统大选引入了电视媒介技术，到1968年理查德·米尔豪斯·尼克松（Richard Milhous Nixon）竞选总统时，电视媒介就已经成为总统竞选活动中最大的广告传播平台。如今，有关竞选的新闻发布会、记者招待会、竞选者的电视演说、竞选者之间的电视辩论等，都是美国政治生活中不可或缺的重要内容，美国人业已形成了通过"观看"电视辩论来评判竞选纲领，通过"视听"节目来参与政治竞选等各项活动的政治习惯。甚至在一段时间内，还有研究者将美国"民主"视为"电视民主"，不管此观点是否准确，但由此观之，我们也足以看出广播电视对美国政治生活所产生的巨大影响力。目下，在我国出现的"电视问政"节目以及其他时政新闻类电视节目，也同样能说明广播电视具有强大的政治影响力。

其次是对经济的影响。我们说报纸是经济发展的产物，广播电视同样如此，甚至在相当程度上，经济发展对信息传播在规模和速度上提出了更高要求，由此广播电视才具备了产生和发展的市场基础。广播电视传播速度快，与报纸媒介相比，降低了市场主体获取信息的时间成本，并且使市场主体在瞬息万变的市场竞争中始终保持着主动性。广播电视主要以视听传播为主，不管何种文化层次的受众，都可以接触和使用广播电视，这意味着广播电视的受众基础广泛。亿万受众通过广播电视获取经济信息，调整和引导自身经济生产活动，使得市场竞争更为健康和良性。当然，前提是广播电视传播的经济信息一定是真实准确的。广播电视的信息传播方式形象生动、易于接受，并且受众数量庞大，市场主体更愿意通过广播电视来影响受众，使他们成为自己产品的消费者和品牌的忠实支持者。

中央电视台（2018年之前称呼）黄金时段的广告招标，曾一度被称为"中国经济的晴雨表"。几十年来，它见证了无数品牌的崛起，也促进了中国经济的发展。同时，央视广告招标还给其他省级卫视创造了可以模仿借鉴的经营模式，以致广告招标成为各省级卫视媒体经营的惯用策略。据有关调查显示，仅2017年央视广告招标额已超70亿元人民币。应该说，在相当长的时间里，广播电视在媒体经营中依然处于霸主地位。再有，作为广播电视在融媒体环境下升级和变化形态的网络视频直播平台，不仅创造了一个又一个销售神话，而且还颠覆了传统的商业模式，它跨越了中间环节的层层"盘剥"，使经济产业链变得更低廉、更有效。更值得关注的是，"变种"后的广播电视不但改变了很多小微企业的命运，而且还在促进西部崛起、精准扶贫、乡村振兴等方面都发挥了非常重要的作用。

再次是对文化的影响。广播电视对文化的影响也是深刻而全面的。广播电视作为重要的传媒类型,具有文化传承和文化创新等多种功能。例如红极一时的中央广播电视总台节目《百家讲坛》,具有很明显的文化传承价值。这一节目坚持"让专家、学者为百姓服务"的宗旨,在专家、学者和百姓之间架起一座桥梁,从而达到传承中国优秀传统文化的目的。而且,这档节目一度在社会上掀起了学习传统文化的热潮。尽管《百家讲坛》节目中的一些内容遭到了不少人的质疑和批评,但其传承和普及传统文化的价值是不可抹杀的。

当然,广播电视不光能传承优秀传统文化,它还创造了属于广播电视媒介自身特征的文化样态和形式。典型的例子就是以"视听"为基本表现手段的广播剧、电视剧、网络剧等艺术形式,目前这些艺术形式不但为人民群众所喜闻乐见,而且是当下流行文化重要的组成部分。为促进电视艺术的发展,我国还设立了中国电视剧飞天奖、中国电视金鹰奖等相关奖项,这在相当程度上也是政府对电视艺术作为一种成熟的文化形态的充分肯定。

最后是对日常生活的影响。日常生活是其他一切活动的基础,它虽然琐碎、平庸、感性,但涵盖和承载了所有的微观社会变迁。广播电视作为媒介力量,嵌入到民众的日常生活中,促使他们依据现代性的某种暗示或要求发生改变。例如,广播电视广告作为资本的视听语言,侵入到民众的日常生活中,通过"制造梦想"的方式将处于原初状态的"人"转变为"消费者",实现哈贝马斯提出的意义上的"系统"对生活世界的"殖民"。再有,作为器物的电视机,在民众的日常生活中占据重要的位置,几乎每一个家庭在装修房子的时候,要为电视机预留合适的位置,以便通过"观看"了解和进入看似真实的媒介世界,或者说实现与外在世界的某种对接。而且,日常生活空间也会因为电视机的不同摆放,实现公共和私人、工作和休闲等不同领域的分割,而这种分割本身也蕴含着丰富的社会意义。进一步言之,融媒体环境下升级变种的广播电视,既是器物,又是器具,更是人身体延伸出来的器官。它既丰富民众的日常生活,又绑架民众的日常生活,甚至在相当程度上,人的主体性又会因广播电视的侵蚀而不复存在。

当然,广播电视的影响不限于上述四个层面,而且广播电视本身也会受到政治、经济、文化等各个领域因素的影响。这些因素之间是一种互构的关系,但彼此力量又是不均衡、不对等的。当下,广播电视与各个领域的关系正在发生重要变化,剖析和揭示其背后隐藏的力量和逻辑显得更加有趣和有价值。而这一切,都要从对广播电视的基本认知开始。

值得关注的是,进入网络与新媒体传播时代,面对着新媒介生态,广播电视行业也在不断变革和发展。互联网作为一种结构性力量,在政治、经济、文化以及日常生活方面,的确给人类带来了巨大的影响,而且有些影响甚至是颠覆性的。但细观之,会发现互联网传播仍然离不开"视听语言",甚至在一定程度上还依赖着"广播电视"。在这个意义上,断言广播电视正在丧失影响,未免言过其实。事实上,在融媒体环境下广播电视正在升级变革,并以新形态焕发着蓬勃的朝气和生机。

目录 Contents

第一章　广播电视史论：从技术发明到传播革命 ……………………（001）
- 第一节　广播电视发明与人类传播革命 ……………………………（002）
- 第二节　西方广播电视的发展 ………………………………………（008）
- 第三节　中国广播电视的发展 ………………………………………（016）

第二章　广播电视功能论：从信息传递到日常生活 …………………（025）
- 第一节　广播电视的传播共性 ………………………………………（026）
- 第二节　广播电视的传播特性 ………………………………………（028）
- 第三节　广播电视的社会功能 ………………………………………（030）
- 第四节　电视的负功能及其批判 ……………………………………（035）

第三章　广播电视节目论：从单一到多元 ……………………………（039）
- 第一节　广播电视节目的类型与发展 ………………………………（040）
- 第二节　广播电视新闻节目 …………………………………………（041）
- 第三节　广播电视文艺节目 …………………………………………（048）
- 第四节　广播电视教育节目 …………………………………………（058）
- 第五节　广播电视服务节目 …………………………………………（062）
- 第六节　广播电视其他类型节目 ……………………………………（064）

第四章　广播电视界面人物论：从播音员到出镜记者 ………………（072）
- 第一节　界面人物的分类及特征 ……………………………………（073）
- 第二节　广播电视节目播音员 ………………………………………（076）
- 第三节　广播电视节目主持人 ………………………………………（079）

  第四节 电视出镜记者 ……………………………………………………………… (083)
  第五节 界面人物的职业素质 ……………………………………………………… (086)

第五章 广播电视新闻采编论：从采访选题到节目编辑 ……………………………… (094)
  第一节 广播电视采访 ……………………………………………………………… (095)
  第二节 广播电视写作 ……………………………………………………………… (105)
  第三节 广播电视编辑 ……………………………………………………………… (110)

第六章 广播电视符号论：从声音符号到视听兼备 ………………………………… (119)
  第一节 广播传播的符号系统 ……………………………………………………… (120)
  第二节 电视传播的符号系统 ……………………………………………………… (124)
  第三节 5G 时代的视听革命 ……………………………………………………… (132)

第七章 广播电视受众论：从受众分析到效果研究 ………………………………… (135)
  第一节 广播电视媒介的受众分析 ………………………………………………… (136)
  第二节 电视媒介的收视率测量 …………………………………………………… (140)
  第三节 广播电视的效果研究 ……………………………………………………… (145)

第八章 广播电视体制论：从西方到中国 ……………………………………………… (150)
  第一节 多体制并存的西方广播电视体制 ………………………………………… (151)
  第二节 我国广播电视体制的历史变迁及动因 …………………………………… (159)
  第三节 我国广播电视体制的价值研判及改革面向 …………………………… (167)

第九章 广播电视新媒体论：从数字技术应用到媒体融合 …………………………… (174)
  第一节 数字互动技术对广播电视的影响 ………………………………………… (175)
  第二节 广播电视新媒体：概念、形态及特征 …………………………………… (182)
  第三节 新媒介环境下广播电视的发展突围 ……………………………………… (186)

参考文献 …………………………………………………………………………………… (193)

第二版后记 ………………………………………………………………………………… (205)

第一版后记 ………………………………………………………………………………… (207)

第一章

广播电视史论：
从技术发明到传播革命

第一节 广播电视发明与人类传播革命

一、广播的诞生

19世纪初,第一次工业革命的浪潮从英国席卷开来。对于这次以机械化为主的工业革命来说,信息开始成为一个重要的因素,因为企业主亟须了解原料需求和货物销售的市场情报,但原有的信息传输方式已经难以跟上市场发展的步伐,以致一种新型快捷的远程通信工具成为当下所需,可以快速进行远距离传播的广播也就应运而生。不过,广播真正从构想走向应用,经历了一个漫长的过程,其间凝聚着多国科学家、工程师、技术人员长期的探索和努力。

(一)一切从电报开始

广播最初的起源是电报的发明。1844年,美国的发明家兼艺术家塞缪尔·莫尔斯(Samuel Morse)成功地用电报传送了一句话"What hath God wrought"(上帝创造了何等的奇迹),这意味着现代通信的诞生。

塞缪尔·莫尔斯是一名享有盛誉的美国画家。1832年,41岁的莫尔斯乘坐邮船,从法国北部的勒阿弗尔港驶向纽约,途中,他遇到了一个转变他人生轨迹,进而影响人类传播史的人——电学博士杰克逊。杰克逊在闲谈中向莫尔斯展示了电磁感应现象:"这就叫电磁铁。在没有电的情况下,它没有磁性;通电后,它就有了磁性。"莫尔斯仿佛看见了一个奇妙无比的新天地。于是,他向杰克逊请教了许多电的基础知识,比如电的传递速度等。从此,莫尔斯的生活发生了根本的转变,他开始刻苦钻研电学,还把自己的画室改造成电报实验室。

41岁的莫尔斯,在绘画领域功成名就后之所以会决然转向电报发明,和他曾经的人生经历有关。在此之前,莫尔斯就因为信息滞后造成严重心理阴影。在他经历6天6夜的颠簸后回到家,想要给刚生完孩子的妻子一个拥抱时,却不料妻子已经去世。而几天前,他刚收到父亲的来信:"你亲爱的妻子正在康复。"

莫尔斯从相关资料中得知,在他之前,早就有人设想用电传递信息。一位叫摩立孙的电学家,就曾做过这样一个实验:架设26根导线,每根导线代表一个字母。这样,当导线通电时,在导线的另一端,相应的纸条就会被吸引,并记下这个字母。当时由于电源问题没有解决,因此摩立孙的实验未能进一步深入。莫尔斯意识到,必须把26个字母的信息传递方法加以简化,这样电报机的结构才会简单一些。莫尔斯决定用点、横线和空白共同承担起发报机的信息传递任务。他为每一个英文字母和阿拉伯数字设计出代表符号,这些代表符号由不同的点、横线和空白组成。这是电信史上最早的编码,后人称它为莫尔斯电码(见图1-1)。

有了电码,莫尔斯马上着手研制电报机。他在极度贫困的状态下,进行研制工作。终于在1837年9月4日,莫尔斯制造出了一台电报机。它的发报装置很简单,是由电键和一组电池组成。按下电键,便有电流通过。按的时间短促表示点信号,按的时间长些表示横线信号。

在国会的拨款帮助下,一条约64千米的线路建立起来。1844年5月24日,莫尔斯坐在华盛顿国会大厦联邦最高法院会议厅中,用激动发抖的手,向40英里(约64.37千米)以外的巴尔的摩城发出了历史上第一份长途电报。

```
A ·−        J ·−−−      S ···       2 ··−−−
B −···      K −·−       T −         3 ···−−
C −·−·      L ·−··      U ··−       4 ····−
D −··       M −−        V ···−      5 ·····
E ·         N −·        W ·−−       6 −····
F ··−·      O −−−       X −··−      7 −−···
G −−·       P ·−−·      Y −·−−      8 −−−··
H ····      Q −−·−      Z −−··      9 −−−−·
I ··        R ·−·       1 ·−−−−     0 −−−−−
```

图 1-1　莫尔斯电码

（二）电话：从传递符号到传递声音

有了电报还是不够的，它所传递的毕竟只是符号。发一份电报，需要先拟好电报稿，然后再译成电码，交报务员发送出去；对方报务员收到报文后，得先把电码译成文字，然后投送给收报人。这不仅手续繁多，而且不能及时进行双向信息交流。到了1876年，亚历山大·格拉汉姆·贝尔（Alexander Graham Bell）发明了电话，有效解决了有线传音的问题。贝尔也被人们称为"电话之父"。

亚历山大·格拉汉姆·贝尔，1847年生于英国苏格兰，他的祖父和父亲毕生都从事聋哑人的教育事业，他的母亲是一位聋人。由于家庭的影响，他从小就对声学和语言学有浓厚的兴趣。开始，他的兴趣是在研究电报上。有一次，当他在做电报实验时，偶然发现了一块铁片在磁铁前振动会发出微弱声音，而且他还发现这种声音能通过导线传向远方。这给贝尔以很大的启发。他想，如果对着铁片讲话，不也可以引起铁片的振动吗？这就是贝尔关于电话的最初构想。1876年，贝尔获得了美国电话专利。具体见图1-2、图1-3。

图 1-2　贝尔试用电话

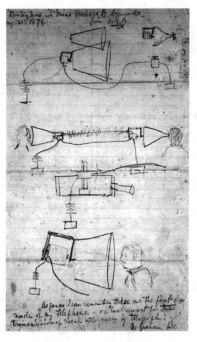

图 1-3　贝尔手稿

在贝尔发明电话之后,人们开始尝试着用电话进行新闻传播,建立在有线电话基础上的"电话报纸"可以说是最早的"有线广播"了。1877年,在波士顿铺设的第一条电话线路开通。同年,第一份用电话发出的新闻电讯被发送到《波士顿环球报》。1893年匈牙利人西奥多·普斯卡斯(Theodore Puskas)把布达佩斯市700多条电话线连接起来,定时报告新闻,被称为"电话报纸",有线广播从此诞生。

(三) 质的飞跃:空中的广播

19世纪末20世纪初,无线电技术发展突飞猛进,无线电领域的发展对大众媒介产生了革命性的影响。1895年,俄国人波波夫(Popov)和意大利人马可尼(Marconi)分别制成了世界上最早的无线电接收机,从此无线电传播时代到来了。1896年马可尼在英国取得了专利,并且在英国资本的支持下组建了马可尼无线电报公司从事无线电报器材的生产。1899年他成功拍发了英国至法国的无线电报,并于1902年,用无线电报把信号发送到大西洋彼岸,从此无线电通信进入实用阶段。

1906年圣诞夜,加拿大人费森登(Fessenden)在美国马萨诸塞州的一个无线电广播实验室,成功进行了无线电有声广播。当时航行在大西洋海面上的一艘轮船上的无线电电报员从耳机里听到了费森登在朗读《路加福音》、演奏小提琴,还听到留声机里播放的音乐和圣诞问候。费森登的这次试验成为历史记载的第一次广播试验活动,也被认为是广播时代的开端。费森登也被称为"无线电广播之父"。

除了波波夫、马可尼和费森登,美国人李·德·福雷斯特(Lee De Forest)同样不可忽视,而这不过是因为他发明了广播接收器上的一个小装置三极管。这一发明不仅成为真空电子学的开端,也是电子学历史的开端,推进了人类文明的进程。后来,他被很多人称为"电子管之父"。

福雷斯特1873年8月26日出生于美国艾奥瓦州。他一生有300余项发明专利权,最著名的就是三极管。在三极管发明之前,无线电设备的收发效果十分不稳定,这使得当时的无线电设备不可能成为一个大众传播的媒介,因为一个不知道什么时候能听到声音的机器不可能凝聚大量的受众,所以最初的无线电业培养出的是以个体身份存在的无线电爱好者,他们之间进行的是点对点式的传播。而三极管的发明,能够做到在不失真情况下放大微弱信号,这为无线电设备最终走向大众传播媒介迈出了在技术上至关重要的一步。

总之,无数的先行者为广播的问世奠定了技术基础。第一次世界大战期间,无线电通信和无线电话被广泛使用。战后,无线电工业和技术开始转向民间。发射塔如雨后春笋般竖立起来,种类繁多的无线电接收机出现在商店的柜台上。1920年11月2日,美国匹兹堡西屋电气公司开办的商业广播电台开始播音,呼号为KDKA,它被公认为世界上第一家广播电台。1920年11月2日,这一天被认为是世界广播事业的诞生日。

(四) 广播使命:从娱乐到新闻的转变

广播最初是被作为娱乐媒体使用的,但兴起不久即成为重要的新闻传媒,这和当时的时代背景有关。美国继 KDKA 之后,其他电器公司纷纷申请并设立电台。截至 1927 年,美国国内就已拥有电台 737 座。随后,1929 年,全球性的经济大萧条到来,为了在经济危机时期树立民众的信心,一些政治家开始利用电台发布新政,争取民心。1932 年,罗斯福在经济危机的情况下就任美国总统,为了振奋民心,树立信心,罗斯福就职总统后的第 8 天决定使用广播发表演讲,广播节目名为"炉边谈话"。罗斯福在其 12 年的总统任期内,共做了 30 次炉边谈话。每当美国面临重大事件之时,罗斯福都用这种方式与美国民众沟通。罗斯福也被称为"广播总统"。这场全球性的经济大衰退过去没几年,第二次世界大战爆发,这为国际广播的发展提供了历史机遇。二战开始后,报刊的印刷、出版和发行受到了战争的巨大影响,但人们对于各种信息的需求空前增长。这时,广播无远弗届、传递及时的优势充分显现出来。据统计,1939 年时,共有 27 个国家办有对外广播,到 1945 年战争结束时,这个数字增加到 55 个国家[①]。

二、电视的发明与发展

马歇尔·麦克卢汉(Marshall McLuhan)说,电视把地球变小了。电视是 20 世纪人类最伟大的发明之一。电视从诞生的那天起,在世界范围内迅速推广和普及。从黑白到彩色,从模拟到数字,从无线传播到卫星直播,电视经历的一次次变革,伴随着的是电视技术的一次次历史性飞跃。

(一)"神奇魔盒":电视的诞生

电视的英文为"television",来自希腊语,是远处(tele)和景象(vision)的组合。电视的发明与广播的诞生是一脉相承的,它是电报远距离快速传递信息的继承者,是在电话和广播传送了声音之后的又一次飞跃。

19 世纪,在广播电视道路上摸索前进的科学家们获得了一个又一个的惊喜。1873 年,英国工程师威洛比·史密斯(Willoughby Smith)发现了硒晶体在光的照射下电阻减小的光电效应;1884 年,德国人保罗·尼普科夫(Paul Nipkow)构想电视的雏形,发明了对电视成像至关重要的图像扫描技术;1888 年,光电池问世。这些技术的发明都为电视的产生奠定了基础。从首次提出制造电视的设想,到英、美实验室中得到的第一幅忽隐忽现的电视图像,电视发明研制的过程经历了约 50 年的时间,并凝聚了多国科学家们的心血。其中,最著名的人物是英国科学家约翰·洛吉·贝尔德(John Logie Baird)。

1924 年春天,贝尔德成功地发射了一朵十字花图像。但发射的距离只有 3 米,图像也忽有忽无,只是一个轮廓。直到 1925 年 10 月 2 日清晨,终日陪伴他的木偶头像"比尔"的脸部特征被清晰地显现在接收机上。1926 年 1 月 26 日,贝尔德在伦敦公开表演,成功播送和接收电视画面,并在电视上映出一个办公室勤杂工的活动影像。这标志着电视的诞生,贝尔德也因此被称为"电视之父"。

---

① 李彬:《全球新闻传播史(公元 1500—2000 年)》,清华大学出版社,2005 年版,第 352 页。

1928年，贝尔德又把图像从伦敦传送到了美国纽约，对此，英、美报纸连篇累牍地报道贝尔德的成功实验，其中最有影响的文章是《纽约时报》刊发的《电视——未来的展望》一文。人们对能在一个不起眼的黑盒子中看到栩栩如生的图像，产生了极大的兴趣。刚问世的电视被称为"神奇魔盒"，贝尔德的实验证明图像也能通过无线电远距离传送。

电视的发明为电视事业的发展奠定了必要的物质基础。1929年，英国广播公司（BBC）开始试播电视，最初采用的就是贝尔德的机械电视系统，播出的是无声图像。1930年，BBC播出了声像俱全的多幕电视剧——《花言巧语的男人》。1932年，在英国"达比"赛马会期间，有4000人聚集在伦敦，观看了用贝尔德系统进行的电视转播①。在英国南肯辛顿科学博物馆里，游人至今仍能看到贝尔德发明的第一台电视机，还有陪伴他多年的木偶比尔（见图1-4）。

图1-4 贝尔德和他发明的机械电视及木偶比尔

（二）彩色电视的发明及其引发的制式之争

黑白电视的诞生虽足以让人兴奋不已，但若能如实地将五彩斑斓的世界投射在电视屏幕上则是一件更加令人欢欣鼓舞的事情。

其实，几乎是在发明黑白电视的同时，科学家们就已开始进行彩色电视的研制。1902年，澳大利亚科学家提出了彩色图像传送的原理——三基色原理，即自然界的一切色彩都可以通过红、绿、蓝三种基色光混合而模拟出来，因此，电视技术也只要传送和重现红、绿、蓝三种基色光信号，即可获得彩色图像。从20世纪30年代开始，美国一些大公司相继投资百万美元研究全电动彩色电视，20世纪40年代初，美国的哥伦比亚广播公司（CBS）和全国广播公司（NBC）分别完成了彩色电视的研制。继美国之后，西方其他国家也先后将彩色电视研制成功。

由于各国科学家在发明过程中对三基色信号和由其组成的亮度信号的处理方式均不相同，因此，出现了几十种不同的彩色电视制式。所谓电视制式，即一个国家在播放电视节目时所采用的特定制度和技术标准。为了方便各国电视节目的转播和交换，国际无线电咨询委员

---

① 郭镇之：《中外广播电视史》，复旦大学出版社，2008年版，第21页。

会曾多次组织各国讨论统一彩色电视的制式问题,但始终未达成协议。

制式之争,乃行业标准之争,也是金钱利益之争。因为彩色电视设备拥有广阔的市场,谁的制式能在世界上通用,谁就能获得丰厚的利润。经多方淘汰竞争,最后剩下的美、法、德三家具有竞争力的彩色电视制式在全球范围展开了激烈的市场争夺,大队人马带着各种机器,到世界各地现场表演,竭力兜售。1965年,在国际无线电咨询委员会维也纳会议上,彩色电视制式之争达到高潮,美法两国总统都亲自过问会议情况①。最终,由于政治和外交因素的介入,形成三种制式三分天下的局面。

第一种是美国的 NTSC 制,又称恩制。这种制式的彩色电视机成本较低,兼容性能也较好,缺点是色彩不稳定。第二种是联邦德国的 PAL 制,又称帕尔制。这种制式的电视机性能最佳,收看效果好,但成本较高。第三种是法国的 SECAM 制,又称塞康制。这种制式的电视机较 NTSC 制的效果好,但又不及 PAL 制,其缺点是成本较高,兼容性能差。目前,西欧、北欧和亚洲的大部分国家采用 PAL 制,俄罗斯、法国、非洲与东欧国家、少数亚洲国家和地区采用 SECAM 制,北美和绝大部分拉美国家及少数亚洲国家采用 NTSC 制。

(三)高清电视及数字电视的研制:电视领域的另一场博弈

日本是发达国家中最早开始研制高清晰度电视的国家。20世纪70年代初,日本广播协会(NHK)联合索尼公司等成功研制了1125行线的高清晰度电视系统,被称为 MUSE 系统。20世纪80年代以来,日本广播公司的全国电视网多次实验性地播出高清晰度电视节目。日本在高清电视研发成功后,欲把自己的高清电视系统推广为世界标准,但却遭到了西欧各国政府强有力的反对。他们反对的理由是日本高清电视会使所有的普通彩色电视过时,因为 MUSE 系统与任何普通彩色电视的传播制式(包括 NTSC、PAL、SECAM)都不兼容。而事实上,对于当时的欧洲共同体来说,如果高清电视的世界标准被日本取得,那么整个下一代消费类电子产品市场也就会被日本企业所垄断,这才是其不愿意看到的。

1992年,在计算机行业飞速发展的带动下,美国的技术专家成功找到了通过计算机数字编码来传送高清晰度电视画面的方法。由于数字高清在技术上更胜一筹,并且与未来通信及传播技术方向一致,使得其他各国的研制方向转向数字电视,在模拟系统中进行高清电视的开发完全被对数字电视的研制所取代。

事实上,从开发高清电视转向数字电视的背后,亦是一场行业标准与市场利益的博弈。在高清电视领域,日本起步早,技术遥遥领先,属于一枝独秀,发展高清电视几乎等于将全球市场拱手让给日本,这对于欧美发达国家来说,是无法接受的。而在数字电视领域,美国、日本及欧洲各国总体上实力相当,不至于出现某一家独大的局面,因此,发展数字电视成为世界各国共同的选择。

目前,全球主要有四种数字电视标准,分别是美国的 ATSC 标准、欧洲的 DVB 标准、日本

---

① 郭镇之:《中外广播电视史》,复旦大学出版社,2008年版,第29页。

的 ISDB 标准和中国的 DTMB 标准。我国自主制定的数字电视地面传输标准始于 2000 年。2007 年 8 月 1 日，中国的 DTMB 标准在中国内地和香港正式实施，形成了世界第四个数字电视标准。

与传统电视相比，数字电视在信息编码、声像质量、实现储存控制和处理、利用频谱资源、交互方式等技术要素上都远远优于传统电视。采用数字技术后，人们不仅能看到几百套电视频道，而且还能享受到高清的电视图像和逼真的影院音响效果，同时还有电视政务、电视商务、股票信息等大量资讯信息和服务。至此，电视机俨然成为一个集公共传播、信息服务、文化娱乐、交流互动等为一体的多媒体信息终端。

三、广播电视开启人类的第四次传播革命

在人类传播史上，到目前为止，一共经历了五次传播革命——语言传播、书写传播、印刷传播、电子传播、网络传播。每一次传播革命都可以说是惊天地泣鬼神，不仅有力改变着人类的传播方式，而且还深刻影响着人类的所思所想，对社会进步起到了重大的推动作用，将人类带进了一个新的境界、新的时代。而广播电视开启的正是第四次传播革命，即电子传播时代。

以广播和电视为主体的电子传播，不仅彻底突破了时间和空间的限制，使信息传播瞬息千里，而且挣脱了印刷传播中必不可少的物质运输的束缚，为信息传播开辟了一条便捷、高效、省钱、省力的空中通道。信息借助电波或电磁波在空中传播，成为无处不在、无时不有的大众传播、跨国传播，甚至全球传播。同时，电子传播也不像印刷传播那样是将人推向信息，而是将信息推向人。接收印刷媒介中的信息，最起码的条件是识字，而接收电子媒介中的信息，按一下按钮，信息即滚滚而来。因此，电子传播是在没有识字需要的情况下，为人类提供了超越识字障碍、进入大众传播的一个方法。也正是如此，当广播电台首次成功播出新总统当选的新闻时，广播的那种亲切自然、迅速及时的传播特点以及所引发的强大震撼力，曾让美国报业大亨恐慌，以为从此会在新闻报道上大失光彩，甚至认为广播会威胁到自身的生存与发展，因此他们曾试图联合起来抵制广播进入新闻传播领域[①]。

第二节　西方广播电视的发展

一、美国

美国的全国广播电视体系可以分为全国性电视网络，以及地方性广播电视台、有线电视站这两级传播系统。负责第一级传播的全国性电视网络并不直接面对电视观众，而是通过第二级传播的地方电视台和有线电视站把节目呈现在观众面前。美国的全国性电视网络又可以分为全国无线电视网、全国有线电视网两大类，它们主要通过卫星传输技术把自己的节目传送给各地的电视台和有线电视系统。而直接面对观众的地方电视台与有线电视站再根据自己的不

---

① 邵培仁：《论人类传播史上的五次革命》，《中国广播电视学刊》，1996 年第 7 期，第 5—8 页。

同职能直接转播,或是经过编排调整并加入自己的节目,传给电视用户。

在美国电视界有这样一个普遍的共识:无线电视网面向大众市场,仿佛百货商店;有线电视频道针对分众市场,类似于专卖店。因此,它们的市场营销策略也迥然不同。无线电视网重在推广节目品牌,有线电视频道重在推广频道品牌。无线电视网只有位于荧屏下方的统一LOGO,很少有统一的呼号和宣传片,而有线电视频道将整个频道作为一个品牌进行推广。比如,生活频道的宣传语"你的故事,在生活频道",家庭频道的宣传"有家的感觉,真好",特纳有线电视的宣传语"我们了解电视剧",HBO 的宣传语"这不是电视,这是 HBO",等等。

无线电视网与有线电视频道经营的差异,与两者不同的商业模式息息相关。无线电视网的收入来源为广告,因此它总是试图使节目收视人群最大化。很难用一个词、一个特征、一类受众去概括它,它是一组节目的象征。而有线电视频道的收入包括广告和收视费两部分。每个有线频道可以从有线商手中得到每个订户每月 5~10 美分的收视费,有些甚至更多。因此有线电视频道必须强化在目标受众心目中的整体品牌形象。

(一)美国无线广播电视网

美国最早的广播网全国广播公司(NBC)成立于 1926 年,由"蓝色"和"红色"两张广播网组成,第二年哥伦比亚广播公司(CBS)成立,向 NBC 发起挑战。1943 年,根据《广播联营条例》的规定,NBC 被迫出售"蓝色"广播网,该广播网后来成为美国广播公司(ABC),至此,美国广播电视业三足鼎立的局面形成。一直到 20 世纪 80 年代中期,三家广播电视公司互相争抢明星、主持人、制片人,瓜分收视率与广告市场,竞争是既激烈又友好的,人们把这一时期称为"经典电视网时代"。从 1985 年开始,三大电视网纷纷被收购,电视网的黄金岁月一去不返了。今天在美国,全国范围内的无线电视网主要有五家,即 NBC、CBS、ABC、FOX、CW。

1. 全国广播公司(NBC)

成立于 1926 年的 NBC 是美国第一家广播电视网,是绝对的"老大哥"。在联网广播的黄金时代,即 1930—1950 年,NBC 代表了美国广播的最高峰。在电视时代,NBC 也创造了许多个第一:第一次播出电视广告、晨间新闻节目、夜间脱口秀、综艺小品、拳击比赛、棒球比赛、时装表演、电影、音乐剧等;1954 年以 NTSC 制式建立美国第一个全部播出彩色电视节目的电视网,开启了电视节目彩色播出的历史。当时 NBC 的荧屏上,一只具有橙黄绿蓝紫褐六种颜色的动画孔雀缓缓地打开羽毛,主持人宣告:"以下节目将带给你生动的色彩,在 NBC!"

到了 80 年代,有线电视、卫星电视、家庭录像迅速出现并蓬勃发展,威胁着电视网的垄断地位。1986 年,通用电气以 62.8 亿美元收购了 NBC,这是当时美国历史上除石油之外最大的并购案。但在并购后的最初几年中,NBC 一直在飘摇中度过,收入由 1989 年的 6.03 亿美元跌至 1992 年的 2.04 亿美元。

1993 年是 NBC 的转折点。晨间节目《今天》的制作方在洛克菲勒中心临街建立了透明演播室,成为纽约的一大景点,一时间游人如织。与此同时,NBC 发掘并成功运作了"星期四效应"。由于美国的年轻人在星期五和星期六晚上很少看电视,星期四成为一周中可以影响他们的最后时刻,周四晚上的广告可以强化品牌的识别,直接刺激周末的休闲活动与购物消费。NBC陆续通过情景喜剧《老友记》和《威尔与格蕾丝》,牢牢地占据了周四晚间的黄金时段,并大力宣传、推广,号称"非看不可的电视"。由于这一时段对周末消费产生的直接影响,以及观众群体相对年轻、富有,NBC开始向广告商收取更高的广告费。从20世纪90年代早期开始,在NBC的广告收入中,有40%的份额来自周四晚间节目。

2004年通用电气以140亿美元收购了维旺迪环球娱乐80%的股份。NBC与维旺迪旗下的环球影城和有线电视网进行资产重组,建立了NBC环球。自此,NBC拥有了更多的有线电视网,通过打包销售的办法,提高了对广告主的吸引力,并且增加了与有线商讨价还价的余地。同时,与维旺迪环球娱乐的合并,使NBC环球在欧洲、亚洲拥有了更多的有线、卫星频道以及环球影城、环球主题公园等,甚至还有一座收藏5000多部电影、35000多个小时电视节目的图书馆。2009年康卡斯特收购NBC环球。康卡斯特是美国一家集有线电视、宽带网络及IP电话服务于一体的供应商,旗下还拥有时代华纳有线、梦工厂动画公司等。在美国目前的媒体大环境中,国家对广播电视业与其他产业(如电信、互联网)进行整合,让广播电视业逐步融入更大的信息产业中,通过一系列的交易和整合,做大影视媒体市场的规模。

2. 哥伦比亚广播公司(CBS)

1927年4月,哥伦比亚唱片公司买进了一家刚刚成立三个月的广播网络,并命名为哥伦比亚广播公司,但几个月后,唱片公司就对它失去了兴趣。费城烟草大王萨缪尔·佩利(Samuel Parley)用50万美元将它买下,并由儿子小佩利担任总裁。萨缪尔·佩利购买CBS的初衷是为了替自己的香烟做广告,小佩利没有辜负父亲的期望,香烟的销量从每天40万支涨至100万支。然而,小佩利期望达到的远不止这些。凭借对大众文化的特殊触觉,以及超凡的商业禀赋,小佩利使CBS逐渐发展成为一个超级传媒帝国。

在广播时代,CBS一直将NBC视为自己追赶的目标,尽管从节目质量、影响力等综合指标来看,广播时代的CBS没能撼动NBC领先的地位,但是,CBS却在广播史上留下了两档举足轻重的广播节目——《星际战争》和《这里是伦敦》。

《星际战争》是一部世界著名的科幻经典,是描绘火星人入侵地球的小说。1938年的万圣节前夕,CBS邀请的奥森·威尔士心血来潮,把《星际战争》改编成科幻剧播出。逼真的演播效果,使得当时众多听众信以为真,感到末日来临,引发了大规模恐慌。这次恐慌虽未有一人死亡,但成千上万的美国人觉得自己受到愚弄。为此,CBS遭到指控,人们要求赔偿75万美元。后来,美国为此颁布一项新法规:"禁止播放虚构新闻。"

1940年8月18日,CBS《这里是伦敦》开始进行现场报道。主持人爱德华·罗斯科·默罗(Edward Roscoe Murrow)每次广播都以"这里是伦敦"开始,以"晚安、好运"结束。他常常在战争第一线进行现场报道,用客观真实的报道让听众领悟到战争的性质。这就是战地现场播报,它奠定了默罗在美国乃至全世界杰出广播电视主持人和杰出战地记者的地位。

到了电视时期,CBS在收视率上成功翻身,曾连续五年收视率位居所有电视网首位。

1951年10月15日,CBS播出的《我爱露西》开启了美国肥皂剧的时代。这部剧从1951年10月15日开播到1960年4月1日,是美国电视史上最受欢迎的喜剧剧集之一。演员露西尔·鲍尔怀孕,编剧将之安排进故事情节,因此所有在1953年看过这一节目的人都知道,演员露西尔生了一个孩子。甚至,孩子出生的消息被刊登在许多报纸的头版,与艾森豪威尔宣誓成为美国总统的新闻放在了一起。1968年9月24日,《60分钟》正式开播,开创了电视新闻深度报道之先河。在前50季节目中,《60分钟》曾22次跻身全美电视收视率排行前10名,获得146项艾美奖。该节目也成功培养了很多知名记者,最为中国观众所熟知的是迈克·华莱士(Mike Wallace)和丹·拉瑟(Dan Rather)。由于《60分钟》的选题非常广泛,深入美国社会的方方面面,所以还被美国的社会学者视为美国社会的一面镜子。2000年5月31日CBS推出真人秀节目《幸存者》,该节目可谓一夜成名,到了第一季的最后一集,《幸存者》的收视人数为5100万,超过了除"超级碗"比赛直播之外的所有电视节目。

2019年8月,CBS和维亚康姆(Viacom)联合宣布,双方达成合并协议组建联合公司ViacomCBS。担任合并后公司总裁和CEO的鲍勃·巴克西(Bob Bakish)介绍说:"这是一个历史性的时刻,将两个标志性的企业变成了世界上最重要的内容制造方和提供方之一。CBS与Viacom拥有互补的资产、能力和人才团队,合并之后的ViacomCBS将通过其平台制作和提供高端内容。"2022年2月,ViacomCBS发布消息称将更名为派拉蒙环球(Paramount Global),简称派拉蒙(Paramount)。此举凸显该公司对其派拉蒙+(Paramount+)流媒体服务的重视。

3. 美国广播公司(ABC)

1943年,根据《广播联营条例》的规定,一家公司不得拥有两个以上广播网,因此,NBC不得不对公司进行拆分,把实力稍微弱一点的蓝网进行出售。几经转手之后,在1944年,由爱德华·约翰·诺贝尔(Edward John Noble)购得。1948年4月19日,ABC正式以电视台的方式出现在公众眼前。

当年NBC分割红蓝网的时候,完全抽离了整个蓝网的核心人员。到诺贝尔接手的时候,已经成为一个空的躯壳。除了拥有设备、网络等,几乎没有一个正规的节目组,更别提有像样的节目。诺贝尔是一个精明的投资商人,却不是一个合格的传媒人士。后来,他将电视网转手卖给了派拉蒙联合院线总裁莱昂纳德·古德森(Leonard Goldenson),ABC才逐渐迎来了发展的春天。

1954年,古德森决定与沃尔特·迪士尼(Walt Disney)合作,ABC以50万美元买下迪士尼乐园35%的股份,并为它的贷款提供担保。同时双方签订了每年500万美元共7年的节目制作合同。每周一小时的《迪士尼乐园》立即投入了生产,一经播出反响强烈,成为ABC创立之后第一档进入尼尔森收视率排行榜前十位的节目,随后又推出《米老鼠俱乐部》。面对电影与电视结合的轰动效应,好莱坞终于被触动了,华纳兄弟、米高梅、二十世纪福克斯等电影制作公司开始向ABC打开大门。ABC终于在节目生产上拥有了其他两大电视网不可比拟的优势。1995年，鼎盛时期的"传媒帝国"迪士尼介入，以190亿美元的天价收购了ABC电视台。

总之，ABC的策略与NBC和CBS截然不同。NBC和CBS要将所有观众一网打尽，最大可能地满足多数观众的需求。在电视市场上迟到了十几年的ABC则在寻找两大电视网的资源缺口和观众缺口，对此进行拾遗补阙。通过与好莱坞的合作，ABC吸引了都市年轻人的视线，1977年ABC播出的八集电视短剧《根》，以美国黑人家族的奋斗史和寻根故事，吸引了1.3亿观众收看，八集节目占据了收视率排行的前八位，直到今天这一收视纪录仍然没有被打破。2004年开始，ABC相继推出电视剧《绝望主妇》《丑女贝蒂》《实习医生格蕾》等，将自己打造成倾向女性观众的电视网。

4. 福克斯电视网（FOX）

1985年后，控股新闻集团的澳大利亚人基思·鲁伯特·默多克（Keith Rupert Murdoch）成功收购福克斯影业，并且于90年代初成立了与美国电视三大巨头比肩而立的电视传媒王国——福克斯电视网。FOX的出现打破了NBC、CBS、ABC三分天下数十年的局面，在相当长的一段时间里，很多三大无线网的忠实拥趸不愿意承认福克斯电视网的存在。

在FOX，节目的道德标准不重要，收视率永远占第一位。情景喜剧《结婚后有了孩子》的制片人被叮嘱"要尽量胆大出位，让观众看到在别的电视网看不到的东西"。在密歇根，一名叫萝珂塔的观众还以为这是一部可以全家共同观看的温馨情景剧，带着几个孩子一起收看，突然看到关于性的暴露镜头，她认为这档节目违背了电视播放的道德准则，于是组织了一场声势浩大的抗议活动，向广告商可口可乐投诉，同时接受《纽约时报》的采访，然而媒体的大肆曝光却使所有对FOX不熟悉的人产生好奇，反而成为FOX发展史上最无意识的一次大型公关活动，收视率急剧上升，撤出的可口可乐也重新返回。

总之，自FOX开播以来，它的发展就伴随着丑闻、曝光，甚至来自美国联邦通信委员会的罚款。FOX的节目风格辛辣、刺激、反传统，在色情与暴力的边缘游走，却吸引了年轻人的视线。

5. 哥伦比亚及华纳兄弟联合电视网（CW）

2006年CBS电视台下属的UPN电视网和华纳兄弟旗下的华纳兄弟娱乐公司合并，带来了美国第五大电视网——哥伦比亚及华纳兄弟联合电视网，简称CW。虽然CW整合了CBS和华纳兄弟的优势资源，可以覆盖将近95%的美国电视用户，但CW却一直无法撼动四大电视网的统治地位。所以，正如CW主页上说的，这个年轻的电视网开始转变方向，针对年轻的收视群体，成为唯一一家针对18～34岁年轻观众的电视台。朝着这个目标，CW播映了一系列热门的青春剧，如《篮球兄弟》《绯闻女孩》《吸血鬼日记》等，无一不是青春味十足，深受年轻人的欢迎。

(二) 美国有线电视网

在美国，有线电视系统（cable television system）和有线电视网（cable television network）是两个全然不同的概念。有线电视系统指分布在全国各地的10000多个直接为用户进行信号服务的地面服务站,它们铺设线路进入家家户户,为用户提供多频道的清晰信号。而有线电视网则属于内容提供商,它们并不直接与用户对接,而是通过卫星把节目传输给有线电视系统,再由有线电视系统传给用户。之所以叫作有线电视网,只是因为这些电视网的节目与无线的商业电视网不同,不经过有线电视系统,一般客户无法收看其节目①。

1972年11月正式开播的有线电视网HBO,全称Home Box Office,直译为家庭票房。它提出了一个与以前相比完全不同的电视经营理念和电视经营模式——不卖广告。HBO主要播出曾在戏院放映的电影和独立制播的电视剧,此外也有为电视而制作的电影、纪录片、拳击赛,以及偶尔播出的喜剧脱口秀和演唱会特别节目。经过几十年的发展,HBO和它的姊妹频道(只播放电影的Cinemax)的总订户已达3500万,占到美国付费电视频道市场的90%。这也就意味着,每10个美国人中至少有1人经常收看HBO。HBO的建立和成功,成为一个样板,让人们看到了电视经营的另外一种途径:以通信卫星为主要传输手段,通过已经遍布全国的有线电视系统直接为观众提供与传统商业电视不一样的节目,并且采取与有线系统分成的方式向用户收费。沿着这个思路,美国人特德·特纳(Ted Turner)于1980年6月创办了美国有线电视新闻网(CNN),通过卫星向有线电视网和卫星电视用户提供全天候的新闻节目,公司总部和演播室位于美国亚特兰大。在全美有约8600万个家庭和89万个宾馆房间可以收看到CNN,全球有212个国家和地区的大约10亿人可以收看到CNN。

数字化之前,美国的普通家庭能收看的无线电视、有线电视、卫星电视频道有100多个,数字化之后更是增加到400～500个。激烈的竞争使美国的电视业市场高度分化,频道专业化现象尤为突出,除了有常见的新闻频道、体育频道、音乐频道、少儿频道,还有野生动物频道、艺术频道、户外活动频道、法庭频道、喜剧频道等。而随着网络视频的发展,以奈飞(Netflix)为代表的会员订阅制流媒体播放平台发展迅猛,成为传统电视媒体最大的竞争对手。截至2022年3月的数据,Netflix已经在全球拥有2.2亿个订阅用户。Netflix不仅购买了大量的影视版权,而且有很多原创的自制内容。

二、英国

英国是世界上最早建立无线电广播电台的国家之一。1922年,英国广播公司(BBC)成立。1936年,英国第一座公共电视台在伦敦建成,同时它也是公认的世界上第一座电视台。1955年,英国的第一家商业电视台——独立电视公司成立,结束了BBC在英国的垄断。

1. 英国广播公司(BBC)

英国广播公司(BBC),成立于1922年10月,由一些在无线电广播生产方面的先锋,包括无线电的发明者马可尼的企业在内的多家民营企业联合成立。成立之初是商业组织,直到1927年,BBC改组,根据英王乔治五世签发的《皇家宪章》,将British Broadcasting Company,改名为British Broadcasting Corporation,由商业机构转变为公共公司。

---

① 苗棣:《美国有线电视网》,中国广播电视出版社,2008年版,第6页。

一般来说，公共传媒的资金来源有两种：一种是通过政府进行直接的财政拨款，另一种是通过间接的财政政策。BBC采取的是后一种，政府通过一些间接的政策，保障BBC每年强行向拥有电视接收装置的用户征收执照费。在英国，不管穷富，不论城乡，谁家有电视，即使你一年只看一次电视，或者从来不看BBC的节目也得缴费。BBC还专门设立部门、委托专人，明察暗访，采用高科技无线电侦察技术在居民小区流动侦测，可以查出谁家有电视，有几台电视。如果查出没缴电视费，就开出最高可达上千英镑的罚金。

在广播时代，尤其是二战中，BBC广播的宣传鼓动功能得到了极致性发挥。新闻时事和政治性节目迅猛发展，BBC早晨9点新闻广播的收听率达到了英国当时人口的43%～50%。BBC成为抵抗纳粹德国统治的宣传工具和精神寄托，同时也为它赢得了"正直""准确"的声誉，并建立了"刚正不阿"的媒体形象。到了二战结束时，BBC已经使用40种语言向世界各地广播。

二战结束后，BBC的电视节目才开始真正发展起来。1953年，对伊丽莎白二世加冕典礼的转播，使BBC电视观众的数量首度超越了听众。

作为公共传媒机构，BBC既不为政府所有，也不为商业财团所有，而是由国家特许的非营利性联合体进行管理。BBC有两套管理班底：一个是BBC的最高管理机构——董事会，另一个是执行委员会。由女王和国会任命的12个董事会董事来自各政党和社会各界代表，他们都属于业余性质，不需要参与BBC的日常运作，只要求一个月举行一次会议。但他们却扮演着公众利益守护者的角色，并以此规范BBC。董事会成员的角色很明确，即监督负责具体事务的经理，以确保节目的制作遵循《皇家宪章》的规定，并且反映公众利益。而BBC每天节目的制作、播出、经营工作则由执行委员会来完成。执行委员会的最高领导是总经理，由董事会任命。总经理担任BBC电视节目的总编辑。在这样的体制之下，BBC以为公众服务而自豪，它的科技、自然、文化、艺术和教育节目繁多，其数量之众是其他欧洲国家难以企及的。

今天，BBC除了是一家在全球拥有高知名度的媒体，还提供其他各种服务，包括书籍出版、报刊发行、英语教学和发布互联网新闻等。

2. 独立电视台（ITV）

英国独立电视台在1955年设立，是英国最早的商业电视台。在成立之初，ITV只是BBC的影子，对BBC亦步亦趋。但很快ITV便发现，自己作为商业性质的电视台，起步比BBC晚几十年，又没有BBC的收视费保障，模仿BBC只能是死路一条。于是ITV开始另辟蹊径，提供BBC没有的节目类型，并不拘一格推出真人秀、智力测验、肥皂剧、美国电影等各种新鲜有趣的电视节目提高收视率。例如，举世闻名的《谁想成为百万富翁》就是ITV的杰作。

总之，如今的ITV早已从"补充"位置，一跃成为BBC在英国境内最强有力的竞争对手。此外，近年来ITV与我国的电视媒体合作频繁。湖南卫视的《名声大震》《舞动奇迹》《以一敌百》等节目，都是和ITV合作的结果。

三、日本

日本是亚洲广播电视最发达的国家之一。1925年3月22日,日本无线电台试播成功,随后,在东京、大阪、名古屋分别设立了广播电台。1926年,三家电台合并,成立日本广播协会(NHK)。NHK是日本唯一的公共广播电视机构,以拥有电视机的各户家庭所负担的收视费为经济来源,总部设在东京,是半官方机构。NHK在日本国内至少有5个电视频道和3套广播节目,NHK非常重视新闻节目和教育节目的制作与播出。其新闻节目每天播出12次,占电视节目总量的三分之一。如今的NHK不仅重视新闻节目量的挖掘,更注重质的提高,系列报道、连续报道、深度报道和现场述评的推出,更增添了节目的吸引力。2011年3月11日,日本当地时间14时46分,日本东北部海域发生里氏9.0级地震并引发海啸,造成重大人员伤亡和财产损失。在关于这场东日本大地震的报道中,NHK的主播们始终保持镇静的面容,给人坚强淡定之感。画面上没有出现令人恐怖的死亡特写,没有灾民们呼天喊地的镜头,也没有第一线记者虚张声势的煽情式报道。NHK的报道真正做到了有信息量却不侵犯个人权利,有数据却不煽情,有各种提示却不造成恐慌。NHK在灾难报道中的冷静、理性、不煽情的态度,反映出媒体对灾难报道人文关怀的重视,受到社会舆论和各国同行的赞誉。

值得注意的是,NHK多年来对我国保持高度关注,制作了大量与中国相关的纪录片。从1953年NHK电视节目开播到2012年中日两国关系正常化40周年之际,NHK制作和播放的各类涉华电视纪录片共1755部(集),总计播出8240集(次),平均每部(集)播出4.7次,年均播出201集(次),月均播出17集(次)①。

日本的广播电视机构除了有公共制度的NHK,还有大量的私营广播电视台。这些私营广播电视台联合成立了"日本民间广播联盟"。日本共有五大广播电视网,其中以东京广播台(TBS)、日本电视台(NTV)、富士电视台(Fuji)和朝日电视台(TV Asahi)最为著名。

日本电视节目具有日本社会的独有气质。首先,早间节目版块从早晨4点开始。一方面,这和日本民族的生活习惯相关。根据《JNN生活状态调查》数据显示:早晨4点钟起床的日本居民,年龄层是20~34岁的男性占8.6%,其次是35~49岁的男性,占7.2%,20~34岁的女性占4.4%。另一方面也和日本电视台对早间节目受众的深入挖掘有关,例如,富士电视台早间节目的宣传语是"此时正要休息的您,此时正要早起的您……"其次,日本电视新闻中国际新闻的比例很小,这是因为日本电视台做出了这样的判断:比起发生在遥远国度里的事情,还是发生在自己身边的事更受关注,能吸引大量的人观看。而在为数不多的国际新闻中,关于中国的新闻报道则是必不可少的。再次,"旅行"在日本非常受欢迎,所以日本电视上有多种形式的旅行节目;料理节目则渗透在很多节目当中,内容非常丰富;日本人比较注重细节,所以生活服务类节目最大的特点是实用性非常强。

---

① 徐晓波、黄倩:《论NHK涉华纪录片的题材选择与价值倾向》,《新闻记者》,2015年第8期,第60-69页。

第三节 中国广播电视的发展

一、广播发展史

1.新中国成立前的广播业

(1)北洋政府时期的广播业。20世纪20年代，我国境内出现了第一批广播电台，和早期的近代报刊、通讯社一样，都是由外国人最先创办的。

1922年12月，美国人奥斯邦(E. G. Osborn)在上海创办了中国无线电公司，并与英文《大陆报》合作，开起"大陆报-中国无线电公司广播电台"，呼号XRO，发射功率50瓦，于1923年1月23日晚8点首次播音。当天的节目播放了一个小时五分钟，内容包括音乐和有关美国、欧洲等地的国际新闻及中国各地的新闻报道。尽管这座电台仅存活了三个月的时间，但它却是我国境内开设的第一座广播电台。并且奥斯邦开办的广播电台，在上海租界的中外听众中引起了一阵"无线电热"。1923年，美商开孚洋行在上海设立广播电台，内容以播送音乐为主，但时隔不久，因经费拮据而停办。

早期外国人在上海开办的电台中影响较大、时间较长的是1924年5月开始播音的，设在上海江西路62号的美商开洛公司和申报馆合作开设的开洛广播电台，功率为100瓦，后扩大为1000瓦，设有多个播音室，广播节目有汇兑价格、新闻、音乐、名人演讲等。开洛公司广播电台的播音一直持续了五年多，至1929年10月停播。

外国人办的电台在上海接二连三出现，逐渐引起了人们对收听广播的兴趣，当时人们叫广播为"空中佳音"。据统计，当时上海已有收音机500台左右。

中国人建立的第一座官办广播电台是哈尔滨广播无线电台。该台于1926年10月1日开播，是在奉系当局的支持下，由我国早期著名的无线电工程专家刘瀚主持创建的，每天播音2小时，内容有新闻、音乐、钱粮行市等。

早期国人自办的广播电台除官办以外，在20世纪20年代后期，还出现了民办的广播电台。1927年3月，上海新新公司为了推销自造的矿石收音机，特地在公司屋顶建筑了新新公司广播电台，每天播音6小时，主要内容是播送商业行情、时事新闻及中国音乐。

综观北洋政府时期的中国广播业，只是处于初级阶段。全国(香港、澳门、台湾地区未统计在内)共有十多座广播电台，发射功率一般较小，收听范围仅限于所在城市及周围地区，没有一个全国性的广播电台，全国大约有收音机一万台。

(2)国民党时期的广播业。广播真正作为一项事业，是从国民党创办的"中央广播电台"开始的。1927年，蒋介石在帝国主义的支持下，打败了其他新军阀，国民党政权在全国获得了形式上的统一。为了在全国"统一政令、统一舆论"，国民党当局十分注重广播电台的建设。1928年8月1日，"中国国民党中央执行委员会广播无线电台"在南京开始播音，呼号为XKM，发射功率为500瓦。这是国民党当局继"中央通讯社""中央日报社"之后创办的第三个"中央"宣传机构。该台所有的新闻稿均由"中央通讯社"提供,内容包括演讲和新闻,并统一播发所有"中央"重要决议、宣传大纲、通令通告等。1932年11月,其发射功率扩充为75千瓦,呼号改为XGOA,成为当时亚洲发射功率最大的广播电台。

继"中央广播电台"之后,国民党在全国一些主要城市和地方建立起一批地方广播电台。到1936年1月,国民党创办的公营电台达76座,同时还出现了大量的私营广播电台。1936年4月20日,国民党当局规定:全国各地广播电台均需转播"中央广播电台"晚间一小时的新闻节目。

到抗日战争爆发前,我国的广播事业已有相当大的规模。据1937年6月统计数据显示,国民党统治区共有电台78座,收音机拥有量达20万部左右。抗日战争爆发后,国民党的广播事业在抗战初期遭受严重挫折,各地广播电台部分落入日寇手中,部分则离开城市迁往边远地区。到1938年底,国民党的广播电台仅存六七座。抗战相持阶段,在英美的援助下,国民党的广播事业有所恢复。1939年3月,国民党政府在重庆建立的国际广播电台开始播音,使用英语、俄语、法语、日语、荷兰语、泰语、西班牙语等语种,每天播音12小时,对国外进行宣传。抗战胜利后,"中央广播事业管理处"马上派员,随同国民党各省市政府接收当地的敌伪广播事业。据统计,到1946年7月底,"中央广播事业管理处"在全国各地接收的敌伪电台共33座,大小广播机共67部,总功率为274千瓦。加上原有设备,解放战争时期国民党的广播电台猛增至41座,中、短波发射机多达81部,建立起庞大的广播网。

1946年5月5日,"中央广播电台"迁回南京。1949年4月23日,人民解放军解放南京,"中央广播电台"停止播音。

(3)中国共产党领导下的广播业。1940年,中国共产党领导下的人民广播事业创始于延安。这年春天,党中央成立了以周恩来为首的广播委员会,周恩来到重庆工作后,又由朱德主持筹建工作。同年12月,第一座人民广播电台——延安新华广播电台建成开播,呼号为XNCR,电台的发射机房和播音室设在延安王皮湾村。这是我国无产阶级广播事业的开端,标志着中国共产党的新闻事业迈入了一个新的阶段。广播播放的主要内容有中共中央文件、《新中华报》社论、《解放》周刊重要论文、国内外新闻等,另外还播出抗日革命歌曲等文艺节目。延安新华广播电台始终与新华社有着密不可分的关系。从1940年开始播音,直到1949年迁入北平之前,延安新华广播电台的文字编辑工作一直由新华社的有关部门负责。

1941年12月3日,在中国人民抗日战争的烽火中,延安新华广播电台开办了日语广播,这是中国共产党领导下的人民对外广播的开端。

由于设备简陋,早期的延安新华广播断断续续,播出效果极不稳定,收听范围也很有限,试播两年后就停播了。抗日战争胜利之后,延安新华广播电台恢复播出。然而在接下来的解放战争中,电台又经历了数次转移,后更名为"陕北新华广播电台"。1949年3月,随解放军进入北平,又更名为"北平新华广播电台"。同年12月5日,北平新华广播电台第一台正式定名为"中央人民广播电台",第二台改名为"北京市人民广播电台"。

1949年6月5日,中共中央发出通知,决定成立中央广播事业管理处,直属中共中央宣传部,统一领导全国广播事业。

2. 新中国成立后的广播业

我国国内的无线广播系统是由中央人民广播电台和各级地方人民广播电台共同组成的。1949年至1956年是广播事业大发展的时期,完成了对旧中国遗留下来的34座私营广播电台的社会主义改造,修复、改造了国民党留下的破旧设备,在全国各省、自治区、直辖市和一部分省辖市继续建设广播电台,并集中力量建设中央人民广播电台,逐步增加发射功率,改进收听效果,增加收听工具,发展农村有线广播,培养了一大批广播技术人才。至1960年底,全国无线广播发射总功率达17462千瓦,广播电台恢复到了78座。

除了发展对内广播,中央人民政府十分重视对外广播事业的发展。1950年4月10日,为加强对国外的广播,中央广播事业局成立了国际广播编辑部,同一天,用"北京电台"(英文为Radio Peking,后改为Radio Beijing)的新呼号开始播音。到1965年底,对外广播语言达27种,每天累计播音100多个小时。对外广播的覆盖面包括亚洲、欧洲、非洲、拉丁美洲、北美洲、大洋洲的大部分地区。当时,中国对外广播的规模、语种和播音时数,在世界上仅次于苏联和美国,居第三位。

"文革"十年中,我国的广播事业受到了重创,文化艺术,特别是娱乐活动遭到了彻底否定,广播节目全面退化,沦为极左政治的传声筒。广播由于政治上的重要性而备受重视,同时也因为政治上的重要性而备受控制。广播在这一时期只是在加强政治宣传的目的下,局部且极有限地发展着。在这十年中,广播建设最明显的成绩是中波同步广播技术实验成功并获得推广。针对中国幅员辽阔、地形复杂、覆盖困难的情况,从1969年开始,中央广播事业局会同地方广播部门,分别在华北、华东等地区进行中波同步广播技术试验并取得成功。中波同步广播技术的运用,对于开发和充分利用广播的频率资源,改善我国对内广播的有效覆盖具有重大意义。

1966—1967年,我国有线广播得到较大发展,全国农村基本上建成了以县广播站为中心,以公社广播放大站为基础,连接千村万户的农村有线广播网。农村广播喇叭入户率达到60%,全国97%的人民公社都通了有线广播。这一时期对外广播的语种有所增加,十年间增加了12种外语广播,但由于"左"的思想干扰,照搬对内广播的宣传内容,使国外的听众明显减少。

20世纪80年代,以新闻改革为突破口,我国广播的节目从内容到形式都发生了喜人的变化。1983年第十一次全国广播电视工作会议在北京召开,确定了"四级办广播,四级办电视,四级混合覆盖"的对内广播电视网发展方针。广播电台建设在中央、省、地、县四级迅速展开,电台数量大幅增加。1985年,中央人民广播电台新办的《午间半小时》《今晚八点半》两个节目带动了一批集新闻性、服务性、知识性于一体的综合板块节目的开播,使电台专题节目焕然一新,一批名牌栏目脱颖而出。1986年12月15日,珠江经济广播电台开播,这是我国第一个专业经济广播电台,它改变了我国广播长期以来只在四级纵向发展的局面,开拓了横向发展的新空间,同时拓展了广播媒介的功能。"珠江模式"的诞生,推动了广播的结构性改革,使广播改革从节目单项改革进入板块式整体改革阶段。

对外广播在改革开放后,不仅语种数量大大增加,而且节目质量也得到了很大的提高。1978年5月,中国对国外广播机构改名为中国国际广播电台(China Radio International)。到1984年底,中国国际广播电台已经使用38种外语、汉语普通话和4种方言,共43种语言对世界各地广播。在之后的十年间,中国国际广播电台没有再增加新的播出语种,而是将工作重点放在了提高节目质量和改进覆盖范围上。

20世纪90年代初,北京、上海等地的广播电台开始了频率专业化改革。上海东方广播电台率先施行独立核算、自负盈亏,以广告作为收入来源的运营机制,采用公开招聘、双向选择的用人机制,开创新的节目形式,着力开拓直播节目。这种新的运作模式立即形成一股强大的电台冲击波,商店里的便捷式收音机销量直线上升,一种全新的都市文化悄然兴起。在上海东方广播电台的带动下,各地纷纷建立专业台、系列台,形成全国范围内的第二次广播热。

进入21世纪,伴随着我国汽车时代的来临,交通台异军突起,掀起了21世纪我国广播发展的新高潮。据CSM媒介研究机构的广播收听调查基础研究数据显示,我国大陆地区私人轿车拥有率持续提升,从2018年的68.79%增长到2020年的77.21%。在私家汽车上收听广播的人数占比、利用车载广播收听广播的人数占比也在不断增长,分别从2018年的60.61%、65.51%增长到2020年的69.23%、70.75%。在私家汽车上收听广播、利用车载广播收听广播的人群规模持续增长,成为广播媒介消费的重要趋势特征。

此外,以5G技术赋能的移动互联时代已然来临,媒体融合传播日臻成熟,内容创作群体在众多发布平台的激励下,焕发出前所未有的活力,音频媒介内容通过非传统平台快速广泛传播业已成为现实。有研究数据显示,2021年音频受众每人每天收听直播和点播音频节目时长合计达到103分钟,其中收听电台直播节目时长为56分钟,利用手机App收听非电台直播节目时长为47分钟,分别占比为54%和46%。对于音频收听市场来说,无论是直播节目的传输,还是点播内容的分发,移动应用已经是一类举足轻重且不可回避的通道和平台。

二、电视发展史

1.我国电视业的初创时期(1958—1965年)

相对于世界电视诞生的时间节点,我国的电视事业起步比较晚。1958年5月1日,北京电视台开始试播,它是中央电视台的前身,9月2日,该台正式运营,这是我国第一座电视台。同年10月1日,我国第二座电视台——上海电视台成立。此后几年中,天津、广东、黑龙江、吉林、陕西、辽宁、山东、湖北、浙江、安徽、四川、云南等地也相继建立起电视台或实验电视台。当时大多数电视台的新闻节目,也只有口播新闻和图片报道,部分能拍摄少量新闻片的电视台,胶片也还要送到北京洗印。

北京电视台在正式播出后,开办的新闻节目是《图片报道》,素材多来自新华社,在摄像处理时加配播音员的解说词。随后,中央新闻纪录电影制片厂摄制的《新闻简报》成为早期电视台新闻节目的主要来源。1960年元旦,北京电视台又设置了固定的专栏新闻节目《电视新闻》,专门播放新闻纪录片。这一时期被人们称为"新闻纪录片时代"。

社教类节目也随之开展。1959年5月,北京电视台和中国文字改革委员会联合举办了我国最早的电视教学节目《汉语拼音字母电视教学讲座》。此外,电影和戏剧等文艺类节目也是电视节目的一个重要部分。1958年6月15日,我国第一部电视剧《一口菜饼子》播出。当时由于条件有限,电视剧主要是现场直播,无法保存,如果重播,就得重新编排一次。

我国电视事业是在"大跃进"中开始起步的,很多电视台是"土法上马",技术条件落后,经济基础薄弱,因而在20世纪60年代初的三年经济困难时期,电视事业遭遇挫折。全国电视台和实验电视台由原来的23座锐减为5座,即北京、天津、上海、广州、沈阳,其余大多数地方电视台都下马停办。

2. 我国电视业的挫折时期(1966—1976年)

"文化大革命"时期,我国的电视事业受到了很大挫折,进入停滞阶段。

1967年1月3日,北京电视台开始停播一般性节目,只对重大的政治事件和重要节目进行播出或转播,直到2月4日才开始恢复播出。与此同时,十多家地方电视台也大都停播。时隔不久,各地电视台虽然陆续恢复播出,但电视节目已非原貌,教育、知识、文化、服务等专题节目被青年上山下乡、生产建设等题材所代替,或是直接取消。1958年开始发展起来的电视剧也在"文化大革命"中被迫中断。虽然我国电视事业在"文革"期间遭遇挫折,但电视台的技术发展却取得了一些进步。首先是录像设备的使用。1966年1月,北京电视台首次使用电视录像设备,但使用范围极为有限。其次是微波网的扩大。1970年,15个省、市、自治区能够通过微波干线收转北京电视台的节目,1975年扩大为26个省、市、自治区,而且很多省、市可以通过微波线路向北京回传部分节目,初步形成了全国电视广播网。再次是彩色电视节目的播出。1972年10月,我国派出代表团考察了法国、瑞士、联邦德国、荷兰、英国五个国家彩色电视的发展状况,之后作出决定,使用PAL制式作为我国彩色电视暂行标准。1973年5月1日,北京电视台开始了彩色电视节目的试播,同年10月,正式播出。

3. 我国电视业的全面复苏和发展时期(1977—1999年)

1977—1978年,我国的电视业在徘徊中前进。电视台恢复了一大批观众喜爱的电视节目,同时又创办了一些新栏目。1978年元旦,《全国电视台新闻联播》(简称《新闻联播》)正式开播。1978年5月1日,北京电视台改称中央电视台,确立了国家电视中心的地位。

1980年10月,第十次全国广播电视工作会议总结了广播电视工作的经验,对广播电视宣传工作进行了拨乱反正,明确了新时期的宣传方针、任务和奋斗目标,提出要"扬独家之优势,汇天下之精华",坚持"自己走路"的方针。我国电视事业开始进入全面发展时期。

首先,电视事业的规模不断扩大。1983年召开的第十一次全国广播电视工作会议确定了"四级办广播,四级办电视,四级混合覆盖"的方针。从1983年到1987年这五年,是我国广播电视事业发展较快的时期。1987年同1982年相比,全国电视台从47座增加到了366座,增长近6.8倍;电视发射台、转播台从5635座增加到17570座,增长约2.1倍。到1988年,全国电视机社会拥有量为1.43亿台,而到1997年,全国已有电视机3.17亿台,经过正式批准成立的各级电视台3000多座。

其次,电视技术飞速发展。1984年4月,我国自行研制的第一颗试验通信卫星发射成功,中央电视台的节目开始通过卫星进行传送,不但拓宽了节目传送的范围,还明显改善了传播质量。进入20世纪90年代,有线电视、卫星电视、高清晰度电视、多声道立体声伴音电视等先后进入了人们的生活。1992年中央四套开始通过卫星播出,这是我国第一个国际卫星频道。90年代中后期,省级电视台节目陆续上星,卫星电视的发展推动了有线电视的发展。到2000年,有线电视用户将近9000万户,数量位列世界第一。卫星上天、有线落地成为我国电视传播与接收的主要方式,这使电视节目在传送数量和质量上都大大提高。

再次,电视台运作机制发生改变。从20世纪70年代末,政府对电视的投入逐步减小。1979年,中央电视台改全额预算为差额补助,开始播放广告,接受赞助。1984年,央视的财务体制又从差额补助改为预算大包干,由国家按播出总时数核定事业费定额,在完成承包定额的前提下,超收部分按比例提成。运作机制的变化促使电视由事业管理向企业经营转化。从90年代开始,电视广告收入增长迅猛,为电视节目制作提供了经费,促进了电视行业的繁荣。

最后,电视节目全面繁荣。在电视新闻节目方面,我国电视新闻改革起步于20世纪80年代。从1981年7月1日起,《新闻联播》取消新闻配乐,开始突破"新闻纪录片"的刻板模式。为了适应观众需求,各地电视台采取了一系列措施来确立电视新闻的主体地位,如报道的真实准确、报道面广、信息量大、时效性强、实行新闻滚动播出等。从1993年起,我国相继涌现出一批名牌电视新闻栏目。1993年5月1日,新闻类晨间板块栏目《东方时空》开播,这是我国电视进入栏目化的一个标志。1994年4月1日,新闻评论类栏目《焦点访谈》开播,迅速进入"舆论监督"领域。1996年5月17日,《新闻调查》栏目问世,这是当时国内播出时长最长的调查性深度报道栏目。在央视推出的这一系列名牌新闻栏目带动下,各地方台新闻栏目也开始蓬勃发展。此外,现场直播报道也大量运用于电视新闻报道,最具代表性的是1997年中央电视台对香港回归所进行的72小时直播报道,以至于这一年被称为"中国电视直播年"。

在综艺娱乐节目方面,显现出崭新姿态。1983年春节,中央电视台开始举办春节联欢晚会,从此,"看春晚"成为中国老百姓的一项新民俗。此外,综艺节目《正大综艺》《综艺大观》也风靡一时。到了90年代中后期,我国综艺节目在全国掀起一股娱乐浪潮。1997年湖南卫视推出的《快乐大本营》,以轻松活泼、明星互动的游戏形态让人耳目一新,迅速走红全国。截至1999年6月,全国有33家省级电视台、42家地市级电视台开办了娱乐节目。

在这一时期兴起的节目形式,还有电视文化专题片和纪录片。1983年8月7日,中央电视台推出了25集大型电视文化专题系列片《话说长江》,1986年再次推出《话说运河》,掀起了当时的文化热潮。1991年,中日合拍的大型电视系列片《望长城》播出,引领了中国电视纪录片的纪实主义潮流,这是中国新纪录片运动的开端。新纪录片运动在1996年左右达到高峰,其间涌现出《摩梭人》《沙与海》《藏北人家》《最后的山神》等一批富有思想力度和美学高度的作品。但好景不长,这场新纪录片运动在20世纪90年代中后期逐渐衰退。由于市场竞争激烈,受收视率等因素的制约,各级电视台的纪录片栏目纷纷关闭,纪录片逐渐陷入困境。

在电视剧生产方面,20世纪八九十年代,我国自制电视剧数量不断增长。1979年中央电视台共播放各地制作的电视剧18部,到了90年代末,国产电视剧的年生产量已突破1万集。这一时期,根据古典文学名著《西游记》《红楼梦》等改编的长篇电视连续剧更是掀起了收视热潮。甚至到了今天,在被无数次翻拍之后,诞生于20世纪的老版《西游记》《红楼梦》等电视剧依然是人们心中难以逾越的经典。

4. 我国电视业的高速发展和媒介融合时期(2000年至今)

进入21世纪,我国的电视业竞争空前激烈。竞争不仅来自电视行业内部,还来自其他媒体,甚至还来自电信等信息产业。

首先,在电视节目生产方面,进入21世纪,我国各类电视节目都进入一个新的发展时期,尤其是新闻节目,在不断更新与突破中变得更加成熟。2002年元旦,《南京零距离》在江苏电视台城市频道开播,节目带动了地方电视台民生新闻的大发展。2003年5月1日,中央电视台新闻频道正式开播,每天24小时播出24档整点新闻和四种分类新闻、多种新闻专题及新闻现场直播节目。新闻频道的开播,使中国成为世界上少数几个拥有24小时连续播出电视新闻的国家之一。2008年汶川地震的发生,解除了栏目延阻实效的障碍,新闻频道进一步增强重大新闻的时效性,做到第一时间更新直播,创下了频道开播以来的最快传播①。而在综艺节目方面,通过电视人的努力,终于走出了一条从"引进来"到"走出去"的道路。2018年4月,《国家宝藏》《朗读者》《经典咏流传》《天籁之战》《声临其境》《跨界歌王》《明日之子》《功夫少年》《好久不见》等九大中国原创节目模式首次亮相戛纳春季电视节的主舞台。随后,又有7档原创模式的综艺节目在世界舞台上亮相,其中《深入人心》节目模式北美地区发行合作框架得以正式签约。2020年,浙江卫视就《我就是演员》原创节目与美国IOI(Is or Isn't Entertainment)公司签署模式销售协议,授权其在美国、英国、加拿大等诸多英语地区制作《我就是演员》国际版——*I AM THE ACTOR*。但是,根据近年来的《中国传媒产业发展报告》,从2015年开始一直到2019年,人均收视时间在逐年下降,2015年人均收视时间为156分钟,但是到了2019年就只有124分钟,下降幅度超过20%。2020年由于居家隔离的防疫政策,人均收视分钟数自2015年以来首次出现了回升,达到了132分钟,但是随着5月份复工复产,电视收视总量又开始逐渐下降。

其次,数字电视发展进程加快。进入21世纪以来,各电视台纷纷开始数字化转型尝试,数字化渗透到节目内容制作、信号发射、地面有线传输、用户数字接收等各环节。2005年,全球首家中文高清频道——中央电视台高清影视频道开始在杭州和大连等地试播。2006年1月,

---

① 黄慕雄、黄碧云:《广播电视概论》,暨南大学出版社,2012年版,第42页。

中央和省级的卫星广播电视节目全部实现了数字化传输。不过近年来,受交互式网络电视(IPTV)、网络视听等业务的快速发展,用户收视习惯正在发生变化,全国有线电视实际用户数自 2016 年起开始出现下降趋势。根据国家广播电视总局发布的《2021 年全国广播电视行业统计公报》,截至 2021 年底,全国有线电视实际用户数 2.04 亿户,同比下降 1.45%;高清和超高清用户 1.09 亿户,同比增长 7.92%;智能终端用户 3325 万户,同比增长 11.39%。全国交互式网络电视(IPTV)用户超过 3 亿户,互联网电视(OTT)用户数 10.83 亿户。

再次,受到互联网等新媒体的冲击,传统广播电视广告收入在持续下降。2015 年传统广播电视广告收入还能高达 1535 亿元,但是到了 2021 年就只剩下 786 亿元,短短几年广告收入几乎是拦腰砍半。造成这一现象的主要原因是网络视听业务的快速增长、新媒体广告业务的分流以及民营机构更多参与产业发展,使市场竞争更加激烈。2006 年被定位为中国网络视频元年,一些国际顶级风险投资不约而同地进入中国网络视频领域。自 2014 年起,网络视频开始在内容自制领域发力,精品节目不断涌现,影响力得到很大提升。爱奇艺推出的网络节目《奇葩说》《中国有嘻哈》,腾讯视频推出的《令人心动的 offer》《脱口秀大会》,优酷推出的《这就是街舞》等成为现象级网络自制节目。经过十多年的发展,根据中国网络视听节目服务协会发布的《2021 中国网络视听发展研究报告》,截至 2020 年 12 月,中国网络视听用户规模达 9.44亿,较 2020 年 6 月增长 4321 万。

最后,加大媒介融合力度,抓住短视频发展机遇。面对空前激烈的竞争环境,广电媒体迅速转型。一方面,传统广电媒体与视听新媒体合作更加深入。广播电视台自办视听新媒体,通过与视听节目网站联合营销节目与广告、共同开发新业务、成立合资公司等方式,融合互动不断走向深入。例如,天津卫视与搜狐视频联合自制和推广营销节目,河南卫视与爱奇艺联手打造精品节目《汉字英雄》,CNTV 旗下的未来电视公司与腾讯合作开展业务。另一方面,各级网络广播电视台在促进台网融合、占据新兴舆论阵地方面发挥了更加积极的作用。截至 2016年底,国家新闻出版广电总局(现国家广播电视总局)共批准 31 家网络广播电视台。其中,中国网络电视台目前已完成国家网络视频数据库一期建设,并建成亚洲最大的正版网络视频数据库。此外,"中央主导、两级协作"的全国 IPTV 集成播控体系基本形成,"广电主导、共同合作"的运营模式在广电行业和电信行业逐渐成熟。

2014 年 8 月 18 日,习近平总书记主持召开中央全面深化改革领导小组第四次会议时表示,推动传统媒体和新兴媒体融合发展,要遵循新闻传播规律和新兴媒体发展规律,强化互联网思维,坚持传统媒体和新兴媒体优势互补、一体发展,坚持先进技术为支撑、内容建设为根本,推动传统媒体和新兴媒体在内容、渠道、平台、经营、管理等方面的深度融合,着力打造一批形态多样、手段先进、具有竞争力的新型主流媒体,建成几家拥有强大实力和传播力、公信力、影响力的新型媒体集团,形成立体多样、融合发展的现代传播体系[①]。

---

① 《习近平:共同为改革想招 一起为改革发力 群策群力把各项改革工作抓到位》,《人民日报》,2014 年 8 月 19 日,第 1 版。

在党中央的领导和推动下,作为传统媒体的广播电视不断探索与新媒体融合发展的路径,搭建微博、微信、客户端平台成为广电媒体近年来的重要举措。自短视频兴起后,广电机构纷纷入驻短视频平台,截至2020年6月,省级以上广电机构已经全部入驻短视频平台。2020年,在快手、抖音、今日头条、腾讯新闻4个平台上监测到的央视新闻短视频的账号有25个,共发布的短视频超过5.2万条,平均每条短视频的传播量为89万次,互动量为10.7万次,一些头部账号的短视频传播量甚至能达到千万级别。随着媒体融合纵深化的发展,广电媒体布局短视频领域还有一个非常重要的实践形式,就是向MCN(多渠道网络)机构转化,通过多渠道的导流和分发,广电机构能够更好地传播自己优质的内容,发挥自己的长项。自2020年起,很多广电机构入局直播带货,不仅在公益带货领域做出了巨大的贡献,而且还积极探索直播带货的商业变现模式。

总之,我国广播电视业自改革开放后就进入了快速发展时期,但进入互联网传播时代,又面临着来自社会化媒体的巨大挑战,以致媒体融合成为广播电视发展的必由之路。机遇和挑战并存应是这一时期的总体特征。

推荐阅读

1. 郭镇之:《中外广播电视史》,复旦大学出版社,2008年版。
2. 李轩:《电视的未来考古:想象形态、路径方法与史学意义》,《新闻界》,2021年第3期,第73-83页。
3. 李彬:《全球新闻传播史(公元1500—2000年)》,清华大学出版社,2007年版。
4. 刘书峰:《"新媒体冒险家"奥斯邦的中国广播创业历程》,《现代传播(中国传媒大学学报)》,2019年第10期,第110-114页。
5. 刘子旭:《美国早期电子媒体发展史的政治经济学研究》,《文艺理论与批评》,2020年第6期,第99-120页。
6. 王菊芳:《BBC之道:BBC的价值观与全球化战略》,生活·读书·新知三联书店,2013年版。
7. 周勇、倪乐融:《拐点与抉择:中国电视业发展的历史逻辑与现实进路》,《现代传播(中国传媒大学学报)》,2019年第9期,第82-88页。

思考题

1. 简述广播、电视的诞生对于人类社会发展的意义。
2. 全球电视业为什么要展开制式之争?
3. 简述美国电视的等级结构与我国电视业的差别。
4. 我国电视业当前面临的最大问题是什么?你认为应该如何应对?

第二章

广播电视功能论：
从信息传递到日常生活

第一节　广播电视的传播共性

广播电视作为电子媒介，具有一些共同的传播特性，包括传播速度快、传播范围广、传播内容丰富以及视听接收的随意性等，我们把它们称之为广播电视的传播共性。更值得我们注意的是，随着广播电视技术的发展，广播电视的传播共性也发生了一系列变化。

一、传播速度快

广播电视超越了时间的限制，以光速进行传播，信息的传送与接收几乎在同一时间完成，是网络媒体出现之前传播速度最快的媒介。尤其是同步卫星技术的运用，使电视的直播形式迅速得到普及，电视可以在重大事件或突发性新闻发生的同时，就将传播的信息以现场直播的形式传播给亿万观众，进一步实现信息发生、信息传播和信息接收三者之间的同步进行。这种同步传送将传播速度快这一传播特点发挥到了顶点和极限的程度，是任何其他传统传播媒介都无法比拟的。

目前，现场直播新闻事件已经成为国内外广播电视媒体为追求新闻时效普遍采取的方法。在节目中，记者第一时间现身新闻现场，完整再现新闻事件全过程，具有强烈的现场感和冲击力，受到观众的普遍欢迎。1989年海湾战争，美国有线电视新闻网（CNN）全天候直播战争形势，从而一炮而红，一跃成为世界最有影响力的媒体之一。

我国的新闻现场直播报道开始于20世纪80年代。1984年10月1日，中央电视台现场直播了新中国成立35周年庆典活动，并通过卫星向国外直播。1997年，以长达72小时的"香港回归直播"为代表，中央电视台相继推出了多次现场直播，以至于业界把1997年视为"中国电视直播年"。2008年，北京奥运会期间，全世界约有40亿人通过电视直播收看了奥运会盛况。进入21世纪，电视直播报道成为我国电视新闻报道的日常化行为，除中央电视台外，各省级、市级电视媒体纷纷引进SNG直播车，并创办以直播为特色的电视新闻栏目，如北京电视台的《直播北京》、江苏电视台的《绝对现场》等。

二、传播范围广

广播电视不仅节省时间，而且还突破空间的阻隔。无线电波能够跨过崇山峻岭、越过江河湖海，将广播电视节目传播到远方，利用卫星甚至能够向全世界播送节目。目前，电视信号已经基本覆盖到了世界的每个角落，只要拥有接收装置，无论你身处何方，都可以了解世界各地的动态信息。

就我国而言，1988年11月1日，中央电视台第一、二套节目用同步通信卫星向全国转发节目。同年，全国已有卫星地面站9657座。为了满足少数民族地区、多山边远地区观众的需求，并解决这些边远地区电视台自办节目传播和接收的困难，我国先后开通了新疆、云南、四川、贵州等有边远山区省份的卫星传送业务，建成了以微波传送和卫星转发为主的全国电视覆盖网。

另外，视听语言的无障碍性，使得电视拥有较为广阔的受众群体。看电视不像读书看报，需要一定的文化水平，需要深层的抽象思维，电视画面堪称人类沟通与交流的"世界语"，无论是儿童，还是老人，无论是否接受过教育，人们都可以通过电视来获取信息。

三、传播内容丰富

广播电视节目容量很大，兼容并蓄了各方面的内容，为人们提供丰富的精神食粮。不仅有新闻节目，还有教育节目、文艺节目、服务性节目等，可以满足不同受众的需要。

电视除了自身具有艺术性，它还是一种非常完美的传播艺术的媒介，绘画、雕刻、建筑、舞蹈、戏剧、音乐等艺术形式都可以通过电视得以传播。近年来，随着频道专业化以及数字电视的发展，内容资源被进一步细分。例如，气象频道、宠物频道、汽车频道等专业化的电视频道相继出现。

此外，由于广播电视传播迅速，节目的循环周期比报纸等媒介的循环周期短得多，又由于各个电视台都办数套节目，每天节目的播出时间累计多达几十个小时，因此，它的日发信息总量一般要比报纸媒介大很多。

四、视听接收的随意性

尽管广播电视拥有着其他媒介不可比拟的优越性，但它也有着几乎是与生俱来的劣势，即视听接收的随意性。

电视发展的初期，许多人把电视比作小电影或"空中影院"。电视和电影的确有许多相似之处，但它们也有很大的区别，最大的区别是在于观赏环境的不同。看电影必须静坐在电影院里，遵守公共场所的秩序，而看电视则是坐在家中，无拘无束自由自在地收看。因此，看电视的行为具有更多的私人性和随意性。

很多人到家的第一件事是把电视打开，但紧接着并不是坐在电视机前，而是转身去干别的事。有数据显示，有68.7%的观众在收看电视节目的同时，在做其他的工作。也正是因为这一点，英国电视的发展曾经受到传统绅士们的抵制，他们无法接受人们一边喝着啤酒并和朋友聊着天，一边收看女王加冕仪式。

听广播的行为同样具有随意性，甚至是机动性。人们之所以在电视已经普及的情况下，仍然还离不开广播，就在于广播是接收机动性和随意性最强的现代媒介。人们在骑车、开车、读书、做家务的同时可谓"想听就听"。

广播电视的这个特点，给从业人员带来了巨大的挑战，如何能在受众涣散的视听状态下吸引他们的注意，让其全身心地投入到广播电视节目中，成为所有广播电视人永远需要面对的挑战。

五、广播电视传播共性的演变

麦克卢汉（Marshall McLuhan）有一句非常著名的判断，即"媒介即讯息"，他说："任何媒介对个人和社会的任何影响，都是由于新的尺度产生的，我们的任何一种延伸（或曰任何一种新的技术),都要在我们的事务中引进一种新的尺度。"①也就是说,真正有意义、有价值的信息,不是各个时代的传播内容,而是这个时代所使用的传播工具的性质,以及它所开创的可能性以及带来的社会变革。不可否认的是,每一次技术的革新,都推动着社会生产力的跨越式发展,而广播电视技术的发展也使广播电视的传播特性发生着巨大的变化。

首先,电视声音和画面从转瞬即逝变为可回看、可储存。在电视与互联网融合之前,电视节目一闪而过,其内容不易保存,要查找、核实都很难,不像报纸白纸黑字,清清楚楚,一目了然,并且可以用作资料长期保存。而现在,电视的这一传播特点得到了一定程度的改变。不论是IPTV,还是手机电视,都具备回看或下载功能,可供受众反复收看。这也要求电视制作必须更加精良,因为在以前,若是某一短暂的画面出了差错,观众也许不会注意到,或者即便注意到也难以核实,难以再传播,从而不足以造成大范围的负面影响,而现在,哪怕是不到一秒的夹帧、口误或导播切换错误,都会被观众揪着不放,并通过互联网进行广泛传播。

其次,广播电视受众的主动性越来越强。一直以来,广播电视作为线性传播媒介,留给观众的主动权非常小。电视观众不能像看报纸、杂志那样,根据自己的需要和兴趣自由选择阅读的内容,自由支配自己的时间。电视观众只能被动地等待节目的播出,按照节目的顺序逐条收看。人们也曾试图通过各种办法来弥补电视在这方面的缺陷,用节目预告、发行电视报等方法提供给受众一定的选择权,但是这些措施都没有从根本上改变局面。直到交互电视,如IPTV的出现,才使电视传播中受众的被动局面得到改变。

交互电视具有视频点播、回放、快进等功能,这些功能的出现,彻底改变了受众的收视状态,也给电视节目制作提出了更高的要求,甚至将会对电视广告业产生巨大的冲击。因为,在点播或回看状态下,遇到拖沓的情节或"令人讨厌"的广告,观众可以选择快进,直接跳过去。一旦电视广告无法有效传播,那么电视媒体的"二次销售"模式则无法维系,这将会给整个电视业的营利模式带来影响,因此,改变和开发电视广告的形态也成为当务之急。

第二节　广播电视的传播特性

一、广播的魅力:声音的想象力和受众参与

电波携带声音,可以飞越高山大海,把声音传到受众的耳畔,但是受众只能听,不能看到或触摸到它,声音是受众能感受到的唯一传播符号。因此在制作广播节目的过程中必须把所有的具象和抽象符号都转化成声音符号才能传递出去,只有这样,才能在听众的脑海中形成概念。相对于边看边听的电视,广播的传播有着记忆上的劣势,但也有着它独特的传播优势。与电视的传播特性相比,广播传播的一切内容都是通过声音这一唯一的符号承载,不会产生传播因素间的矛盾,更不会因为冗余信息而干扰了公众的思维②。并且,由声音引发的想象力是一

---

① 马歇尔·麦克卢汉:《理解媒介:论人的延伸》,何道宽译,商务印书馆,2000年版,第33页。
② 吴玉玲:《广播电视概论》,中国传媒大学出版社,2007年版,第95页。

个奇妙的过程,令人神往。一个简单的滴答声,不仅可以是水滴落下时的轻柔和细腻,也可以是时钟轻缓又节奏鲜明的脚步,更可以是伊人为谁消得憔悴时落下的那一行热泪。声音,是想象力的舵手,把握着情感的方向,表达出无与伦比的故事,在不断变化的声音中,想象力随之喷薄欲出,只有听者才会感受到它的力量。所以,在所有的大众传媒中,广播是最能引发想象力的媒介。

随着通信技术的发展,广播很快就展现了自己最新的独特优势——吸引受众参与沟通。最初,人们利用电话和广播进行特定的人际交往,如通过热线点歌传达爱情、抒发敬意、祝贺生日等,这些能充分表达听众的情感,随后其他的广播热线节目流行开来。这些热线节目充分发挥了广播在现代人际交往中的特有优势,把人际交往大众化,改变了媒体单向传播的局面,使参与沟通的范围更广泛。这种参与沟通的范围之广和反馈之及时,都是电视和报纸所不能及的。尤为重要的是,广播作为一种沟通形式,具有独特的"匿形性",它既可以通过热线敞开心扉,以求得主持人和其他听众的安慰和解答,又可以隐匿听众的形象,使打电话的听众在广播中能闲适自如。而在新媒体迅猛发展的当下,广播更是在第一时间利用新媒体加强与听众的互动,让听众的参与度得到史无前例的强化,例如,听众不再需要抢拨热线电话,而是随时随地通过微博、微信与主持人进行沟通,寻求帮助或发表自己的见解。现在广播节目也十分重视与听众的互动,除新闻播报、广播剧节目外,大量的广播节目以话题讨论、游戏竞猜等方式,把主持人与听众之间的互动作为节目的主要内容。

二、电视的魅力:视听盛宴

电视是一种声画并茂、视听兼备的综合传播媒介,自诞生之日起,就表现出卓越非凡的传播能力,具有文字印刷媒介不可企及的优势和得天独厚的魅力。

首先,它顺应人的生理特点。看和听是人类接收外界信息的主要途径。根据科学家的研究,人对外界的感受,60%来自视觉。视觉在我们的感官中是最重要的,通过眼睛,我们可以比通过耳朵更了解和熟悉周围的世界。眼睛记录下的是物体对光线的反应,让人们知道物体在空间的形状、颜色、表面特点和运动形式,耳朵记录下的则是物体运动中产生的声波。眼耳并用,便在人脑中记录下了事物最基本的特征。从记忆的效果来看,听到的信息能被记住20%,看到的信息能被记住30%,边看边听能记住50%①。电视以屏幕画面和语言、音乐、音响等声音作为信息载体,成功地实现了人类视觉和听觉的延伸。

其次,电视以声画为表达手段,具有丰富的表现力,能够为观众提供一种"身临其境"的真实感。奥运圣火的传递、战争硝烟的弥漫、地震海啸的灾情……无论是普天同庆的喜悦,还是战争与自然灾害的残酷,电视画面通过真实的场景再现、生动的人物形象以及原汁原味的音响效果,每一位观众都能感同身受。尤其是现场直播的电视画面,实现了在事件发生之时即可传播的目标,而且它的现场感更加强烈。电视画面在传播信息的过程中对观众而言有着"百闻不

---

① 吴玉玲:《广播电视概论》,中国传媒大学出版社,2007年版,第96页。

如一见"的强大优势,它能把事件变动的现场搬进千家万户,或者说把观众带进现场,使人耳闻目睹,油然产生与事件同步的现场感,并且这种现场感可以使观众不知不觉地"介入"事件变动之中,从而产生一种参与感。更为重要的是,在电视节目的传播过程中,观众通过自己的眼睛和耳朵直接了解、感受信息,大大地提高了电视所传播的信息的可信度。

再次,电视采用面对面的交流方式,通过口语化的语言表达,拉近了传者与受众之间的距离。观众不仅可以了解事件发生的真实场景,还可以聆听当事人的倾诉,人物的声音、表情以及内心的情感都可以直观地呈现在观众面前。这样的直面讲述,不仅有利于传者的情感表达,也有利于受众的情感认同,为信息的传播增添了人情味。当主持人面对着镜头对观众说话的时候,观众也会在潜意识或不经意中认为,主持人是与他进行直接交流,这是电视口语叙事带来的最直接的效果。

第三节　广播电视的社会功能

一、信息传递功能

由于广播电视的传播快速性、生动形象性,它在信息传递上具有得天独厚的优势,因此,广播电视作为大众媒介,其最重要的功能便是传递信息,这也是其最基本的功能,其他社会功能都是建立在这一功能基础之上。

(一)传播新闻

在广播和电视没有发明以前,新闻的传递主要依赖报纸。报纸需要排版、印刷、投递、购买、订阅,传播周期较长,而且阅读报纸对受众要求较高,需要具备相当的文化程度。自从广播被发明以后,由于传递迅速,并且使用日常语言,凡是拥有收音机的听众,不论识字与否,都可以随时随地收听国内外新闻,因此广播成为传播新闻的利器。尽管广播在诞生之初,传播新闻的功能并没有受到足够的重视,但很快到来的二战,让人们意识到及时了解信息的重要性。广播开始肩负起新闻传播的重担,其在当时重要的程度远胜于报纸。而声画并茂的电视为新闻提供了真实的情景,特别是彩色电视的出现,更是为观众提供了强烈的视觉冲击力,使新闻的现场性得到酣畅淋漓的表现。这是其他媒介无法比拟的。电视新闻发展至今,由于通信卫星的运用,远在天边的新闻,如同近在眼前,完全突破了时空的界限。总之,因社会不断变化发展而产生新闻,新闻永不枯竭,广播和电视传播新闻的功能只会增强,不会减弱。

(二)引导舆论

舆论是民众对特定议题大概一致的意见。舆论代表的是民心民意,是社会民众对于当前问题的整体知觉和集体意识。舆论一旦形成,就会形成一种无形的社会力量,对有关事态的发展产生重要的影响。

广播电视具有广泛的社会性、深入家庭的渗透力、引人入胜的感染力,能够对社会舆论、对受众的思想感情产生相对于报纸、杂志等媒介所无法取得的影响力。各国各党派的政治力量、各种社会团体怀着各自的目的,都充分利用广播电视宣传自己的政治主张、纲领和方针政策,充分利用广播电视进行意识形态传播。

著名的"炉边谈话"就是利用广播进行政治信息传播的典型。《纽约时报》评论说:"从来没有哪一个总统能够在这样短的时间里让人觉得满怀信心。"而电视则更能增强人们对政治事件和政治人物的亲近感。电视由于能够提供事件和人物的特写镜头,从而创造了人们对公众人物、政治活动的熟悉感。这种面对面的接触会产生出对政治人物的亲近感和人格感。毫无疑问,广播电视通过提供各种政治信息对公众政治意见的形成也产生了一定的影响。

不过,值得注意的是,媒体要引导公众舆论,必须具备一个前提条件,即具有公信力。有相当数量的受众愿意相信媒体呈现的内容,接受该媒体所展现出的社会图景,从而越来越倾向于信任这一媒体。作为传统媒体中最强势的主流媒体,电视媒体目前虽然遭遇各种新媒体的冲击,但在一些重大的突发性事件报道中仍然是首选的信息发布渠道,电视新闻在国人的心目中仍然具有较高的权威性、传播力和可信性。根据中国社会科学院中国舆情调查实验室和社会科学文献出版社 2014 年联合发布的《中国舆情指数报告(2013)》显示,电视媒体的媒体影响力值达到 83 分,排名最高。因此,我们应充分重视电视媒体的舆论引导功能,电视舆论监督不能为了监督而监督,节目的宗旨更不能是借某种社会问题以造成"轰动效应",而应从新闻工作的指导性出发,恰当地选择监督报道的案例和报道角度。对于报道的社会热点问题,电视媒体所能承载的功能就是帮助协调解决问题,而不能因为参与舆论监督而激化、放大矛盾。

(三)传授知识

家庭教育、学校教育、社会教育被称为教育体系的三大支柱,而以电子声像为传播媒介的广播电视社会教育,是社会教育中最生动、最活跃、普及最广、影响最大的一部分。广播电视传播文明、创造文明,在每天播送的节目中,天文地理、古今中外的知识无所不包。它们提供了大量的知识,开阔了人们的眼界,增长了人们的知识。

施拉姆曾经说:"所有的电视,都是教育的电视,唯一的差别是它在教什么。"广播电视的社会教育节目涉及政治、经济、文化、科学及世界观、价值观、人生观等各个方面,在指导社会生活、建设精神文明上具有巨大的作用。可以说,广播电视的所有节目都有传播知识的作用,而广播电视教育节目则是这种作用的集中体现。广播电视教育节目就像是一个空中课堂,拥有教学者、教学对象、教学内容、教学方法等其他教育机构所拥有的因素,而作为电子媒介,广播电视能够充分利用已有的科技优势进行现代教育,提高教学效率和教学效果。

总之,人们从广播电视中可获得信息、知识、技能。日积月累,有利于培养贯通多种门类的综合型人才,更可贵的是,受教育者获得新知识、新选择、新信息的时效大大加快,这有利于克服知识陈旧之弊端,也有利于人们在知识更新的同时有所发现、有所创造。

二、广播电视与社会发展

大众传媒不仅为社会发展提供信息,而且还在嵌入社会结构的同时推动社会变迁①。而社会发展又为大众传媒提供社会基础,尤其是受众群体和制度范式。广播电视对社会的影响,主要表现在如下若干方面。

(一)电视与"地球村"的形成

"地球村"(global village)这一概念,是加拿大著名传播学家麦克卢汉在1963年出版的著作《理解媒介:论人的延伸》中首次提出的。他指出电视和卫星等新兴技术的出现,使地球"越来越小","由于瞬息万里的电子技术,地球再也不可能超过一个小小村落的规模……最近宇航员环绕地球的飞行也是一样,它改变了人对地球的感觉,使之缩小到黄昏漫步时弹丸之地的规模"②。麦克卢汉相信,由于电子媒介的飞速发展,人类已跨越空间和时间的限制,使信息在瞬息之间即可传送到世界的每一个角落,因而,人类重新回到了"鸡犬之声相闻"的村落化状态,地球已变成了一个小村庄。

如果说,20世纪60年代的人们把麦克卢汉提出"地球村"当作是一种痴人说梦,那么现在,麦克卢汉则成为人们心中最伟大的预言家之一。

随着电视机的普及,传播规模的扩张,卫星转播技术的发展,电视的共时性、同步性得以实现,电视真的把世界变成了一个村落,它可以让全世界数亿人在同一时间里共同关注、参与同一个事件,它把社会变成了一个"公共社区"。不同文化间的联系日益紧密,各国文化间的界限也渐渐模糊,全球文化相互借鉴、融合,全球文化"一体化"的趋势日渐明显。地球因为电视而变得扁平,电视打破了地域、空间和语言文字的障碍,它再也不仅仅代表生活在同一地域的某个民族的生活类型,而成为全球流行的大众文化。在技术进步和商业化竞争的双重作用下,它再也不是本义上"看得见的远景",而是使发生在世界上任何一个角落的事情发生在"现在",发生在"眼前"。因此电视通过影像符号所建构的"影像文化"颠覆了传统的文化形态和文化模式,重释了一种空间文化,形成了全球化的文化消费观。

(二)电视与消费社会建构

1970年,法国著名社会学家让·鲍德里亚(Jean Baudrillard)出版了《消费社会》这一影响后世的专著,对当代包括美国在内的西方社会进行了深刻的剖析,"消费社会"这个概念由此产生。

所谓消费社会,是指从原来以生产为中心的社会变成以商品消费为中心的社会。根据鲍德里亚的观点,消费社会最大的特点是物质的"堆积"和"丰盛"。在消费社会,物质前所未有的极大丰盛,使资产阶级面临的问题不再是提高生产效率的问题,而是如何扩大市场把商品销售

---

① 参见陈相雨、王丹:《大众传媒参与生态文明建设的理念定位和实践路径》,《阅江学刊》,2015年第2期,第96-102页。
② 马歇尔·麦克卢汉:《理解媒介:论人的延伸》,何道宽译,商务印书馆,2000年版,第423页。

出去的问题。因此,刺激消费、鼓励消费成为影响资本主义经济进一步发展的关键因素①。

值得注意的是,这个新的消费体系的形成与商业电视的诞生恰好是同时发生的。虽然,在消费社会的形成中,电视"只是所有因素中的一部分,然而它无疑是决定性的。它为如此生气勃勃的活动提供了大部分的核心影像、与之相协调的诱惑以及音乐的伴奏"②。

电视对消费社会的一大贡献,就在于它对商品符号价值的极度张扬。鲍德里亚认为,在现代消费社会中,商品要想成为被消费的对象,必须成为"符号",因为人们在消费商品时已不仅仅是进行单纯的物质消耗活动,而是在消费物品所代表的社会身份符号价值或象征意义。在大众传播媒介当中,可以说没有比电视尤其是电视广告,更容易把"符号"和"商品"粘接在一起的东西了。电视广告制造令人目眩神迷的视听效果,通过夸张的动作和语言,不但宣扬产品功效,更赋予产品以符号价值③,从而让人们确信:可乐不仅是碳酸饮料,而是青春活力的象征;手表不仅是计时工具,而是身份地位的彰显。在电视广告的狂轰滥炸之下,越来越多的人习惯于通过某种特定的商品符号价值来进行身份认同。

(三)电视与大众文化发展

从本质上说,当代大众文化是一种在现代工业社会背景下所产生的与市场经济发展相适应的市民文化,是在现代工业社会中产生的,以都市大众为消费对象和主体的,通过现代传媒传播的,按照市场规律批量生产的,集中满足人们的感性娱乐需求的文化形态。简单地说,当代大众文化具有市场化、世俗化、平面化、形象化、游戏化、批量复制等特征④。

在西方社会,大众文化的兴起,正是以电视的发明及与之相伴的电视文化的流行为发轫。而在当代中国,在这场渗透到全社会每一个角落的大众文化浪潮中,也是电视一马当先,成为推动大众文化发展的主力。可以说,电视是大众文化发展过程中极为重要的媒介,是承载和传播大众文化的最好的媒介形式,大多数人对大众文化的接纳,是通过电视提供的形象、话语及意义来实现的。

首先,大众文化张扬大众的意志,而电视能够向数以亿计的受众传递信息,正好适应了大众文化的这一需求,至少在表象上与大众意志相辅相成。一方面,大众的日常生活意志制约着电视文化的发展,对电视文化在内容选择、价值取向、表现形式等方面发挥着极大的影响,促使电视文化在自身发展中必须尊重大众的存在、重视大众的接受、关注大众的需求。另一方面,在信息爆炸的当代,社会对电视的依赖程度越来越高。电视不仅丰富了大众文化生活的多样性和选择性,而且制约着大众的现实想象和生活追求,成为大众生活选择的参照系,在一定程

---

① 参见陈相雨:《广告舆论虚伪本质的批判分析》,《当代传播》,2017年第5期,第97-99,103页。
② 罗杰·西尔弗斯通:《电视与日常生活》,陶庆梅译,江苏人民出版社,2004年版,第56页。
③ 参见陈相雨、赵韵文、张银柱:《户外广告与城市空间:溢漫、演化及其影响——基于芝加哥学派城市生态学理论的分析》,《上海城市管理》,2017年第3期,第23-28页。
④ 邹广文、常晋芳:《当代大众文化的本质特征》,《学海》,2001年第5期,第68-73页。

度上规定了大众的价值取向,甚至培育着大众意志①。

其次,大众文化作为一种生于城市工业社会的文化形态,具有批量复制性。而电视产品为赢得高收视率,追求商业利益,其制作也具有明显的类型化或模式化特征。虽然从表面上看,电视节目五花八门,但是这不过是一种虚假个性。因为,电视文化的生产机制不是艺术化的、个性化的,而是标准化的,这个标准是以收视率和市场效益为杠杆,从人物设计、剧本创作到气氛营造、视听特效,一切都像是在工业流水线上,最终要生产出一个能"热销"的、能形成"收视热点"的电视产品。为了规避投资风险,很多电视节目更是直接采用跟进和模仿已经大获成功的节目的方法来制作节目。一个穿越剧火了,十个穿越剧随之出现;一个相亲节目火了,满屏皆在找对象;一个《爸爸去哪儿》火了,马上就有《爸爸回来了》……尤其是体验式真人秀节目,更是一波接着一波②。不过,也正是因为这种批量式的复制,电视成功地制造了一个又一个大众文化的热点话题。

再次,本雅明(Benjamin)曾指出大众文化的机械复制在促进文化生产力发展的同时也使艺术丧失了韵味,走向平面和无深度。而电视因其接受的日常化、家庭化和随意化,也必然要求其传播内容的通俗性、娱乐性和消遣性。

人类对于娱乐的需要如同对于衣食住行与传宗接代的需要一样自然。进入现代工业社会,人们的工作压力和生存压力加大,人类在体力和心智各方面都处于一种前所未有的紧张状态,对于娱乐放松的需要也越来越迫切。尽管娱乐的具体方式有很多,但就经济与方便程度而言,莫过于看电视。因此,满足娱乐正是电视传播的一大重要功能。虽然娱乐能够使人在紧张的现代社会中得到放松,但随之而来的是意义的崩溃和质疑能力的被消解,最终人的审美能力在过度娱乐中丧失③。

(四)电视与媒介化治理

当前,媒介逻辑已经嵌入经济社会发展及社会治理的各个环节,媒介在政治事务中的基础性作用愈发凸显。诸多新媒介技术不仅作为工具和平台,而且作为能动的参与者直接被权力体制所吸纳,继而进入国家治理体系和治理能力的打造与建构中。

首先,电视问政是一项重要的媒介化治理实践。作为一种节目类型,电视问政就是党政官员、市民群众和社会各界代表,针对民生公益问题,在电视摄像机前展开直接的交流互动。电视问政为"公共协商"搭建了一个大众瞩目的舞台与仪式场,它为治理创造了一个新环境,推动了政府与民众的理性对话。在充满仪式感的对话设计中,民众通过表达、协商和问责等方式参与政府治理,践行民主权利,政府与民众的良性互动共同推进了民主政治进程④。

---

① 隋岩:《试论当代电视的大众文化特征》,《当代电视》,2002年第6期,第16—18页。
② 参见熊仁国:《体验式真人秀节目的现实关怀及社会反思:以〈茶道真兄弟〉为例》,《传媒》,2017年第5期,第64—65页。
③ 参见陈相雨:《网络空间中的"视觉抗争"及其后果处置》,《当代传播》,2014年第4期,第69—71页。
④ 成情:《治理展演:媒介学视角下的电视问政研究》,《新闻知识》,2022年第2期,第84—86页。

其次,电视重大主题报道是媒介化治理的重要抓手,具有社会动员与主动协同的功能,能扩大增量受众、提升宣传声量、促进融合深化、助力社会治理①。所谓重大主题报道,是围绕党委政府的重大决策、战略部署、社会热点等展开的战役性报道,对宣传党的政策、引导社会舆论、展现主流媒体权威性具有重要意义②。近年来,电视在促进生态文明建设、助力乡村振兴、阐释和传播"双碳"战略等方面做出了重大贡献,用积极的建设性语态引导舆论,促进公共讨论,弥合社会裂痕,协助参与社会治理,发挥社会公器的作用。而在这个过程中,电视媒体也实现了自身的融合深化发展。例如,中央广播电视总台推出的《典籍里的中国》,通过打造沉浸式场景,以主持人讲解、演员表演以及专家学者访谈等形式,进行多维解读和穿越时空的对话,引领观众浸入场景架构,层层深入,创意性地再现内容,革新了受众的内容体验,吸纳了多元受众参与,扩大了重大主题报道的影响力,助推了媒体融合深化发展。

第四节 电视的负功能及其批判

当贝尔德成功发明电视,《纽约时报》将其称之为"神奇魔盒"的时候,一定没有预料到,这个一度让人们兴奋不已和大加赞叹的"神奇魔盒",很快就被发现它原来是一个"潘多拉魔盒"。

一、电视对儿童的影响

"在电视机旁长大"已经成为当代儿童生活的真实写照。根据儿童认知理论,幼儿从1岁以前就会对电视发生兴趣,特别是色彩绚丽、变幻多样的电视广告最能吸引他们的目光。到2.5岁时,幼儿大致已经能看懂儿童节目。据调查统计,在电视业较发达的国家和地区,儿童从3岁起平均每天要看2~3小时电视。美国儿童平均每周看电视28小时,青少年则为23小时,等于说,到高中毕业,他看电视的时间约是24000小时,比正式教育的时间12000小时多了一倍③。

从电视的传播特点来说,电视收视门槛低,内容直观易懂,而儿童自我防御能力弱,对媒介信息没有足够的判断能力,可以说,电视比任何媒介都更能影响儿童的认知和行为。

尽管电视对儿童的影响存在积极的一面,例如,有助于开阔儿童的视野,是家庭教育和学校教育的有益补充等。但电视对儿童的消极影响也是多方面的,并且更值得引起人们的关注和警醒。

首先,儿童长时间观看电视,不利于儿童的身体发育和心理健康。儿童的视觉和神经系统的发育是一个长时间的过程,电视上不断闪烁和变换的画面,对幼小的孩子而言,是超出其视觉和神经系统承受能力的一种刺激。这些超强的刺激不仅会伤害孩子的视力,造成视力减弱,还会对孩子的大脑和神经系统产生不良的影响。我们可以观察到,孩子平时看图画书或画画

---

① 栾轶玫:《重大主题报道:媒介化治理的传播实践》,《编辑之友》,2022年第3期,第5-11页。
② 朱胜伟:《重大主题报道的表达创新》,《新闻战线》,2017年第19期,第121-123页。
③ 吴玉玲:《广播电视概论》,中国传媒大学出版社,2007年版,第270页。

时,面对一幅画面,他需要一定的时间进行观察和思考,但在电视前,孩子需要习惯于不停变换的画面。对于这种刺激,孩子要么形成自我保护,拒绝接受,使大脑停止反应;要么强迫自己去接受,变得过度兴奋、躁动不安。研究人员长期观察发现,经常看动画片的孩子,容易急躁和神经质。如果看电视时间长或次数多了,会阻碍孩子的大脑和神经系统发育。

很多人觉得,孩子看电视或动画片时,目不转睛、一动不动,从而认为这能够培养孩子的专注力。其实是恰恰相反的。因为如果幼小的孩子适应了电视强烈的声光影刺激和不断变换的画面,就很难再把注意力集中到一本书或一幅画上,从而会造成一定的学习障碍。美国曾经有过一个调查,有大约50%的孩子患有不同程度的注意力集中障碍,专家认为其根本原因就是看电视造成的。英国一家机构的研究发现,英国有超过80%的儿童因为看电视导致注意力难以集中。

其次,电视暴力对儿童行为有不良示范作用。随着电视节目竞争越来越激烈,为了用紧张的节奏、刺激的画面吸引观众的注意力,暴力元素成为电视制作方用来提高收视率的法宝之一。美国科学家做了调查统计:一个美国人在他15岁之时,已经看过有杀人镜头的电视节目13000多次。

对于儿童来说,他们基本属于自然阶段的人,对影视作品中的暴力倾向内容在某种程度上有着天然的接近,电视暴力,尤其是动画片暴力会让儿童主动模仿,会对儿童心理和行为进行浸润式渗透。由于儿童不能够区分现实与幻想,而且他们对于人们行为的动机与道德上的冲突还不能充分理解,儿童在看多了暴力电视镜头后,常常会误以为暴力情况反映的就是社会现实,以为暴力是问题的唯一解决方式,在长期耳濡目染后,比较容易在类似的生活情境中表现出攻击行为。

由于儿童或青少年受到电视暴力的影响而引发的悲剧,绝非个案。仅近年来,发生在我国,就有一些媒体报道出来的相关事件。

诚然,把所有的悲剧全部推给电视是不公平的。这些悲剧的发生应该引起我们对家庭、学校教育的反思,而且,电视暴力的影响也要视儿童个体本身的情况而定。但是,作为面向大众传播的电视节目制作人更应做好行业自律,剔除暴力节目,或采取电视分级制度,还儿童一个健康良好的媒介环境。

再次,电视促进了儿童的成人化。无论是通过科学家严谨的研究得出的结论,还是人们日常生活中感性的认知,"现在的孩子越来越早熟"已经成为一个普遍的共识。可为什么会出现这样的现象?要全面回答这个问题并不容易,因为它和整个社会的发展、人们观念的变化乃至饮食习惯的改变都有关联。但是在众多的原因中,电视起到的作用是最为明显和深刻的。

美国批评家尼尔·波兹曼(Neil Postman)在《娱乐至死:童年的消逝》一书中指出,印刷媒介创造了"童年"这一概念,而电子媒介,尤其是电视却正在将它摧毁。在他看来,由于一个人需要经过长时间的学习才能获得读写能力,因此印刷媒介能够成为童年与成年之间的一道文化鸿沟。而与之相比,电视人人都能看,它重新填平了这道鸿沟。通过看电视,儿童越来越多地了解到成人世界的"秘密"——性、毒品、暴力和死亡,而以前这些内容是被藏在特定的印刷物之中的。当儿童"比以往任何时候都要消息灵通……当他们知道长辈知道的一切……这意味着他们已经变成成人,或者至少像成人一样……当儿童有机会接触到从前密藏的成人信息的果实的时候,他们已经被逐出儿童这个乐园了"①。

二、电视对人的思维、认知及人格发展的影响

电视不仅对儿童存在负面影响,对成年人的影响也不容小觑,在人的思维、认知及人格发展方面,电视都扮演着令人担心的角色。因此,有社会学家称电视为"媒介的鸦片",部分宗教人士则视之为"魔鬼的杰作",西方国家的一些人甚至喊出了"关掉电视"的口号。

首先,电视疏远人与人之间的距离。日本传播学者中野牧在《现代人的信息行为》一书中提出了"容器人"的概念,他认为,在大众传播,特别是以电视为主的媒介环境中成长起来的现代日本人的内心世界类似于一种"罐状"的容器,这个容器是孤立的、封闭的;"容器人"为了摆脱孤独状态也希望与他人接触,但这种接触只是一种容器外壁的碰撞,不能深入到对方的内部,因为他们相互之间都不希望对方深入自己的内心世界,于是保持一定距离便成了人际关系的最佳选择。通俗一点来说,"容器人"就是指人的内心其实是处于一个透明的罐状容器或玻璃杯中,隔着透明的玻璃,我们可以很轻松地看到对方,但是如果想走进对方的内心,却很难。

"容器人"注重自我意志的自由,对任何外部强制和权威都不采取认同的态度,但却很容易接受电视的影响,他们的行为像不断切换镜头的电视画面一样,力图摆脱日常烦琐性的束缚,追求心理空间的移位、物理空间的跳跃。封闭、缺乏现实社会互动的环境,使得他们当中的大多数人养成了孤独、内向、以自我为中心的性格,社会责任感自然很弱。

知名文化学者、凤凰卫视《纵横中国》栏目总策划胡野秋在接受媒体采访时说:"'容器人'的特点之一,就是给人一种比较冷漠的感觉。另外,在很多时候,'容器人'永远是与人无害的,但是一旦发生矛盾,造成的结果可能就是一次剧烈的碰撞,结果也很简单,要么你打碎我,要么我打碎你,或者是两个人的杯子都撞个粉碎。"

其次,电视容易导致社会麻醉。电视声画兼备,图、文、声三位一体,能够同时对人的视觉、听觉产生冲击力,并且实况转播、同期声、大特写等更增强了它的现实感和参与感。因此,在电视面前,人的感知得以充分延伸,使人容易产生一种真实世界近在咫尺,甚至是身临其中的感觉。然而实际上,电视在沟通了人与现实的交流的同时,却又在某种意义上阻隔了人与现实的交流,这种阻隔限制了人对现实的理解力和适应性。

如果说,我们的先辈是用"手"和"脚"与现实世界发生着切实的联系,那么,现代人更多的是用"眼"和"耳",通过荧光屏来接触世界。这样,久而久之,在不知不觉中,原先富有质感的现实不是近了,而是越来越远。电视的价值评判和逻辑,严重干扰甚至取代了人们面对现实的自主的价值评判。因为电视传播的内容不仅经过了他人的眼睛,更经过了他人的意志和越来越

---

① 尼尔·波兹曼:《娱乐至死:童年的消逝》,吴燕莛译,广西师范大学出版社,2009年版,第252页。

高超的技术组织。即使构成内容的事件和人物都是真实的,也不是真实世界本身。现实远比它所展示的世界复杂、无序、丰富、深奥,以致人对真实世界的理解力、应变力也将随之日渐萎缩。

推荐阅读

1. 卫欣、陈相雨:《媒介、社会与文化 新闻传播学热点问题研究》,合肥工业大学出版社,2016年版。
2. 殷文:《电视与老年人精神慰藉:基于日常生活建构的视角》,吉林人民出版社,2016年版。
3. 闫国伟:《新时代应急广播大喇叭的功能与作用》,《中国广播电视学刊》,2021年第2期,第97-98,103页。
4. 叶思诗:《功能重申与平台再造:中国电视转型的坚守与突围》,《当代电视》,2020年第11期,第81-83页。
5. 周潇:《人民调解机制在电视节目中的功能与实践》,《传媒》,2022年第11期,第70-71,73页。
6. 赵敏:《国家治理现代化进程中广播音频的三大功能》,《南方传媒研究》,2021年第6期,第88-92页。
7. 赵如涵:《电视媒体抗击疫情节目的叙事策略与社会功能》,《中国电视》,2020年第11期,第61-64页。
8. 马歇尔·麦克卢汉:《理解媒介:论人的延伸》,何道宽译,商务印书馆,2000年版。
9. 罗杰·西尔弗斯通:《电视与日常生活》,陶庆梅译,江苏人民出版社,2004年版。
10. 戴维·莫利:《电视、受众与文化研究》,史安斌译,新华出版社,2005年版。
11. 尼尔·波兹曼:《娱乐至死:童年的消逝》,吴燕莛译,广西师范大学出版社,2009年版。

思考题

1. 随着技术的发展,广播电视的传播特性发生了哪些变化?
2. 如何理解电视与大众文化之间的关系?
3. 你如何看待电视的负功能?
4. 你认为对电视媒体来说,"传播新闻"与"提供娱乐"哪个更重要?为什么?

» 第三章

广播电视节目论：
从单一到多元

第一节　广播电视节目的类型与发展

节目是广播电视的内容样态，是在长期的实践工作中形成的比较固定的表现方式。作为广播电视传播的基本单位，它属于文化产业的一部分，发展状态与社会、经济、政治形态密切相关。新中国的广播电视节目已有70多年的发展史，在漫长的历程中，节目数量与质量不断提高，出现了一大批深受观众喜爱、具有较高思想艺术水平和文化知识含量的作品。特别是随着媒介融合程度的加深，受众需求及媒介接触习惯的变化，广播电视节目不断创新，样式逐渐从单一变为多元，呈现出百花齐放的良好态势。

媒介融合，主要是电视、广播和报纸等传统媒体与互联网等新媒体的融合，可以集合不同媒体的优点，实现"融合互补"。在当前环境中，广播电视节目除了最大程度发挥广播、电视固有的媒体优势，还积极与新媒体融合，利用新媒体的实时性、交互性、传播迅速高效、受众年轻化、多样化等特点，打破传统媒体环境下广播电视节目的固有形式，积极发展新形态、新样式，以实现最佳传播效果。例如：采用季播制作方式，灵活编排；创新节目形式，制作精品内容满足用户多种需求；在原有节目之外，衍生新媒体节目延伸热度，发挥品牌效应；注重营销推广，线上线下立体传播，获得最优传播效果；节目在频道与线上平台同时播出，方便受众使用移动端观看；利用线上方式与受众互动沟通；等等。

类型研究素来是广播电视研究的重要内容，其历史可追溯到广播电视节目诞生初期。作为常见的媒体类型，人们基于各种各样的需求接触广播电视，这些需要包括信息需求、娱乐需求、心绪转换需求等。当受众的这些需求具有普遍性的时候，满足这些需求的节目便应运而生。节目编辑、策划人员会对节目的内容、形态、样式等进行设定，特定的节目类型也就产生了。

尽管每家广播台、电视台定位不同，办台宗旨不同，目标受众不同，但其传播手段是一致的，即播出各式各样的节目。换句话说，节目是广播电视台的内容产品，一定程度上可以反映广播电视台的办台方针、经营原则、节目制作水平、媒体形象等。因此，要研究广播电视媒体，就要从广播电视节目入手。

一、节目与栏目

节目和栏目是我们熟悉的两个概念，当前广播电视行业的节目制作、运营和研究中，两者经常被混用，很多时候都难分彼此。但实际上，两者既有密切联系，又有一定区别。

节目是广播台、电视台所有播出内容的基本组织形式和播出形式，是一个按时间段划分、按线性结构传播方式安排和表现内容、依时间顺序播送内容的多层次系统，实际上涵盖了电视台和其他电视制作机构制作的、供播出或交流的具有特定内容和形式的电视作品[①]。

---

① 赵玉明、王福顺：《广播电视辞典》，北京广播学院出版社，1999年版，第220页。

栏目是指具有固定名称、内容、主题、形式、风格和时间长度的，在固定的时间段播出的节目，是一种模块化的组织形式。宏观上看，电视栏目是电视内容产业的重要组成部分；微观上看，电视栏目是电视频道编排的基本单元①。

节目栏目化，是广播电视节目的一种编排方法，也就是按照一定宗旨将某些节目归为一栏，使它们有固定的名称、标志、时长，并在固定时间播出的一种方式。可以将节目内容规范化、系统化，这样有利于节目制作编排，也有利于受众定时接收。

在清楚了解两者概念的基础上，为了避免产生歧义和混乱，本章原则上对两者不做特指性区分。

二、分类的依据

节目分类并不是一成不变的，而是根据标准和依据的不同而不同。要确定节目类型，首先应确定分类标准。历史上，广播电视节目的分类依据多种多样，如按制作方式可分为录播节目和直播节目；按服务对象可分为儿童节目、对农村广播电视节目、女性节目、老年人节目等；还可以按节目主题分、按节目内容分、按节目风格分等。这里，我们采用国内比较通用的划分方法，以节目内容作为分类依据，综合业界的普遍认识，把广播电视节目分为新闻节目、文艺节目、教育节目和服务节目来介绍。

三、分类的目的

首先，可以方便受众选择节目。不同类别的节目能满足受众的不同需求，通过分类，可以让受众更有针对性地选择自己喜欢的节目，而不会在数量繁多的节目面前不知所措。

其次，能更好地总结规律，有利于节目生产和流通。通过分类，方便人们认识节目、了解节目，发现节目策划、设计、制作的规律，从中找出经验性的内容，提高制作水平，掌握市场规律，促进节目产品的生产和流通。

最后，有利于深化广播电视研究和学科体系建设。一方面，分类可以发现哪些节目内容利于社会发展，适合观众收听（看）习惯，可以从学理上为节目开发提供意见；另一方面，不同类型的节目发挥的社会功能不同，社会影响也不一样，分类有利于学者对各个分类进行深入系统的研究，通过长期知识积累形成较为完备的学科体系。

总之，对广播电视节目进行分类和研究，是一项有益的事。

第二节　广播电视新闻节目

新闻是广播电视节目的重要组成部分。新闻节目是指以新闻报道和评论为主要形式，利用广播电视手段，传播符合真实性、时效性、重要性、趣味性、接近性规律的内容。在广播电视

---

① 参见《中国电视栏目成长报告—2004》，中国广播电影电视集团大型活动办公室、央视-索福瑞媒介研究有限公司，第1页。

节目系统中,它是当之无愧的主角。人们对媒体的认识和印象的形成,往往是从新闻节目开始的,并通过节目的质量,来评判电台、电视台的节目水平和总体实力。无论国内还是国外,广播电视台都会投入大量精力,集合最优质的资源,动用最好的人力、物力来办好新闻节目。

一、广播新闻节目的起源与特点

(一)广播新闻节目的起源

广播从诞生之初就与新闻结下了不解之缘。20世纪初,广播作为一种新兴媒介进入人们的视野。这种新兴事物很快找到了自己的立足之地——新闻报道。尤其是在当时战局混乱的情形下,广播因其对象广泛、传播速度快、感染力强、传播渠道不易受干扰等优点,成为人们了解时事的重要渠道。广播新闻的出现,改变了人们了解新闻的方式,从"读"新闻变成"听"新闻。列宁曾把广播形象地比喻为"不用纸张,'没有距离'的报纸",表明了广播新闻功能的重要性。

1916年,弗雷斯特(Forrest)在布朗克斯新闻发布局的一个试验广播站,播放了关于总统选举的消息,当时只有极少数的人能够收听这些新闻。1920年8月31日,美国底特律的一家试验性电台,播送州长竞选新闻,被称为首次广播新闻。1920年11月2日,KDKA电台利用美国大选的时机,首次创办了定时广播节目,主要播送新闻。之后,广播新闻节目逐渐成为广播中常见的节目类型。最初,广播的新闻多由报纸提供,一些报纸有自己的电台,还有一些报纸为无线电台提供新闻。1932年,美联社为了击败合众社,提前把总统选举结果提供给广播网以安排现场直播,让许多报纸意识到来自电台的竞争压力。美国报纸发行人协会建议,在报纸刊出新闻之前,通讯社不得出售或透露新闻。这一措施迫使广播台开始组建自己的采编队伍,发展独立的新闻采编能力。1938年3月12日,爱德华·默罗(Edward Murrow)在德军进占维也纳的同时,向美国听众广播了他的第一篇战争报道,这次报道被视为广播史上的第一次"现场直播"。到20世纪30年代末,广播新闻节目的形式不断丰富,数量也不断增加,成为传播事实信息的一支重要力量。

(二)广播新闻节目的特点

广播新闻节目与电视新闻节目有许多相似之处,但又因其媒体特征不同,而呈现出自身鲜明的特点。

首先,广播新闻节目的时效性更强。相对而言,广播新闻节目的制作过程更为简单,以主持人口播为主,省略了节目制作的繁复过程,能以更快的速度到达听众。尤其是现在的广播节目中,无论是音乐台、交通台,还是经济台,都会有整点新闻播报,这些节目在每个整点时段播报最新、最热的新闻动向,内容非常新鲜,时效性很强。而且,在每个整点花几分钟播报新闻,也大大拓展了新闻节目的时长,能更好地服务听众。

其次,广播节目更强调听的特征。广播中所能利用的元素只有语言、音乐和音响,这一特征限定了广播新闻节目必须以符合听觉的方式展现内容。广播新闻有语言报道与音响报道两种形式,在文字稿写作或语言播报过程中,都要注意广播的语言特点,做到口语化、通俗化、精炼清晰、客观准确,符合听众听觉感受规律。

再次,广播新闻,尤其是广播消息,往往结构精炼、篇幅短小、内容单一紧凑。广播声音转瞬即逝,又没有图像通道对信息的重复印证,过长的新闻报道不利于听众对内容的理解和记忆。以整点播报的新闻为例,往往一条新闻不过十几秒,只对时事作概括性的报道。这些都是广播新闻适应技术发展、受众收听习惯和节目制作规律的结果,能更好地发挥广播传播新闻的作用。

二、电视新闻节目的起源与特点

狭义上的电视新闻节目,常常是指各级电视台的"新闻联播"等消息类的电视新闻报道。广义上的电视新闻节目,是指电视节目中传播新闻信息的各种新闻节目的总称,有深远的社会影响。

(一)电视新闻节目的起源

从世界范围看,电视新闻节目从诞生至今已有80多年历史。1936年11月2日,BBC(British Broadcasting Corporation)开始播出电视节目,宣告了世界电视事业的诞生。1938年9月30日,BBC播出了亚瑟·内维尔·张伯伦(Arthur Neville Chamberlain)从慕尼黑谈判归来的实况,被认为是世界上第一次实况转播的新闻事件。1939年4月30日,美国无线电公司(RCA)在纽约世博会上展示电视技术,并当场实况播放美国总统罗斯福(Franklin Roosevelt)在博览会上的讲话。尽管这不是正式的新闻广播,却被公认为最早有声音和新闻图像的电视新闻。电视事业和电视新闻的发展在二战期间基本处于停滞状态。1948年8月15日,美国哥伦比亚广播公司(CBS)开办了第一个定期电视新闻节目《CBS电视新闻》,主要是口播新闻,数量少,时效性差。由于当时技术的限制,电视新闻节目的制作还没有从广播新闻的模式中走出来。1951年,CBS的爱德华·默罗创办了电视新闻节目《现在请看》,采用了视听结合、运动影像的方式报道新闻,给观众带来了强烈的真实感,默罗的声望及其在该节目中的精彩报道,开创了电视新闻新时代。1968年9月24日,CBS又推出了一档电视深度报道节目《60分钟》,以深度新闻调查为主要内容,加上节目导视、评论板块和广告,一共60分钟。《60分钟》不仅开创了调查类节目先河,还被誉为美国杂志型电视栏目的鼻祖。这期间,电视新闻陆续报道了许多重大事件,如1960年竞选总统辩论、1963年约翰·肯尼迪(John Kennedy)总统遇刺、1969年"阿波罗"号宇宙飞船登月等。1980年6月,美国有线电视新闻网成立,开始进行24小时新闻播放,成为新闻行业的一大创举。电视新闻节目形式越来越成熟,内容越来越丰富,对社会生活产生了广泛而深远的影响。

(二)电视新闻节目的特点

在现有的媒介类型中,电视是传播范围甚为广泛、传播效果甚好的媒介之一。它同时启用声音、画面两种符号通道,作用于人们的视觉、听觉,内容生动逼真,容易给观众留下深刻的印象,具有良好的传播效果。广播新闻只能利用声音要素,内容稍纵即逝,不利于对信息的抓取。电视新闻则可以利用视听双重通道传达信息,让观众边看边听,能有效重复新闻内容,加强受众对信息的感知。

电视对观众的文化水平要求不高,只要能听懂语言、收看画面即可,可适应不同层次观众的需要。同时,电视观众接收信息,是一种伴随性接收的状态,不需要像读报一样专心致志,接收信息简单方便。电视在传播新闻方面,用画面、声音,传递出最真实的形象,给人以逼真感和现场感。通过画面、音响及记者现场采访,观众能切实体会到新闻事件本身的真实状况。通过对空间、场景、人物情绪、光线等内容的再现,可引起观众的视觉反应和心理感知,从而使其获取最真实的信息,为他们对新闻事件的认识、分析、判断提供最直接、最真实的依据。还有,通过主持人、记者、嘉宾的讲述与评析,能营造平等亲近的气氛,便于对信息的理解与传受双方互动沟通。

三、广播电视新闻节目的类型

(一)资讯类新闻节目

资讯类新闻节目也称为消息类新闻节目,也就是狭义上的新闻,是指以有声语言、实况音响,或用声画两种表现手段迅速及时、准确简明地报道新近发生的事实或现象的节目,目的在于使人们了解周围信息的变动。资讯类新闻节目是广播电视新闻节目中应用最广泛、最基本的类型,是新闻节目中的主体、骨干,被称为新闻中的"轻骑兵"。它在新闻节目中具有重要地位,能实现国内外要闻的汇总,成为人们了解国内外大事和各种信息的窗口。

1938年4月30日,美国无线电公司(RCA)和全国广播公司(NBC)在纽约开始电视新闻实验播出,将《纽约时报》上的三条消息搬上电视荧屏,时长8分钟,这被认为是世界范围内电视消息报道的开端。1958年5月15日,中央电视台前身——北京电视台第一次自办电视新闻节目,播放了4分钟的《图片报道:东风牌小汽车》,介绍我国自主生产的东风牌小汽车的情况,这是我国消息类电视新闻的最初形态。1976年7月1日,北京电视台在全国各地电视台的协作下,试播新闻联播节目,内容全部为国内图像消息报道,成为《新闻联播》的雏形。1978年1月1日,《新闻联播》正式播出,成为中国收视率最高、影响力最大的电视新闻栏目,内容涵盖政治、经济、科技、社会、军事、外交、文化、体育等所有方面。

资讯类新闻节目有比较固定的报道形式,如倒金字塔式结构。它非常注重突出新闻六要素,即何人(who)、何时(when)、何地(where)、发生了何事(what)、是何原因(why)、如何处理(how)。这六要素往往构成了报道的主体内容。它非常强调时效,追求迅速及时,力求在第一时间将最新的新闻事实呈现给受众;内容比较简短,有"一分钟新闻"之称,报道组织材料不求深入细致,往往因为时间关系对新闻诸要素只作概括性报道。虽然资讯类新闻节目中每条新闻比较简短,但总体数量偏多,内容广泛,是名副其实的"要闻汇总"。表达方式上,以叙述、白描为主,力求内容客观公正,用事实说话,不带主观色彩。

按表现形式的不同,可将广播资讯类新闻节目分为语言报道和音响报道;将电视资讯类新闻节目分为图片消息、图像消息、字幕消息和口播消息。语言报道，即由广播节目主持人或播音员用单一的有声语言播报新闻的形式，不运用音乐、现场录音和同期声，一般这类新闻播出前都有整理好的文字稿；音响报道，是运用新闻现场事物或新闻人物自身声音进行报道的广播新闻形式，一般由现场音响与解说共同构成，有录音报道和现场报道两种。图片消息，是指在电视屏幕上，用新闻照片配以文字解说的新闻报道形式。图像消息，是指采用摄像技术，在新闻事件现场摄录画面和声音，结合相应的文字说明和口头表述报道新闻，是电视新闻中最常见的报道形式。字幕消息，是在电视屏幕上打出字幕（如屏幕下方的滚动字幕），以最简洁的文字，向观众传播最新的新闻信息，是一种比较简便的消息报道形式。口播消息，是播音员出图播报文字新闻稿的报道形式，没有新闻现场的图像，以有声语言为传递信息的主要手段。

资讯类新闻节目是广播电视新闻中的常见类型，占总体新闻节目的比例较高，数量较多，基本上每个频道都会有，即使一些细分程度较高的电台、电视台，如综艺台、经济台，也有娱乐资讯、经济新闻播报等。如《新闻和报纸摘要》是一档知名度较高、历史比较悠久的资讯类广播新闻节目，节目的主要内容是播送国内外要闻和中央级别报纸的言论，分国内要闻、媒体介绍、国际新闻、今日天气、简讯五大部分。资讯类电视新闻节目著名的有《新闻联播》《新闻30分》《晚间新闻》《朝闻天下》等。

（二）专题类新闻节目

专题类新闻节目，也称新闻专题，包括多方面的内容，可认为是除了消息和评论之外的各种新闻报道体裁的总称，一般是指对某个新闻做比较深入、具体、详细的报道。它要求新闻要有鲜明重要的主题，或是当前的重大事件，或是群众普遍关注的焦点问题；在时效要求上，和消息比较接近，是报道刚刚发生或正在发生的事；内容上，是消息类新闻简要报道的延伸、扩充，是较为详尽、全面的报道，是进行深度报道的重要形式。

一般来说，专题类新闻节目有两类：一是通讯、专访、新闻故事、调查报告、调查资料等新闻节目原有体裁的统称；二是涵盖了一些特别的体裁，如广播电视讲话、录音通讯、现场转播等。其中，常见的、典型的形式有以下方面。①专题报道，如3·15专题报道，"两会"专题报道，类似于报纸上的通讯，是对时下发生的重要新闻事件、社会现象、社会问题或典型人物，进行多角度采访、调查、分析、解释、评述等，力求真实地还原该事件发生发展的过程及结果，具有一定的深刻性和丰富性。②新闻调查报道，如《新闻调查》，是对热点新闻事件，或人们关心、热议的社会现象或问题进行深入调查分析的一种报道形式，往往针对性较强，具有一定的思想内涵，被人们所重视，尤其偏好重大题材和公共性议题，如灾难性报道、农村留守儿童等问题。这类报道往往选择从具有故事性的小点切入，视角独特，讨论问题深入。③专题访谈，如《面对面》，是指主持人或记者与访谈嘉宾，以面对面谈话的形式，就某些新闻事件或热点话题进行对话交流的节目形式，一般可分为人物专访节目和新闻谈话节目，如新闻人物专访、名人专访等。

与资讯类新闻节目相比，专题类新闻节目有着与众不同的特点。

首先，专题类新闻节目的采访制作过程比较复杂，时间较长，涉及的空间范围大，需要调查采访的对象较多,耗费的精力较多;其次,表达方式上,受到的限制较少,为了展现事情的深度或真相,往往采用叙述、描写、抒情、议论等多种表现手法;再次,专题类新闻节目注重考察内容的深度,挖掘更深入的价值。在新闻六要素中,侧重对"为什么(why)"和"怎么样(how)"两个方面内容的挖掘,提供的事实更详细,背景信息、细节因素更多。从这些特点来看,资讯类与专题类新闻节目有截然不同的个性,也发挥着不同的作用。资讯类新闻节目是新闻的"轻骑兵",第一时间呈现最新鲜的事实,满足人们对信息时效的需求,强调以最快的速度呈现新闻;专题类新闻节目是消息的补充和延展,提供大量的背景、事实和细节,深入、全面、多元地展现事实的真实面貌,满足人们对信息深度的需求。两者相互配合、相互补充,满足人们不同层次的信息需求,使新闻节目类型更加丰富、多元。

(三)评论类新闻节目

评论类新闻节目,又称新闻评论,是指运用广播电视手段,以声音或声画一体的方式对新近发生的具有普遍意义的事件或重大社会问题发表意见、阐述道理、表明态度、分析趋势的节目形式,如《时事开讲》《新闻深一度》《央视论坛》《新闻1+1》《中国舆论场》等。

与资讯类和专题类新闻节目不同的是,评论类新闻节目在选题上受到的限制更多。它既要求题材"新"——具有一定的新闻性,以及事实新、问题新或者认识新;又要求内容具有一定的讨论和认识空间;评论往往是就社会的热点、焦点问题进行评述,因而还具有社会性。

评论类新闻节目中表达的是评论者对具体新闻事件或新闻现象的认识。它表达人们对新闻事件的判断、由新闻引发的对各类问题的思考,反映了作者认识问题、把握新闻的能力,也反映了作者通过大众传播媒介有效率地表达观点的能力。通过对新闻事件发表看法、表明态度、指出症结、提出希望和建议,引导社会认识;通过对事实的分析,从思想、理论高度分析问题,不局限于就事论事,以启发受众的思维理性。

内容上,评论类新闻节目一般由事实性信息和意见性信息两部分构成,二者在节目中互相依附,共同发挥作用。事实性信息往往作为评论的由头和论据出现;意见性信息则代表主持人和评论员的观点态度,带有一定的主观色彩。这些意见性内容往往表明主持人或评论员对新闻事实的立场观点,具有政策性、针对性和准确性,成为舆论监督的重要力量。有时,也会代表新闻编辑部门,宣传党和国家的政策方针,表达民众呼声,反映、引导和影响社会舆论,具有一定的意识形态性和阶级性。

舆论监督是评论类新闻节目最重要的功能之一。我国的评论类新闻节目强调以正面宣传为主,坚持正确的舆论导向。1998年10月,朱镕基总理和中央电视台《焦点访谈》的工作人员座谈时曾强调,舆论监督非常重要,他还赠给编辑、记者们四句话:"舆论监督,群众喉舌,政府镜鉴,改革尖兵。"这也使得评论类新闻节目在舆论监督中处于一种显要地位,在弘扬先进思想和精神的同时,还要不断揭露和抨击各种腐败现象和不正之风,形成强大的舆论压力。

评论类新闻节目能通过意见性信息的传递,帮助人们通过新闻媒体对公共事务进行观点交流。现代社会中,新闻话题本身就反映了人们的观念冲突,成为聚集人们讨论交流的常见工具,能引发高度关注。因而,对新闻话题的评论成为人们进行思想交流和意见表达的工具。

评论类新闻节目还能深化认识,引导理性思考。《中国青年报》总编辑陈小川讲过:"评论的核心在于思想,那些蕴含在评论中的思想,有其自身的丰富价值,不因新闻过时而消失。"① 一般而言,节目的评论员、嘉宾都是某一领域的专家学者,对新闻话题有更专业深入的认识,能给受众提供独特的视角、独到的观察、独家的信息,在认识上带给受众新的东西。评论类新闻节目不是道德评判,也不是冲动地讲废话,而是在掌握大量知识的基础上进行分析判断,有充分的理性思考,能培养人们的理性思维。

当前,评论类新闻节目也面临同质化、舆论监督弱化、评论员储备力量不足、时效不强等问题,需要坚守内容的权威性和专业品质,以此提高节目质量。同时,电视新闻评论也要与新媒体融合,进行转型。例如:迎合受众"碎片化"观看习惯,策划短小精悍的评论;强化互动,增加节目的知识性和趣味性,使用"网感化"语言贴近用户。

随着5G、AR、VR、AI等技术的发展,以及平板电脑、手机等设备更新换代,媒体呈现数字化、网络化、智能化特征,广播电视新闻节目在传播路径、表现形式和内容呈现等方面面临着严峻的挑战。特别是融媒体环境下,受众通过网络获取新闻信息更加便利高效,大量人群流向网络,影响到新闻节目的收视(听)率。广播电视新闻节目除了要拓宽新闻选题来源,提升信息传播速度外,还需要积极与新媒体融合,进行创新。一是通过线上线下多种渠道传播节目内容,实现多屏传播,如《新闻联播》不仅在电视频道上播出,还通过"两微一端"账号、抖音短视频、学习强国等平台传播新闻内容。二是打造新闻节目的网络衍生节目,延伸节目影响力。如央视新闻中心在网络平台上推出《新闻联播》的衍生节目——短视频栏目《主播说联播》,用符合互联网语态特征的表达方式,以平民化、生动且具有亲和力的形式播报新闻,吸引大量受众的关注。由明星主播出镜记录重大时政新闻的《康辉vlog》,以"vlog+新闻"的方式获得了网络受众的认可,也因真实质朴、人格化的特征被称为"移动的新闻",被认为是电视媒体内容生产转型的一种有效形式。三是利用新科技、新技术创新节目形式。如一些电视新闻节目中运用AI技术塑造智能主播或者虚拟新闻评论员。2020年2月新冠疫情期间,为减少人与人间的接触,广西卫视在新媒体平台上首次推出AI合成主播"小晴",报道了《战疫进行时》,关注疫情进展,得到广泛关注。四是重视受众参与,利用网络增强节目的互动性。央视评论类新闻节目《中国舆论场》就运用科技手段加入受众实时参与讨论的元素,成为国内首档融媒体新闻节目。观众可扫描屏幕上的二维码进入虚拟观众席,同步在线参与节目讨论,屏幕一侧显示实时参与讨论与互动人次,节目的讨论内容有一部分是网友提问,整体呈现出更强的实时互动特征。

---

① 陈小川:《理性是评论的力量》,《中国青年报》,2010年11月26日,第2版。

第三节 广播电视文艺节目

广播电视文艺节目是指广播或电视中播出的围绕一个中心主题,以各种文艺表现手法为主体的、可以满足受众的各种各样娱乐需求的,并从中产生认识、教育和审美作用的节目形式。它是广播电视节目的有机组成部分,是文学和艺术在广播电视领域的结合体。具体来说,包括两层含义:一是将广播电视作为传播文艺的手段,如广播电视音乐节目、广播电视戏曲节目等,节目内容本身就是比较成熟的、受众基础良好的艺术表演形式,节目制作者只是将其放到广播电视平台上进行传播,缩短了与观众之间的时空距离;二是将广播电视作为纯粹的塑造艺术形象的手段,以文学、艺术和文艺演出作为创作原始素材和基本构成元素,运用广播电视语言进行创作的,具有较高艺术欣赏性和审美价值的节目类型,如广播剧、电视剧,均是为适应广播电视的媒体特点而设计制作出来的,其本身成为一种独一无二的艺术样式。

新中国广播电视节目诞生于20世纪50年代,但在一段时间内,是以政治斗争和政治宣传的需要而操办,大大限制了广播电视节目的自由发展。早期的广播电视文艺节目,注重思想教育、政治宣传和知识传播,节目类型非常单一,精品少。直到90年代,广播电视行业实施"事业单位,企业管理"的举措后,引入市场机制,走企业经营路线,出现了制播分离的制作模式,才大大拓展了文艺节目的创作空间,扩大了制作人员队伍,并使得广播电视文艺节目成为众多节目类型中,市场化程度较高、社会影响和经济收入取得双丰收的节目形态。

一、广播电视文艺节目的特点

(一)具有艺术美感

广播电视文艺节目属于表现的艺术,受到的限制少,可以综合运用各种艺术表现手法来发挥编导人员的创意和想象空间,引起受众的心理感应和审美认知,如运用音响、音乐、灯光、造型等因素来打造特殊的视听效果,给人以感官冲击,获得美的享受。

(二)文艺性、思想性和社会性的统一

广播电视文艺节目类型众多,形式也比较复杂,但其内核仍然是统一的,都是为娱乐大众、传递主流价值观、传播知识和文化、促进社会交流而服务,只不过是借用文艺的形式,寓教于乐。

(三)综合性

广播电视文艺节目具有视听艺术的综合性。它是以先进的电子技术为传播手段,以广播声音要素或电视独特的声画造型为表现方式,运用艺术的审美思维,对各类文艺作品进行加工、整合、创造,通过塑造鲜明的屏幕形象,达到以情感人的特殊艺术形态。它动用了所有的广播电视手段,如访谈、竞赛、闯关,将各种文艺因素或形式综合运用,糅合在一起,也可以囊括一切门类的文学艺术样式,是真正的综合艺术。

(四)渗透力

广播电视文艺节目以提供娱乐为宗旨,以通俗易懂的节目内容面向不同受众。节目可以在相当长的时期内连续播出,覆盖面广、受众广泛、收看方便。接触它的受众数量,超过了任何一门文学艺术所拥有的受众。可以说,没有哪一种节目能像文艺节目这样,拥有如此数量庞大、来自各个领域、不同年龄、不同性别的受众。

二、广播电视文艺节目的类型

广播电视文艺节目可按照不同的标准,分成若干小类。按节目内容可分为音乐类节目、戏曲类节目、曲艺类节目、文学类节目、综艺类节目、游戏类节目、电影(话剧)录音剪辑、广播剧、电视剧等;按节目功能可分为欣赏型节目、信息型节目、评介型节目、知识型节目、服务型节目;按节目制作方式可分为直播型节目、录音实况型节目、剪辑合成型节目、创作型节目、受众参与型节目。在这里,我们可以按照对广播电视手段运用的不同将文艺节目分成两个大类:一类是将广播电视作为传播文艺的手段,节目内容本身就是成熟的艺术形式,广播电视只是作为展现不同艺术形式的平台,帮助其他艺术形式实现更广泛的传播,如音乐节目、戏曲节目等;二是根据广播电视听觉或视听的传播特点,专门创作出来的艺术形式,如广播剧、电视剧、真人秀等,这类节目可将广播电视的特点发挥到极致,是真正量身定做的广播电视艺术作品。下面将对其中主要的、常见的文艺节目进行介绍。

(一)将广播电视作为传播手段

1. 音乐节目

音乐节目是常见的广播电视文艺节目类型。音乐诉诸听觉,非常符合广播电视的传播特征,可以伴随性收听。音乐适合传达情感、抚慰思绪,在广播文艺节目中占有极其重要的地位。尤其是调频立体声广播的出现,使得音乐广播赢得了更多的听众,许多广播节目的主要内容就是播放不同形式的音乐作品。电视文艺节目中,音乐节目的各种样式都被采用,比较常见的一种音乐节目是演出的实况直播,如于2000年创办、2010年停播的节目《同一首歌》。还有一种是MTV(音乐电视)的形式,即用歌曲配以精美的画面,使原本只是听觉艺术的歌曲,变为视觉和听觉结合的一种崭新的艺术样式。它把原来以听觉来感知的音乐节目,变成一种视听综合的审美体验型电视节目。中央电视台音乐频道的《中国音乐电视》就是一个介绍中国MTV、报道歌坛最新消息的栏目。当然,电视节目中,也有融合了音乐元素和综艺元素的节目形式,如将音乐(歌曲)与竞演结合的《超级女声》《中国好声音》、将音乐与旅行结合的《一路唱响》《中国这么美》等,这些节目已超出纯粹音乐节目的范畴,真人秀色彩更重,这部分将在后文中详细论述。

2. 戏曲与曲艺节目

这是中国特有的广播电视文艺节目样式,本质上与音乐节目一样,是将传统的戏曲或曲艺搬进电波频道。曲艺或称"说唱艺术",是一种民间艺术,主要有相声、快板、数来宝、大鼓等,为中国百姓所喜闻乐见。戏曲主要是由民间歌舞、说唱和滑稽戏三种不同艺术形式综合而成。经过长期的发展演变，逐步形成了以京剧、越剧、黄梅戏、评剧、豫剧五大戏曲剧种为核心的中华戏曲百花苑。大量的传统剧目和现代剧目，为广播电视提供了丰富的节目资源。广播戏曲节目常常采用戏曲演出实况播放、戏曲选场或选段播放、戏曲故事讲述、戏曲知识介绍、戏曲演员评介、戏曲唱腔联唱等样式，在电视中则是相应的直播和录播等样式。这类节目在一些地方频道或特色频道中较多，如央视戏曲频道（CCTV-11）的《名段欣赏》《中国京剧像音像集萃》、河南卫视的《梨园春》和安徽卫视的《相约花戏楼》等。广播电视作为一种受众广泛的传播媒介，为传统的戏曲和曲艺节目插上了翅膀，带它们飞进成千上万的受众家中，为古老的艺术形式注入了新的活力。

（二）为广播电视量身定做的文艺节目

1. 电影录音剪辑

它是广播工作者采用录音剪辑的方式，处理电影这类视听综合的艺术作品，通过对电影声音的剪辑、添加旁白等编辑工作，使原本诉诸视听觉的艺术变为纯诉诸听觉的艺术，是专为广播量身打造的节目形式，也是中国广播工作者的独创（世界其他国家没有这一样式）。

1950年3月8日，中央人民广播电台播出的《白衣战士》，是中国广播电台播出的第一部电影录音作品。1955年11月，中央人民广播电台主办的《广播节目报》上正式采用了"电影录音剪辑"这一名称。通过对电影原声的剪辑，添加匠心独具的解说词，对原作进行二次加工，把原本视听综合形象转化为单一的听觉形象，在时间上也取得了较大的自由，充分调动了听众的想象力，给其"听电影"的乐趣。电影录音剪辑作为一种节目样式，在国内有深厚的群众基础，发展成熟之后，又生发出话剧录音剪辑、歌剧录音剪辑、戏曲录音剪辑等姊妹样式。

2. 广播剧

广播剧也称放送剧、音效剧、声剧，是指在广播电台中播送的，由播音员或配音演员演出，以语言、音乐和音响为手段，由机械录制而成的戏剧形式，也就是运用对白、独白、旁白、唱词等手法，以及充分运用音乐伴奏、音响效果以加强气氛，穿插必要的解说词，帮助听众了解剧中的情境和人物的动作状态的戏剧，是以声音为表现形式的综合艺术。广播剧具有表现灵活、不受时空限制、制作过程比较简单、成本低、群众基础好、普及率高的特点，对听众的文化程度及卷入程度要求相对较低，群众性较强。

1924年1月，世界上第一个广播剧《危险》（日本译作《煤矿之中》）由BBC播出。1933年1月，中国第一部广播剧《恐怖的回忆》由上海一家私营广播电台制作。1950年2月，中央人民广播电台录制并播放了新中国成立以后的第一部广播剧《一万块夹板》。50年代，上海人民广播电台播出第一部多集广播剧《原动力》。

失去视觉手段原是广播剧的弱点，但只有听觉手段（语言、音乐和音响）使听众必须参与其中，可以充分调动听众想象力，从而获得特殊的艺术享受。而且，由于没有画面，广播剧在展开情节时有更大的时空自由，使幻想、梦境、回忆等成为广播剧的理想题材。当然，这也为广播剧的创作带来了一些限制，如不宜表现人物众多的场面、复杂的情节，要求线索单纯清晰、人物集中等。

20世纪80—90年代，上海人民广播电视台播出广播剧《刑警803》系列，剧情构思新颖，内容丰富精彩，情节惊险曲折、扑朔迷离，演员表演生动细腻，音响效果变幻莫测、逼真绝妙，深受广大听众欢迎，引起极大的社会轰动。2021年，恰逢建党百年和全面建成小康社会，中央广播电视总台推出"庆祝中国共产党成立100周年优秀广播剧展播"活动，在"中国之声""央视新闻""云听"等平台上线，播出了《到延安去》《北大红楼》《安妮的花海》等优秀广播剧作品，不仅主题突出、艺术特色鲜明，而且在内容、形式和传播方面都有突破与创新。

随着互联网的迅猛发展，有声、听书等运营服务商如雨后春笋般涌现，他们通过网站及手机应用向用户提供"有声内容"，如懒人听书、阅耳听书等。这也让广播剧的发展瞄准网络上的年轻受众，精心制作精品内容贴近年轻群体的审美需求；遵循"微传播"的规律，制作微广播剧，短小精炼，适应碎片化收听；利用"慢直播"、微视频等方式，让广播剧从"听得见"到"看得见"，形成"可视化"新形态；利用多媒体平台进行立体化传播获得更多受众。总之，融媒体环境带来的长尾用户，以及用户对高品质内容的需求为广播剧的发展带来了新春天。

3.电视娱乐节目

曾有学者对电视受众的收视需求和电视节目的收视率做过调查，结果表明，受众需求排在首位的是新闻和娱乐，电视节目收视率稳居前列的主要是娱乐节目和新闻节目。新闻节目为人们提供信息，娱乐节目是放松和获得快乐的平台，它们都是生活的必需品。

电视娱乐节目的类型种类较多，总体来说，是指通过表演、游戏、谈话交流和大众参与，在相互交流中形成娱乐氛围，是单纯以娱乐性、消遣性和趣味性为特点的节目形态。具体来说，又可分为综艺类节目、游戏类节目、益智类节目和真人秀类节目四个类型。值得注意的是，当前电视娱乐节目发展呈现出融合趋势，不仅有传统媒体元素与新媒体元素的融合，也有节目形式的相互融合，如综艺与游戏结合、游戏与真人秀结合、纪实与综艺结合等，呈现出一种"你中有我，我中有你"的样态，一定程度上模糊了不同节目类型间的界限。

从20世纪90年代初开始，中国的娱乐节目经历了从无到有、从模仿到创新、从单一到多元的发展道路。其在中国的发展大概经历了四个重要时点：一是1990年至1997年，这一时期的娱乐节目主要是传统的综艺类节目，以《正大综艺》《综艺大观》为代表；二是从1997年开始，出现了游戏类节目，如当年推出的《快乐大本营》和1999年播出的《欢乐总动员》；三是1998年以来，《幸运52》和《开心辞典》开启了益智类节目时代；四是21世纪之后，以《生存大挑战》《超级女声》等为代表的真人秀类节目的兴起开启了全民娱乐时代。新节目形式的出现与旧的、传统的节目相互竞争、相互影响，构成了纷繁的电视节目市场。

（1）综艺类节目。综艺类节目，顾名思义，是"综合艺术节目"，是综合调动歌唱、舞蹈、小品、曲艺、杂技等多种文艺表演样式，通过一定的编排和串联，充分发挥电视声画优势，营造出整体效果的大型电视文艺节目。综艺类节目在内容与表现手段上综合性很强，其传播手段和传播技术使节目具有丰富的表现力,舞台效果、造型等具有较强的观赏性。综艺类节目往往具备"隆重仪式＋明星主持＋综艺表演＋知识内容"的特征,善于使用各种手段来营造节目气氛,如《综艺大观》《曲苑杂坛》等。

综艺类节目是较早出现的电视文艺节目类型之一。20世纪50年代,美国全国广播公司(NBC)开辟了一个大型广播节目MONITOR,把各种表演形式熔于一炉,节目播出后产生轰动。一种新的娱乐节目类型——综艺类节目诞生了。它充分利用了电视声画一体的特征,带给观众视听上的震撼,具有很高的欣赏性和娱乐性。在我国,1958年北京电视台试播当天,歌舞、诗歌、音乐类节目占了一半以上的播出时间,这是早期对综艺类节目的尝试。20世纪60年代初的北京电视台,曾经办过三次"笑的晚会"。1983年开始正式开办的春节联欢晚会是典型的综艺类节目。90年代后,《综艺大观》《正大综艺》等节目成为早期综艺类节目的代表,其"歌舞兼具"的联欢模式成为综艺的典型模式。到后来,单纯的歌舞联欢节目已不能满足受众的多样化需求,因而逐渐走向多种表演形式兼容的节目模式,出现了游戏、竞赛、猜谜、益智、短剧等多因素杂糅的拼盘式综艺类节目,展现出综艺类节目的丰富多彩,如《综艺盛典》《星光大道》《我要上春晚》等。

互联网的快速发展带来的用户兴趣和观看习惯的变化迫使电视综艺类节目不断进行创新。一是节目题材朝精细化方向发展,在考虑观众需求的基础上,穿插一定的知识文化来提高节目内涵,提升节目整体质量,如近年来出现了读信类、文博类、考古类、舞蹈类等多种题材方向的综艺类节目。二是创新节目形式,根据受众需求和内容需要优化节目设置,用VR/AR、全息投影等技术带来全新的视听体验。例如:《国家宝藏》以"综艺＋纪录＋舞台戏剧"的形式传播华夏文明,将艺术与技术完美结合,成就精品之作;《经典咏流传》以"和诗以歌"模式,用音乐表演演绎诗词作品,体现了思想、艺术和技术的融合。三是推进多平台联动,用新媒体平台宣传节目内容,调动观众兴趣,提升节目话题讨论度。《我要上春晚》是央视一档以互动为特色的综艺类栏目,首次设立"融媒体观察区",三位新媒体评论员与网友在线互动;在现场观众之外,设置了云端观察员席位,并在中国网络电视台上设立网络互动窗口,力求做到全民互动。2021年以来,以《唐宫夜宴》为代表的"中国节日"系列及《舞千年》等节目成功出圈,原因之一就是与B站、微博、抖音等新媒体平台深度合作。

(2)游戏类节目。游戏类节目是指以各类游戏为节目主线,以舞台表演、互动游戏、观众参与为主要内容,由主持人主持的,强化电视娱乐功能的,使观众身心放松、精神愉悦的节目形式。它脱胎于综艺类节目,内容上具有"综艺＋游戏"的特征,是娱乐节目中数量多、普及程度高、观众基础好的节目类型。与一些具有游戏设置的真人秀不同的是,游戏类节目中的人只是游戏的参与者,核心是"游戏",关注的是游戏本身;真人秀的核心是"人",关注的是"游戏中的人"。游戏设置以"好玩""有趣"为原则,不强调竞技,只为在游戏的过程中获得轻松和娱乐;主持人发挥调动现场的作用,充分利用电视的表现手法,重视与观众的互动交流,有广泛的参与性。1938年BBC直播的《拼写蜜蜂》是最早的电视游戏类节目。1993年,东方卫视《快乐大转盘》开播,引爆游戏类节目风潮。1997年《快乐大本营》和1999年《欢乐总动员》的播出,开启了中国电视游戏类节目的新时代。此后发展为体育竞技为主类和智慧比拼为主类,前者如湖南卫视《智勇大冲关》、安徽卫视《男生女生向前冲》、浙江卫视《冲关我最棒》,后者如江苏卫视《老公看你的》、山东卫视《家庭号快乐直通车》等。

游戏类节目之所以能在激烈的市场竞争中得到认可,主要是基于以下特征。一是由于它的娱乐性、消遣性和趣味性。现代社会充满竞争,工作压力大,它能通过游戏营造轻松的氛围,人们在娱乐和狂欢中得以释放压力,获得愉悦。二是由于它的竞争性。游戏类型可以是闯关竞技活动,也可以是集体活动,往往有一定的情节和规则,具有竞赛性。通过紧张刺激的游戏,人们能在相互比赛中检验自己的能力,获得放松。三是由于它的参与性。通过运用游戏元素,主体参与进来,且能在游戏过程中获得快乐。参加游戏的主体,可以是主持人、明星、观众,也可以是个人或集体。通过人为设置规则,更多人会投身其中。总之,游戏类节目通过游戏设置,为人们提供了一种超越真实、重构真实的空间,增强了人们的身心体验,营造了充满戏剧性的视听效果。

(3)益智类节目。益智类节目在国外被称为问答节目(quiz show),是在广播电视发展初期就具有较大影响力的节目形式,以智力竞赛、才艺展示为主要内容,往往以物质奖励的形式来激励人们。1999年8月,美国广播公司(ABC)播出《谁想成为百万富翁》标志着益智类节目在欧美国家的全面复兴。该节目是从英国引进的一档以知识问答为主题的竞赛类演播节目,通过高达一百万美元的奖金来吸引观众的参与,节目中的问题涉及历史、文化、政治、社会、经济等方方面面。百万奖金和60分钟的节目编排,使得收看效果紧张刺激,引人入胜,而且完全平民化的色彩和有效的市场运作体系,使这个节目掀起了知识竞赛的热潮。随着全球化趋势的加剧,该节目版权也成功输出到其他国家和地区。受此影响,《开心词典》《幸运52》等成为早期中国益智类节目的代表,得到广大观众的认同和喜爱,形成了稳定的收视群。2012年,江苏卫视《一站到底》和东方卫视《梦立方》的播出,让益智类节目以全新的形式出现在观众眼前,从形式到内容、从舞美道具到游戏规则,都不再拘泥于传统的一问一答,可谓纷纷升级换代。2013年,各电视台在重新布局各类选秀节目的同时,也开始加大益智类节目的创新力度和播出数量,新推出的如《开门大吉》《为你而战》《芝麻开门》《王牌谍中谍》《谁是我家人》《男左女右》《猜的就是你》等形式各异的益智类节目。同时,也兴起了一批以弘扬中国优秀传统文化,兼具知识性、竞赛性、观赏性和娱乐性的文化益智类节目,如央视《中国汉字听写大会》《中国成语大会》《中国诗词大会》、河北卫视《中华好诗词》《成语天下》等,获得了良好的社会反响。

益智类节目的核心环节是答题。早期的《开心辞典》《幸运52》等节目,题目设置偏向"专业精深",以考察选手知识的广度和深度。从近几年兴起的节目看,考察题目难度大大降低,内容涉及日常生活的方方面面,是大众都能够接触到的,如文史、地理、娱乐、体育、生活常识等,更看重题目的趣味性、贴近性和大众的参与性。此外,奖金奖品的吸引和竞争较量的刺激性,也是益智类节目受欢迎的重要原因。还有，节目设置方面注重大众的参与，将节目与家庭、梦想、爱、幸福、公益等普世价值相联系，建立节目与观众之间的紧密联系。如中央电视台的《开门大吉》，就以家庭梦想作为闯关理由，选手与亲友团一同出现在节目中，朴实而温馨。

今天的益智类节目，早已不是简单的"你问我答"模式，而是通过节目的编排设置，强调冲突性和可看性，融知识性、娱乐性和竞技性于一体，寓教于乐，试图在瞬息万变的电视节目竞争中立于不败之地。

（4）真人秀类节目。这是当今最为火爆的电视节目类型，也称为真实电视，是指由普通人（非扮演者）在规定的情境中按照制定的游戏规则，为了一个明确的目的实施自己的行动，同时又被记录下来的电视节目，是一个包含了游戏竞技、真实记录、角色扮演等一系列元素的融合性节目形态[①]。

关于它的起源，普遍认为是由1999年10月由荷兰艾德蒙公司推出的《老大哥》（*Big Brother*）开启。该节目精心挑选十名背景不同、性格各异的选手，让他们在一处秘密地点封闭地共同生活。选手们每周要选出两个最不受欢迎的"家伙"，观众也可以通过电话、网络和手机短信来投票决定淘汰哪一个参赛者，能够坚持到最后的即为大奖获得者。这段生活的所有细节都被记录并编成节目播出，引起巨大轰动。随后《老大哥》被澳大利亚、德国、丹麦、美国等18个国家移植，是目前为止传播最为广泛的真人秀类节目之一。此后，真人秀类节目迅速流行开来，在世界各地创造了无数的收视奇迹，成为风靡全球的一道独特的电视文化奇观。

2000年8月，风靡一时的真人秀《幸存者》来到中国，在中央电视台财经频道的《地球故事》节目中播出，一经播放就引起了强烈的反响。同年10月，广东电视台推出了中国本土的第一个真人秀类节目《生存大挑战》。作为国内第一个真人秀类节目，因为制作经验不足，某些环节仍不成熟。虽然有模仿国外节目之嫌，但它为我国真人秀类节目的发展积累了有益的经验，也让观众对真人秀类节目有了初步的了解。中国观众第一次真正开始关注真人秀类节目是2005年刮起的"超女风暴"。《超级女声》全新的节目形式、平民参与和草根性使该节目获得了巨大成功，此后《我型我秀》《加油！好男儿》《梦想中国》《舞林大会》《名师高徒》等一大批"表演选秀类"真人秀不断涌现，成为家喻户晓的节目类型。2012年可以说是中国电视真人秀的"转型年"，众多高水准大手笔的节目制作让全国观众眼前一亮。《中国好声音》《中国达人秀》等在引发收视热潮的同时，也引发了国内电视台购买海外版权的潮流，制作上与国际接轨，大手笔、精良制作的节目不断涌现，也形成了真人秀类节目间的激烈竞争。2013年暑期，两个同样模式的节目——《星跳水立方》和《中国星跳跃》，同一时间分别在江苏卫视和浙江卫视播出，直接"对决"。同年10月，湖南卫视重金引进韩国MBC的大型户外亲子真人秀类节目《爸爸！我们去哪儿？》，获得超高人气和美誉度，是当年娱乐节目收视率之冠。随后国内也掀起了一股亲情真人秀热潮，如《人生第一次》《中国梦想秀》等。2014年浙江卫视引进韩国SBS电视台节目*Running Man*版权推出《奔跑吧兄

---

① 李灿：《媒体融合环境下电视真人秀的创制及生态格局研究》（博士学位论文），上海大学，2017年。

弟》，因形式新颖获得关注，引领户外真人秀热潮。2017年，以《向往的生活》《中餐厅》等为代表的慢综艺开始流行，为生活在巨大压力之下的都市人群提供疗愈，收获良好口碑与收视。2018—2019年，观察类真人秀开始涌现，如《妻子的浪漫旅行》《做家务的男人》《你好生活》等，节目加入了第二现场，使内容更具有层次感和话题性。2020年，养成类真人秀《乘风破浪的姐姐》播出，成为现象级节目，与爱奇艺、优酷、腾讯等网络视频平台养成类真人秀的高热度相呼应。

随着互联网的崛起，传统的被动意义上的受众正在转变为自主性更强的用户，且更加年轻化。为了争夺这类人群的注意力和参与度，真人秀类节目在不断创新。类型上向垂直细分的方向发展，如出现了喜剧、推理、户外、音乐、体育、文化、美食、旅游等领域的真人秀，种类繁多，可满足不同用户兴趣；节目制作精细化、大片化、个性化，为内容呈现和播出效果提供保证，出现了如《乘风破浪的姐姐》等众多现象级真人秀；在人员选择上，逐渐转向以明星表演为主导，变成"明星秀"以应对激烈的市场竞争；注重立体传播，打造品牌和IP，全产业链产品覆盖以实现价值变现，如与视频网站合作实现跨屏传播，推出主题类型电影、手机游戏等衍生品。

真人秀类节目的特点一是在于它的"真"。节目采用的手段是真实记录，并非虚构，将人们在特定情境中的表现和真实状态，用纪实手法表现出来，给人以震撼。二是它以"人"为核心，是对人格、人性的表现，具有天然的吸引力。成功的真人秀类节目，一定会塑造出个性鲜明的人物，能感染观众并使其留下深刻的印象。三是在于它的游戏性质。节目组都会设置特定的情境和游戏规则来激发参与者，这种设定讲究趣味性，期待形成一定的戏剧冲突和故事，从而使节目更具可看性。

真人秀类节目繁荣发展的背后，也隐藏着巨大的隐患。大批相似节目不断涌现，导致真人秀呈现出大扎堆的局面，大量模仿抄袭国外节目，各电视台之间会产生恶性竞争，造成节目同质化程度非常严重。另外，购买海外节目版权的电视台越来越多，照搬国外模式成为节目成功的捷径，但此举对中国本土节目的原创力是一种伤害，也不能完全满足观众的需求。在传播市场化和媒体产业化的趋势下，很多电视台为了最大限度地挖掘节目的市场价值，在制作和运行上都是以收视率作为重要指标，忽视节目的文化内涵和精神导向，过分追求商业利益，而不顾媒体的社会责任。

毫不夸张地说，娱乐节目已成为电视节目市场的主角，成为最受欢迎的节目类型之一。当前的电视娱乐节目呈现出通俗化和平民化倾向，打造文化时尚，推动经典再次流行成为其重要内容。它是多对多的传播，讲究情感互动和交流，成为人们从繁忙和充满压力的现实生活中暂时逃脱的园地。此外，它还具有全民狂欢的特征，没有节目演员和观众之分，消解了日常生活中的区域、文化隔阂，使人们变得亲密起来，在狂欢中形成新的相互关系。但也存在许多问题需要解决，如形式、内容、结构雷同、奢靡豪华、铺张浪费、缺乏创意、电视手段过度使用，错误导向、格调不高、媚俗化倾向等。

4. 电视剧

电视剧又称为剧集、电视戏剧节目、电视戏剧或电视系列剧，是利用电视技术制作并通过电视、网络放映的演剧形式，兼容了电影、戏剧、文学、音乐、舞蹈、绘画、造型艺术等艺术因素，是一门综合性很强、适应电视传播特点、融合舞台和电影艺术的表现方法而形成的艺术样式，一般可分为单元剧和连续剧。

电视剧在中国的发展经历了五个时期。

(1) 电视剧的初创期 (1958—1965 年)。1958 年 6 月 15 日，当时的北京电视台 (中央电视台的前身) 直播了根据同名小说改编的 20 分钟的"电视小戏"《一口菜饼子》，并确立了"电视剧"的名称，这是我国电视剧的开篇之作。9 月 4 日又播出了第二部电视剧——根据报纸上的新闻通讯改编而成的《党救活了他》。最初的电视剧是采取黑白图像的直播方式，没有录音录像过程，如同现场演出一般，因而也被称为"直播剧"，直到 1966 年录像技术成熟之后才有所改变。从全国范围看，8 年中，共生产直播电视剧 200 部左右，北京电视台共播出 90 部。在初创阶段，电视剧所起的主要是宣传教育作用，艺术特色不够明显，电视剧的定位不明确，没有太大的影响。但这一时期培养了第一代电视剧拍摄制作和播出人才，为中国电视剧的发展打下了坚实的基础。

(2) 电视剧的停滞期 (1966—1977 年)。1966 年 1 月，北京电视台首次使用电视录像设备，开启了电视剧制作的新时代，并于 1975 年 1 月向全国传送彩色节目，第一次使用彩色录像设备制作的电视剧诞生①。"文革"时期电视台主要转播"革命样板戏"(《红灯记》《奇袭白虎团》《智取威虎山》等) 和两个芭蕾舞剧 (《红色娘子军》《白毛女》)。"文革"使原本起步较晚的中国电视业，错过了十年宝贵的发展时间。这一阶段电视剧生产陷入了停滞。

(3) 电视剧的复苏与发展期 (1978—1991 年)。1978 年 5 月，《三家亲》的播出成为中国电视剧复苏的标志之一，这是新时期录制的第一部彩色电视剧，也是电视单本剧时代的开始。1980 年，创办全国优秀电视剧评选活动，从 1981 年 4 月开始进行评奖，此后每年一次，1992 年起定名为"飞天奖"，是中国电视剧最高"政府奖"，2005 年起，改为两年一届。1981 年，中央电视台播出了第一部电视连续剧《敌营十八年》，共 9 集，只有约 2000 个镜头、100 多个场景。这一时期的电视剧数量持续增长，题材也更加广泛，如 13 集电视剧《夜幕下的哈尔滨》等；同时，也引入了一批优秀的外国电视剧，如《安娜·卡列尼娜》《大西洋底来的人》《加里森敢死队》等。港台剧此时也流行起来，如《霍元甲》《上海滩》《鹿鼎记》等。此外，还涌现了一大批优秀剧目，如《红楼梦》《雪野》等。创作队伍扩大，人才辈出，如王扶林、杨洁、林汝为、郑晓龙等。1986 年，上海电视节开始举办，并设立了白玉兰奖。1988 年 10 月，中央电视台对电视剧作出了篇幅划分：3 集以上的电视剧为连续剧；只有 1~2 集的称为单本剧，每集约 50 分钟；30 分钟的称为电视短剧；15 分钟的为小品。

---

① 王卫平：《中国电视剧 60 年大系：编年史》，中国广播电视出版社，2018 年版，第 22 页。

(4) 电视剧的中兴期(1992—2004年)。20世纪90年代后,电视剧的创作队伍更加壮大,更加突出精品意识,作品数量和质量都有很大的改善。1992年,导演尤小刚、陶玲玲在北京投拍了100集的《京都纪事》,在国产电视剧史上,首开商业运作模式,以贴片广告等形式赚足了1200万元。此后,影视公司如雨后春笋般破土而出,各种资本进入电视剧领域,电视剧的商业化、产业化进程开始。1999年5月,央视八套改为电视剧频道。这是中国国家电视台第一个以播放电视剧为主的专业频道。《创世纪》成为第一部在电视剧频道黄金档播出的港剧。2003年,《关于促进广播影视产业发展的意见》出台,开启了电视剧产业化发展的道路。21世纪后,电视剧的类型更加丰富,如东北剧、谍战片、改编剧、翻拍剧等类型十分流行;创作上呈现通俗化、商业化、娱乐化趋势,风格多元,既迎合市场,又紧随主流意识形态;形态上,单本剧逐渐减少,向长篇连续剧和系列剧方向发展;题材更加丰富,平民生活题材、言情、情景喜剧、历史题材等都有涉猎。

(5) 电视剧的全面发展期(2005年至今)。这是电视剧行业深化改革,进行全媒体产业升级的时期,不仅规模扩展、类型多样,而且质量提升,产业效益显著。2005年前后,用户观看电视剧从传统电视剧频道收看逐渐转变为网络下载观看,后来随着流媒体技术发展转变为在线观看。不少电视剧资源被上传到网络,一些网站推出的自己制作的网络剧迅速吸引大量用户,并形成自己的风格特色和商业模式,对传统电视剧产生巨大冲击。传播环境、制作技术和收视习惯的变化深刻影响着电视剧的创作方式、传播模式、运营机制和生产格局,引发了电视剧产业在生产、播出、消费等环节的一系列变革,如制播分离、定制剧、自制剧、独播剧等模式,充分释放了电视剧的市场活力。此外,电视剧市场也越来越注重在各个环节运用营销手段,用丰富多元的广告、打造衍生产品等形式提高收入,围绕电视/网络播出权、音像发行权、小说出版权、商标拥有权等方面,不断挖掘电视剧产业链上的经济增长点,延伸品牌价值,明显提高了电视剧产业化程度。行政主管部门对电视剧的内容生产与播出进行了严格把关,出台了一系列调控政策。如2014年4月,国家新闻出版广电总局召开全国电视剧播出工作会议,宣布自2015年1月1日起,同一部电视剧每晚黄金时段联播的卫视综合频道不得超过两家,同一部电视剧在卫视综合频道每晚黄金时段播出不得超过两集。网络文化正在融入电视剧的内容生产,一方面IP改编剧称霸荧屏,优质IP资源供不应求;另一方面,电视台与互联网深度合作,形成了头部剧台网共播,类型剧网台互补的关联模式[1],多屏传播的便利性有效激发了受众的观剧热情,扩大了市场份额。这期间,保持着较高的电视剧产量,类型化、模式化生产日益成熟,涌现了《闯关东》《士兵突击》《甄嬛传》《琅琊榜》《山海情》《觉醒年代》《人世间》等优秀作品。

目前,我国电视剧的创作水平持续提高,但存在的问题也很多,如跟风现象严重、翻拍剧成风等问题。

---

[1] 尹鸿、宋欣欣:《新主流电视剧高质量发展之路:中央广播电视总台〈2022年中国电视剧发展报告(白皮书)〉述评》,《电视研究》,2022年第5期,第94-98页。

三、广播电视文艺节目的社会功能

(一)娱乐消遣

文艺节目的主要功能是满足受众娱乐、消遣的要求。娱乐是人的本性,人们在紧张的工作和激烈的竞争中,渴求精神上的放松,期望通过娱乐找到自己的快乐。麦克卢汉认为,"电视是人的听觉和视觉的同时延伸",文艺节目轻松、紧张、刺激的氛围,以及调侃、搞笑、竞争、快乐等随意自如的形式,使得受众能够得到更多的精神调剂、放松、愉悦、休息和满足。

(二)道德规范

文艺节目具有潜移默化培养道德风尚、陶冶情操的功能。作为在大众媒介平台播出的受欢迎的节目类型,向社会传播正确的道德观、价值观是其职责所在。尽管有的节目也存在因为过度市场化,大肆炒作话题博眼球的现象,但主流内容仍然是传播主流价值观。

一些相亲婚恋类综艺节目,因曾在节目中涉嫌造假、炒作、渲染拜金等不良行为,被责令整改。文艺节目已经走进千家万户,作为时下中国民众所普遍接受和喜爱的节目形式,应始终秉持为受众服务的观念,继承和发扬我国优秀的传统文化和价值观念,通过改革创新,向社会传播更多的正能量。

(三)传播知识和信息

文艺节目可以模拟社会生活规则,使受众参与社会交往活动,普及文化知识,提高受众欣赏水平。如益智类节目,问题设置本身就来源于社会生活的各方面的知识,通过在电视平台播出,可以让更多观众了解相应的知识信息。

(四)心理认同和移情

受众可以通过广播电视文艺节目的内容,找到与自己生活、经历相似的成分,实现心理认同与移情。文艺节目除了给受众心理以及情感的需要外,受众还可以从屏幕上获得一种虚幻的满足。受众容易在很短时间内融入节目,把自己的想象投射在嘉宾、明星或主持人身上,获得角色认同。节目现场气氛的活跃,现场观众的参与,台下观众的欢呼,明星平民化,更缩短了与场外观众之间心理距离,使受众产生一种移情替代式的满足感。

第四节 广播电视教育节目

美国传播学者威尔伯·施拉姆曾说:"所有的电视,都是教育的电视,唯一的差别是它在教什么。"[①]这句话说明了教育已经不再是学校、家庭的专利,而和电视紧紧捆绑在一起,走进了千家万户。广播电视具有教育功能,而对教育功能体现得最为集中的是广播电视教育节目。它是学校教育和家庭教育的有益补充,是国民教育的重要手段,能使人增长见识、活跃思维。

---

① 吕叔湘:《浅谈电视新闻类节目的教育功能》,《当代电视》,2010 年第 9 期,第 64 - 65 页。

一、广播电视教育节目的概念及特点

广播电视教育节目,是指在广播电视平台播出的,以声音或声画结合为传播手段,以传播政治、思想、伦理观念和科学文化知识为主要内容,以社会教育为主要任务,旨在推动全社会精神文明建设的节目类型。

广播电视教育节目有着以下鲜明的特点。

(1)受教育者的广泛性。从整体上讲,广播电视教育节目的受众,即受教育者遍布于国内的各个区域、各个年龄层、各个行业,分布非常广泛。从具体的节目来讲,它又可以为特定的受众提供专一的教育内容,无数单一类型的节目汇集成一个整体而广泛的节目市场。

(2)施教者的权威性。广播电视教育节目的内容若得到广泛的传播,必须保证其内容的正确性和科学性。因此,施教者往往是来自某一领域的专家,或是一线的教师,或是对某一问题研究非常深入的相关人士,他们掌握了非常丰富的资料,有深厚的知识基础。

(3)教育内容的多样性。教学内容涉及各种学科门类,包括自然、历史、文学、艺术等,可以说各门类知识在教育节目中都有体现,可以满足受众的不同需求。

(4)教育方式的形象性。利用广播电视的手段,将声音、图片、动画、录像等形式结合起来进行展示,丰富了教学的手段,大大加强了知识的表现性。

二、广播电视教育节目的发展历程

1978年,邓小平同志在全国教育工作会议上提出"穷国办大教育",号召充分发挥广播电视媒体的作用,弥补学校教育和社会教育的不足。同年,全国各地开始筹办广播电视大学,到1979年,共建成29所省市级广播电视大学。1980年,新疆维吾尔自治区教育电视台正式开播,这是我国第一家教育电视台。1986年中国教育电视台成立,这是我国第一家,也是唯一一家国家级教育电视台。1991年10月17日,国务院下发《关于大力发展职业技术教育的决定》,指出要发展电视、广播和函授职业技术教育,极大地调动了地方政府创办教育台的积极性。1959年,北京电视台播出的《汉语拼音字母电视教学讲座》是我国最早的电视教学节目。到1960年,先后出现了《文教节目》《新书介绍》等十余档知识性节目。1966年后,由于"文革"的影响,电视教育节目受到了极大的打击。1982年,中央电视台播出的应用教学节目FOLLOW ME掀起了一股学习英语的热潮。1984年,中央电视台播出了一个集记录与娱乐相结合的《九州方圆》,这个节目是对社会教育性专题节目的尝试,引起了强烈的社会反响。1987年,央视二套播出的《农业教育与科技》《星火科技》《人口与计划生育》三档节目开创了行业教育节目的先河。90年代后,出现了《科技博览》《走近科学》等细分的教育节目。2001年,中央电视台科教频道成立,并于同年播出了《百家讲坛》,播出后获得空前成功,标志着中国电视教育节目新纪元的到来。近年来,《中国汉字听写大会》《汉字英雄》《成语英雄》《中国成语大会》《中华好诗词》《一本书一座城》《超级家长会》等教育节目获得了不错的收视率,不断刷新纪录,引发了一轮又一轮的中国文化热。

经过几十年的发展,教育节目经历了许多变化,从注重意识形态教育到文化知识教育,再到重视人文、科学素养教育,很好地发挥了广播电视传播社会主义核心价值观和提高国民文化水平的作用。

三、广播电视教育节目的类型及文体样式

广播电视教育节目的类型多种多样,其分类方式也较多,如按照内容可以分为社会政治类节目、经济类节目、人文类节目、知识类节目、服务类节目、文化类节目、科学技术类节目、军事类节目、教学类节目等,也可以按照受众对象来分,如根据受众的年龄、性别、职业等特征来细分节目,如中学生节目、大学生节目、老年人节目、农民节目、妇女节目等,还可按照题材样式分为知识竞赛类节目、杂志型节目、专题节目等。

可以按传播知识的不同,将广播电视教育节目分为社会教育节目和学科教育节目。社会教育节目,是指所有以传播知识为目的,为所有社会成员提供知识的节目类型,如有以宣传政治性内容为主的,有以传播社会科学知识为主的,有以普及自然科学知识为主的,有以生活服务为宗旨的。此类节目的目标是普及文化知识、提升文化品位,表现形式也活泼多样,如央视科教频道的《探索·发现》《走近科学》《百家讲坛》等。学科教育节目可细分为两种,即以传授社会科学知识为内容的文科节目和以传授自然科学知识为内容的理工科节目。这是一类利用广播电视的传播手段进行学校教育的节目,目的是对特定对象进行职业教学和系统学习,如中国教育电视台二套的《跟我学汉语》等。

也可以根据教育节目呈现方式的不同,将其分为以下方面。①教学视频类,也就将知识讲授过程进行视频录制并在电视上播放,是真正的"荧屏课堂",说教性强,主要出现在早期电视节目中。②讲座类,是指主讲人以讲座或演讲的方式将文化知识、人生故事、个人经历等呈现出来,给受众以知识熏陶或心灵启迪,语言往往比较生动幽默,含有人际交流的亲切感和互动性,如《百家讲坛》《开讲啦》。③竞技类,是将文化知识作为内容让选手进行比赛、竞技,在传播知识的同时增加节目的可看性,如《中国汉字听写大会》《中国诗词大会》。④社教类,是指针对法制、军事、农业、科技等领域的知识信息进行传播,具有一定的专业性,受众面较窄,如《今日说法》《走近科学》《探索·发现》《每日农经》等。

教育节目最大的作用和特色是满足人们对知识的需求。电视的手段是通俗易懂的,通过对相应内容深入浅出的讲解,观众能够在比较短的时间内快速学习到相应的知识,提升自己的理论水平和文化修养。

四、广播电视教育节目的现状与困境

教育节目以教育内容为特色,以教育资源为发展基础,以教育电视台、科教频道等为主要阵地,是大众媒体产业的有机组成部分,兼有教育事业特征和媒体产业属性,这两者的矛盾长期存在和相互博弈,成为推动教育节目发展的动力。但由于教育节目以传播知识、进行教育为目的,以"硬知识"为主要内容,风格往往比较严肃,对象性强,受众面窄,传播受限,导致教育节目存在的问题日益突出,市场逐渐萎缩。

一是教育节目投入产出比不协调,投入大,产出少,经济效益差。特别是在广电系统走上

集团化、市场化之路以后,激烈的市场竞争,使得教育节目的发展空间越来越小。教育节目的发展,呈现出几家欢喜几家愁的特征。一部分电视台开办的教育节目有了较好的发展,引起广泛的关注,甚至获得了超高的收视率,如《百家讲坛》《中国汉字听写大会》等,但更多的教育节目和教育电视台正处于困顿和挣扎中。它们面临与其他各类节目的激烈竞争,人才资源、节目资源、广告资源都非常有限,有限的事业经费和广告收入使这些节目常常入不敷出,更难有资源满足业务发展需求。另外,节目制作部门缺乏市场意识,没有充分利用资源,节目形式呆板乏味,难以吸引观众也是重要的原因。

二是观众的媒介选择多元化,尤其是互联网对电视观众的争夺让教育节目收视雪上加霜。互联网的发展挑战了电视第一媒体的地位,大大分流了电视观众的数量,整体局势的变化对原本就不温不火的教育节目产生巨大的震荡。

三是观众收看习惯的改变,收看人群规模的萎缩和收看时间的缩短,让原本就处于边缘地位的教育节目更难有精良的制作,马太效应愈加明显。

四是节目模式较为单一,且存在一定的同质化现象。一档节目成功之后,相似的、模仿的节目就会不断出现,造成资源的同质浪费。

为此,教育节目必须转换发展思路,换跑道竞争,方能在激烈的市场中赢得新的发展空间。其实,网络传播时代,人们的需求日益分化,教育自身即存在巨大的市场,只是没有被充分利用,或者没有被充分开发而已。《中国汉字听写大会》《汉字英雄》等节目的成功,已充分说明教育节目并不是难啃的骨头,一样可以大有作为,主要有以下经验方法。

其一,定位要精准,形式要生动活泼,适当增加互动。许多教育节目之所以失败,原因在于节目思想内容、目标受众、制作风格不明确,加上表现形式过于单一,不能充分发挥广播电视综合艺术的特征,不能以鲜明的个性特征吸引观众。浙江卫视的《同一堂课》定位为文化公开课,旨在阐述中国传统文化要义,以召集文化名人担任语文老师,讲解经典课文的形式,融合了公益、文化、教育、真人秀等诸多元素,寓学于景,寓教于乐,令人耳目一新。山东卫视的《国学小名士》以"国学"为题,将"礼乐射御书数"及更广泛的国学领域纳入考察范围,主题特色鲜明。江苏教育频道的《未来科学家》以故事化叙事方式呈现节目内容,增强了科普节目的趣味性和可看性。互联网的发展为教育节目与受众实现良好的互动提供了技术支持,可以利用"两微一抖"、学习强国等网络平台实时播出节目,与受众互动沟通,也可设置专家在线答疑,直播间录制短视频,开设与栏目关联的公众号、微博等与受众建立密切联系,沟通互动。

其二,内容可以与教育公益事业或教育服务市场等相关话题对接。可依托教育行政和行业资源,进行公益媒介议程设置,吸引社会各界对教育加以关注、关心,提升媒体自身的社会影响力,增加节目与受众的互动,从而引发企业的关注与投入。同时,教育服务是一个十分巨大的市场,包括各类培训,如技能型的、休闲性的、工具性的等。可以将相关内容引入节目,而不是仅仅吸引其广告投放。如《职来职往》是中国教育电视台播出的一档职场真人秀,通过行业达人和求职者之间的对话,反映当下最热点的行业话题并产生观点的碰撞。

节目将相关企业单位作为招聘方直接引入节目中,既能获得一定的宣传收入,也可以起到服务的作用。

其三,节目运作要讲究系统性、长远性。把节目当作产品进行开发,通过市场调查进行周密分析和策划,也可利用广播电视台自身优势进行营销,扩大节目影响力,加强与受众间的联系。节目播出后,可举办相关活动扩大宣传,或与教育产品市场对接,如图书、音像、教具、文具等。通过系统、长期运作,建立节目品牌,依托媒体自身建立的公信力和影响力,组织大规模的团购、营销、展销等活动,引导社会合理消费,并能从中获利。如央视农业农村频道的《我爱发明》栏目通过展示新发明、新创意,将科学知识趣味化、形象化,填补了中国科普电视栏目的一个空白,搭建起一座科技成果转化的平台,拥有稳定的受众群。

在市场主体多元化的今天,只有通过专业化的打造,抛弃陈旧的观念,适应时代需求,与时俱进,在信息化教育的浪潮中积极转型发展,教育节目才能不被时代所淘汰,才能在纷繁众多的电视节目中继续前行,进而最大程度地发挥其教育功能。

第五节　广播电视服务节目

在广播电视节目系统中,服务节目是一个重要的组成部分,它与新闻节目、文艺节目和教育节目一起构成了多姿多彩的广播电视内容世界,各自发挥着自己的特殊功用。

一、广播电视服务节目的概念及特点

广义上的服务节目范围非常宽泛,那些不宜归入新闻、教育、文艺的节目均可划入此类,如天气预报、整点报时、广告、市场信息等。狭义上的服务节目特指那些实用性强的,能直接帮助受众解决工作、思想和日常生活中实际问题的,对受众的心理和生活需要产生直接影响作用的广播电视节目。

服务节目的主要特征有以下方面。

一是内容贴近生活,具有实用价值。节目内容涉及人们生活的方方面面,如求职、购物、保健、理财、家居改造、婚恋交友、情感纠纷等,对人们日常生活、工作、学习等方面问题有直接的指导作用,还能广泛适应不同文化、不同年龄层次、不同职业受众的兴趣与口味,贴近生活,贴近受众。

二是具有很强的针对性,能对受众产生直接影响。它的目的是为了解决人们在现实生活中遇到的问题,可以针对特定对象或一般对象、固定对象或临时对象产生影响,内容上贴近平民、服务百姓,如《天气预报》《广而告之》等。

三是具有平等性和参与性。服务节目的名称在一定程度上可以代表媒体与受众之间的关系,媒体为受众服务,受众是被服务的对象,双方是服务与被服务的关系,不存在利益和观念上的冲突,处于平等地位。这种情形下,传受双方的关系更加轻松和谐,更能号召受众的积极参与。

二、广播电视服务节目的类型

服务节目类型的划分标准多种多样。可按内容划分为三类:经济信息服务节目,如市场信息、投资指南、股市行情、外汇牌价、商品广告等;生活服务节目,如天气预报、广播体操、报时等;受众服务节目,如听众热线、节目预报等。可按节目性能分为直接服务节目、咨询服务节目、指导服务节目等。可按节目形态分为独立形态的服务节目(纯粹服务节目)和非独立形态的服务节目。

通常,我们可以按照广播电视节目的样式将服务节目分为综合杂志类服务节目和专题类服务节目。前者是指以受众日常生活中的某些方面的需要为切入点,以多个主题、杂志化的方式进行编排的节目,往往包含的信息较多,按一定的方式连接在一起。如1983年1月正式固定播出的《为您服务》(于2010年停播),节目中设置了"生活情报站""律师出招""生活智多星""旅游风向标""美食走四方"等多个板块,从不同方面满足受众需求。后者是节目内容只针对生活服务某一方面。由于受众的需求不同,这类节目的划分也日益精细化,大致可归纳出以下几类:①气象节目,也就是通过广播电视向受众传递气象信息,为受众外出提供参考,如中央广播电视总台的《天气预报》等;②旅游节目,即以旅游的相关话题为主要内容的节目,如以风光欣赏为目的的《请您欣赏》,以吃喝玩乐、介绍旅游路线常识为目的的《行者》和以冒险探索为目的的《侣行》等;③美食节目,即主要围绕饮食引发的相关内容,如介绍饮食文化、教授烹饪技巧等,典型的有中央广播电视总台的《天天饮食》《美食中国》等;④家居房产类,包含装修、居家摆设、家居介绍、楼市指引、城建规划等相关内容,如央视财经频道的《交换空间》、浙江公共频道的《地产时间》等;⑤医疗卫生类,内容主要涉及介绍医学常识、疾病预防、日常保健、健康养身等,如央视国际频道的《中华医药》、央视科教频道的《健康之路》等;⑥时尚美容类,即为满足受众美容养颜、穿衣打扮等需求的节目,如凤凰卫视的《完全时尚手册》、湖南卫视的《我是大美人》等;⑦情感类,即以婚恋交友、探寻情感、抚慰心灵等为内容的节目,有江苏卫视的《非诚勿扰》、东方卫视的《幸福魔方》等;⑧节目导视,包括节目预告、节目推荐等;⑨经济信息类,在经济快速发展的今天,获取经济信息、解决投资难题也成为许多受众的需求,这类节目如湖北卫视的《天生我财》等。实际上,以上分类还不能概括所有的专题服务节目类型。广播电视服务节目中还有职场节目等,由于篇幅所限,就不逐一介绍了。

服务节目是为解决观众所关心的衣食住行等生活实际问题,与观众的生活息息相关,因其实用性而存在巨大的市场,也日益受到电台、电视台的重视。全国各地兴办了许多服务节目,呈现出高收听(视)率、高密度、多样化的特征,显现出一片生机勃勃的景象。服务节目的出现,在一定程度上反映了人们对生活环境、生活状态、生活质量的新要求。要办好服务节目,要在思想上足够重视,选准当下社会生活中人们的服务需求,注重时效性,用活泼新颖的方式呈现。

服务节目体现了广播电视的公共服务功能。融媒体环境激发了用户的多样化需求,带动了服务节目的创新,也促进了节目的价值升华。服务节目要与时俱进,第一,需要在了解用户基本需求的情况下进行市场调研,掌握用户需求的动态变化,始终保证满足需求的优质内容生产。第二,需要秉承服务理念,打造精品栏目。如央视《乡约》关注农民群众的婚恋诉求;北京卫视《向前一步》,向市民介绍公共领域、公共政策,极具针对性。第三,节目在宣传与播出上要适时与新媒体联动,利用新媒体方便快速的特点为节目宣传造势,与受众保持互动沟通,营销更好的传播效果。第四,利用先进技术,在舞台设计、音响灯光、节目包装等方面进行创新,打造更丰富的视听效果,使之更符合受众的审美趣味。只有重视受众需求,坚守公共利益,适应媒体环境,积极创新节目内容、形式和传播方式,服务节目才能更好地发展。

第六节　广播电视其他类型节目

前文对广播电视节目的介绍,主要是从内容分类的角度,但在广播电视领域中,还有一些比较突出的、不按内容区分的节目样式需要加以关注,本节着重介绍电视谈话节目和电视纪录片两种类型。

一、电视谈话节目

(一)电视谈话节目的起源及特点

谈话节目,即来源于西方电视节目中的 talk show,也音译成"脱口秀",指电视中以谈话为主的节目形式,是由主持人、嘉宾和现场观众在节目现场一起围绕某一话题进行谈论,是当今社会非常"火爆"的电视节目形态之一。它起源于西方,20 世纪 90 年代后在中国生根发芽。1993 年 1 月,上海东方电视台开播的《东方直播室》成为中国大陆的第一个电视谈话节目。1996 年 3 月《实话实说》开播,开启了谈话节目的新时代。之后,许多电视台也纷纷上马新式的谈话节目。90 年代,我国社会面临经济制度改革和社会转型,出现的许多新问题、新现象需要进行讨论;加上在改革的背景下,人们的心态变得开放,交流欲望大大提升,这些都为谈话节目的出现提供了条件。

对电视台来说,这种节目形式投入少,收益高;对受众来讲,可以有一定的参与机会,能获得资讯和娱乐,因而它日益受到电视台及受众的双重喜爱,出现了一批优秀的节目。

谈话,表明了节目的形式及构成内容是脱口而出的交流;秀,说明其具有一定的表演性,是一场谈话表演,并不完全是照搬人们的私下谈话。需要注意的是节目中的谈话要素和谈话节目的区别,有的电视节目中也有谈话,但不能称为谈话节目,如《快乐大本营》,其谈话往往是片段性、零散性的谈话单元;而谈话节目中的谈话是连续的、完整的,是构成节目的主体。不过目前出现了一种趋势,就是在节目中将"谈话"元素与其他综艺元素融合,形成了一些新的节目样式,这方面在后文中会进行论述。

与其他节目类型相比,谈话节目有着与众不同的特点。首先,它以面对面人际传播为主要形式,是双向、平等的交流。其次,话题广泛,从时事政治到明星八卦都是热门内容。再次,表现手法多样,感染力强,动用了人际传播中的所有符号,如动作举止、面部表情等,能传达最真实的人物状态。最后,观众易接受、易懂、易看。它摒弃了以往那种单一视点的说教,更加贴近生活、贴近百姓。

(二)电视谈话节目的要素

电视谈话节目有三大要素,即谁说、说什么和怎么说,也就是谈话者、话题和谈话方式。

1. "谁说"

"谁说"指谈话者,主要有主持人和嘉宾,有时候会有现场观众。

(1)主持人。主持人负责引起话题、提出问题、进行总结和控制现场,是谈话节目的灵魂。从本质上讲,谈话节目具有即兴表达的特征,现场录制时可能会产生各种意外,需要主持人灵活应对,因此,主持人的反应能力直接影响到节目质量。主持人的个性色彩和个人魅力也会对节目产生重要影响,很多观众常常会因为喜欢某个主持人而收看该节目。有许多节目会把主持人培养成明星,或请已成名的明星来担任主持人,这样,收视率和影响力都会得到保证。因而,谈话节目中,主持人是节目的灵魂和核心,要有亲和力、感染力、协调力、学识和幽默感。

(2)嘉宾。嘉宾是谈话的主角,主要作用是参与现场谈话,负责回答主持人和观众的提问,或由提问引发即兴讲话,可以表达自己的观点、讲述自己的故事和情感等。其身份可以是政府官员、学者专家或社会知名人士,也可以是普通百姓。在邀请嘉宾时往往要考虑其语言表达能力和人格魅力,这是保证节目易看易懂的前提。在邀请专家或新闻当事人时,要注意时效性和权威性。

(3)现场观众。现场观众是谈话过程的倾听者,在演播室能营造谈话场的氛围,也是丰富的信息源,能起到活跃气氛、参与话题的作用。现场观众并非谈话节目的必备要素,也有一些节目并未设置。

2. "说什么"

"说什么"指谈话的内容,也就是话题,一般由节目组事先选定。对节目来说,选对话题意味着迈出了成功的第一步。话题的选定,既要考虑到节目的定位,又要考虑到受众的兴趣,即是否具有"卖点",是否有吸引人之处。名人明星和新闻人物容易成为谈话节目的嘉宾,一定程度上就是因为他们身上有观众感兴趣的"卖点"。

3. "怎么说"

"怎么说"指节目的交流形式、谈话的方式和场景等。谈话节目根据定位的不同,会有不同的表现形式,有的学者将其总结为群言模式和对话模式。群言模式是指主持人、嘉宾和现场观众都参与谈话,如《实话实说》,它能让不同的声音都得到表达的机会,打造话语的交流场。对话模式是指主持人与嘉宾围绕某个话题进行对话的方式,包括主持人与一个嘉宾或主持人与多个嘉宾的形式,前者如《面对面》,后者如《锵锵三人行》。

(三)电话谈话节目的分类

1. 按谈话的内容分类

(1)新闻时事类。它着眼于当代社会的热点、焦点、新闻事件、新闻人物、公共事务等话题,把谈话现场作为时事分析和发表意见的公共空间,嘉宾多为能够发布第一手信息和富于导向性见解的政府官员、专家学者、媒体工作者和新闻当事人。节目话题覆盖面广,信息量大,具有新闻性、权威性、准确性和贴近性。谈话多在演播室进行,主要由主持人与嘉宾交谈,如中央广播电视总台的《新闻会客厅》、凤凰卫视的《时事辩论会》等。

(2)生活情感类。这类节目的话题往往更加感性,直面百姓生存状态,涉及普通百姓的家长里短、方方面面,如人生、婚姻、情感、伦理道德、人际关系等,旨在通过探讨给观众提供一种情感释放的空间。谈话基本上在演播室进行,现场观众是不可缺少的组成部分,谈话氛围比较轻松。其特点是贴近生活、贴近百姓,参与性强,因而深受观众喜爱,如湖南卫视的《天下女人》和江苏卫视的《人间真情》。

(3)综艺娱乐类。这类节目引入了更多综艺娱乐成分,以愉悦身心、休闲逗乐为主要目的,以谈话为载体,从娱乐、游戏等形式入手,凸现个性,制造悬念,充分展现话语中的幽默,达到戏剧化的效果,以娱人耳目,如《超级访问》《咏乐汇》等。

(4)专题对象类。这是针对特定观众群或某一专业领域内容而专门开设的谈话节目,如文化、影视、股市等,通常会邀请相关的专业人士参加讨论。特点是对象性强,话题专一,有品位和内涵,如央视体育谈话节目《五环夜话》、财经谈话节目《对话》等。随着频道专业化和市场小众化趋势,专题对象类谈话节目将茁壮成长。

2. 按谈话的形式分类

(1)聊天式谈话。在这类节目中,主持人和不同身份、职业特点的嘉宾在演播现场交流,真诚沟通,各抒己见。谈话节目人数可多可少,话题、角度比较家常,气氛轻松,话题可以是确定的,也可以是不确定的,如凤凰卫视《锵锵三人行》、网络谈话节目《圆桌派》等。

(2)访谈式谈话。在这类节目中,主持人就某一较严肃的话题,与某领域的专家、权威或某事件的当事人进行交流和对话。节目话题、角度往往经过精心选择,甚至比较专业,话语方式比较严肃、正式,如央视《鲁健访谈》《云顶对话》等。

(3)论辩式谈话。这类节目适合于讨论那些社会上出现的新事物、新现象,以及人际关系、民事纠纷等,谈话各方的观点有重大分歧,在现场展开言语交锋,主持人以客观公允的态度引导他们充分陈述。这类节目气氛紧张、有冲突,由于矛盾冲突具有张力,现场富于戏剧性,比较耐看,如江苏卫视《超级辩辩辩》《世界青年说》、爱奇艺《奇葩说》等。

(4)综合式谈话。这是一种充分利用外景录像、三维动画、片花隔段等丰富的电视手段,吸取文艺、游戏、竞技等其他节目的成分,利用节目环节的设定,运用访谈、聊天等多种对话方式,融合才艺展示、表演等元素,使谈话节目立体化,具有可视性。特点是活泼、谐趣,适用于谈论轻松的生活、情感话题。这类节目在我国电视谈话节目中占了较大的份额,如湖南卫视《天天向上》。

有一种观点认为,近年来流行的以《今晚80后脱口秀》《吐槽大会》等为代表的脱口秀节目也属于谈话节目的类型之一。但本书认为,脱口秀节目与谈话节目在传播主体、传播目的、现场情境、受众期待等方面都有所不同,故在此不做讨论。总之,从以上归类和分析中,可以得出结论:一方面,我国电视谈话节目的内部形态具有差异性,有的差异还比较显著;另一方面,随着时间的推移和新手法、新元素的加入,谈话节目与其他节目类型之间的边界也在变化,越来越交叉,越来越模糊。

经过近三十年的发展历程,谈话节目走过了自己的新兴期、发展期和兴盛期。随着媒介融合程度加深,传统电视谈话节目的发展遇到新的瓶颈,行业进入深度调整期。由于受众需求的变化,原来在演播室内由主持人和嘉宾面对面进行交流的方式已经无法满足受众,迫切需要在形式和内容上进行创新,许多老牌节目因收视率不佳纷纷停播便是证明。同时,电视荧屏上也涌现出一批受欢迎的新型谈话节目,呈现"谈话+"的特点,也就是离开演播室,到户外或在搭建的场景中录制,在保留"访谈""聊天"等基本形式的基础上,融入其他节目类型元素,如加入"做游戏""做任务""进行观察"等互动环节,让节目呈现新鲜的样态,更具娱乐性和轻松感。类型融合成为谈话节目发展的新趋势,主要有以下类型:"谈话+真人秀"类[1],如2016年改版后的《鲁豫有约大咖一日行》,走出演播室,记录嘉宾一部分生活流程,再进行访谈;"谈话+文化"类,如《朗读者》《见字如面》等,用朗读加谈话的形式,表现故事厚重的历史感和人文情感;"谈话+美食"类,如网络节目《姐姐好饿》《拜托了冰箱》等,在制作美食的过程中加入谈话,使氛围更轻松愉悦;"谈话+观察"类,这类节目让嘉宾以观察员身份进入演播室参与观察,进行谈话,如《做家务的男人》《妻子的浪漫旅行》等。在这些节目中,"谈话"已不仅仅是一个要素,而成为构成整体内容的重要部分。谈话节目除了形式上的交叉融合之外,其在网络平台上的多元发展也让我们看到了谈话节目创新的更多可能,如《奇葩说》《十三邀》《仅三天可见》《今晚九点见》等,都是在"谈话"基础上,对谈话场景、谈话形式等进行创新,获得受众注意。

二、电视纪录片

电视纪录片一般被归为社会教育节目,但它作为独立的文体样式,具有特殊的形式和内容,以致我们不得不对它投以更多关注。

当谈到纪录片时,许多人脑海中首选浮现的一个词是"真实"。的确,这是纪录片最重要的特点。但如果继续追问"什么是纪录片",则可能有各种各样的回答。自纪录片作为一种影片类型诞生以来,对其概念和特性的争议就一直没有停止过,甚至有学者认为电视纪录片没有明确的定义。这反映了纪录片的概念,实际上是处于发展中的,会随着人们的认识、观念态度、技术手段的变化而变化。

---

[1] 蒋宁平、易莎:《"谈话"的退隐与形态的多元:类型学视域中电视谈话节目的嬗变》,《中国电视》,2022年第2期,第27-31页。

虽然我们不需要以定义的形式来限定对纪录片的认识，但还是可以从国内一些学者的研究界定中窥探出纪录片的某些特质。朱羽君在《现代电视纪实》一书中指出，电视纪录片的核心含义应该是要求真实记录人类的生活，以现实的原始内容为基本素材结构，虽可以有艺术手法，但语言本体必须保证素材的真实性。钟大年在《纪录片创作论纲》一书中认为，纪录片是通过非虚构的艺术手法，直接从现实生活中获取图像和音像素材，真实地表现客观事物以及创作者对这一事物的认识与评价的纪实性电视片。吕新雨在《中国纪录片：观念与价值》一文中谈到，纪录片是以影像媒介的纪实方式，在多视野的文化价值的坐标中寻求立足点，对社会环境、自然环境与人的生存环境进行观察和描述，以实现对人的生存意义的探寻和关怀的文体形式。这些概念不约而同地指出了纪录片真实、非虚构的特征，即在题材内容上的记录真实和方法手段上的真实记录。

记录真实是指纪录片所拍摄的内容、对象是真实存在的，是现实生活中的真人、真事、真景、真情，最后给观众传递出来的心理感受也是真实的，符合生活自身逻辑。这一特征决定了纪录片的选题来源，只能依赖现实生活，而不能进行天马行空的想象和创造。要求制作者在真实的基础或前提下，以真诚、科学、严谨的态度对待生活、对待创作。

真实记录是指纪录片在方法手段上要以展现生活原生形态的完整过程为目标，多运用长镜头、同期声客观记录，而对一些表现性强的方法要不用或慎用，如运用专业演员、搬演、表现性蒙太奇、抒情性音乐等方式。纪实性同样是电视纪录片本质属性的一方面，是一种与真实的联系，是一种风格、一种表现手法。纪实手法是纪录片创作最基本的手法。

纪实美学的出现可以追溯到19世纪末20世纪初。19世纪，还是一个阅读时代，社会的主流思潮往往来源于文学创作，现实主义、自然主义和象征主义是影响较大的文学潮流。虽然现实主义和自然主义与纪实美学都强调对现实的表现，与"真实"有一定的联系，但当时人们只在文学、绘画、戏剧等艺术创作中谈论，还不知道纪实为何物。只是，我们可以认为，人们对现实主义和自然主义的了解，为纪实美学的诞生提供了心理土壤。时间发展到19世纪上半叶，照相术的发明，使人们认识到一种从没有过的艺术形式，其所呈现的美学思想——纪实，也进入了人们的视野。但真正的纪录片的起源，一般认为可追溯到电影初创的时代。1895年后，卢米埃尔兄弟拍摄的《工厂大门》《火车进站》等，都被认为是源于现实的记录，没有使用演员，真实记录生活。尽管后来有许多学者分析卢米埃尔的影片并不一定是完全客观的，可能存在扮演的因素，但它注重现实生活并试图对其进行表现的特征，我们还是可以将其看作是纪录片的雏形。真正被公认为是纪录片开山之作的作品出现，要等到1922年罗伯特·弗拉哈迪（Robert Flaherty）的电影《北方的纳努克》上映。这部影片以全新的形式再现了因纽特人的生活，让观众耳目一新，认识到现实生活的无穷魅力。但这时弗拉哈迪并没有为这一新型影片命名，纪录片名称的确立，要到1926年，由另一位大师约翰·格里尔逊（John Grierson）完成。他第一次提出了纪实美学思想，强调纪录片美在真实。自此以后，纪录片作为一种新的影视节目样式，立足于大众视野。

我国纪录片的发展起步较晚,最初与新闻联系在一起,因为时效性差而被称为新闻纪录片,如 1958 年,北京电视台试播时播出的《到农村去》,就是中央新闻纪录电影制片厂摄制的。这个时期的纪录片只能称为新闻纪录电影,风格样式单一,人力少,资源不足。纪录片作为思想政治工作的手段,宣传意图明显,只是一种报道形式。后来很长一段时间,我们把电视专题片等同于纪录片,忽视了两者的差异,出现了许多充满政治色彩、宣传说教意味浓重的作品。直到 1991 年,纪录片《望长城》的出现被认为是纪录片实现突破的标志,它在纪录片语言、题材、风格、视角、叙述方式等诸方面都有创新,中国纪录片从此进入快速发展期。1993 年 5 月 1 日,中央电视台杂志型栏目《东方时空》开播,其子栏目《生活空间》提出了一种新的理念和口号:"讲述老百姓自己的故事。"通过讲小故事、小人物,来反映社会大背景。1993 年 6 月,中国电视艺术家协会电视纪录片学术委员会成立。同年,上海电视台纪实频道创立了第一个以纪录片命名的栏目《纪录片编辑室》,出现了《德兴坊》《十字街头》《大动迁》等一批社会反响强烈的作品,曾经成为整个上海电视台收视率的第一名。因此,许多学者把 1993 年看作是中国纪录片发展历程中的一道分水岭。这期间,涌现了许多优秀作品。2012 年,一部以美食为主题的 7 集纪录片《舌尖上的中国》在央视一套播出。该片制作精良,通过对中华美食多个侧面的展示,来表现中国人对美好生活的追求,一经播出,迅速在国内外引起广泛的关注。后于 2014 年推出第二季,延续了第一季的火爆局面,成为当时历史上售卖单价最高的纪录片;2018 年推出第三季反响平平,值得深思。许多学者认为,该片(第一季)为观众打开了一扇窗,尤其是它在海外市场引起的热烈反响,更是让纪录片人看到了希望,国内自制纪录片终于得到市场及大众的认可,也终于在海外市场占有一席之地。2016 年 1 月,央视纪录频道播出故宫 90 周年献礼纪录片《我在故宫修文物》,反响平平,被发布到以"二次元"为特点的 B 站后,成为热点视频,而后又进入电影市场,成为纪录片跨媒介传播的典型案例之一。2017 年《航拍中国》第一季用航拍视角向全世界展现了一个"美丽中国",并于 2019 年、2020 年和 2022 年分别推出第二季、第三季和第四季。2018 年 6 月,国家广播电视总局发布《关于实施"记录新时代"纪录片创作传播工程的通知》,要求"每个电视上星综合频道全年在 19:30—22:30 时段播出国产纪录片总量不得低于 7 小时",为电视纪录片的发展带来新的机遇。2018 年,由腾讯视频出品,同时在浙江卫视播出的《风味人间》网络播放总量超 10 亿次,豆瓣评分 9.4 分,形成现象级传播。该片从创意阶段便进行 IP 开发,建立品牌矩阵,注重营销推广,成为第一个全链条运营的中国纪录片品牌[①]。2020 年初,新冠疫情暴发,中国国际电视台播出《武汉战疫纪》,全视角讲述了武汉抗疫历程。2021 年是中国共产党成立 100 周年,央视推出了《山河岁月》《敢教日月换新天》等优秀党史题材文献纪录片。这一年也是"十四五"规划开局之年,围绕脱贫攻坚和乡村振兴的主题,央视和省级电视台集中发力推出多部聚焦脱贫攻坚的纪录片作品,如《摆脱贫困》《人民的小康》等,为脱贫工作创造了积极的舆论氛围。

---

① 张同道:《2018 年中国纪录片发展研究报告》,《现代传播(中国传媒大学学报)》,2019 年第 5 期,第 117 - 122 页。

纵观近几年电视纪录片的发展，主要呈现以下特征。①作品系列化，形成"季播"模式，可以有效建设品牌和核心IP，积累品牌资源，实现产业价值转换。②形式多样化，有短视频、微纪录片、长纪录片等多种形式，适合在网络媒体上传播，方便受众分屏观看。③制作主体多元，合作紧密。纪录片的制作主体从"以专业频道为核心力量"逐渐转向电视频道、民营公司、新媒体平台三足鼎立的局面。央视纪录频道依然是行业发展的龙头，上海广播电视台纪实人文频道、北京广播电视台纪实科教频道与湖南广播电视台金鹰纪实频道紧随其后；五洲传播、三多堂传媒等民营公司佳作频出；腾讯、优酷、爱奇艺和B站成为中坚力量。电视媒体与网络和社会机构之间的合作越来越紧密活跃。④电视纪录片与新媒体纪录片的受众分化日趋严重。总体看，电视受众年龄偏大，而新媒体受众更为年轻。⑤作品创作坚持内容为王，不断呈现大量原创精品，注重表现中国文化的魅力，讲述中国故事。

在娱乐节目和电视剧大行其道的时代，观众确实需要一些"营养丰富"的作品去满足他们的文化需求和审美需求，也需要通过有价值有深度的节目，对观众进行人文精神的熏陶。

从内容差异的角度，本书对广播电视节目类型进行阐述，主要介绍了新闻节目、文艺节目、教育节目和服务节目四种类型，也兼顾了节目形式特征，介绍了电视谈话节目和电视纪录片两种特殊的节目样式。当然，广播电视节目种类繁多、形态各异，本章的论述并不能完全囊括所有的类型、样式，只是在兼顾节目共性和节目个性的同时，做一番探讨。另外，相比较而言，广播节目形态样式较为简洁、单一。苗棣在《中国广播电视节目概论》一书中将其分为新闻类广播节目和非新闻类广播节目，后者又包括广播文艺节目、广播剧、广播专题节目和广播服务节目等。这些内容我们在前文中都已涉猎。电视节目形态更加复杂多变，因而本章在论述中兼顾两者共有类型的同时，把更多的篇幅偏向了对电视节目的分析。

广播电视既是文化事业，又是文化产业。我们已经充分认识到加快推进文化产业发展，加快开拓文化市场的重要性。国家发展、民族振兴，不仅需要强大的经济力量，更需要强大的文化力量，要在继续加快文化体制改革、发展文化事业的同时，加快发展文化产业，满足人民群众多样化的文化需求。

推荐阅读

1. 常江：《中国电视史：1958—2018》，北京大学出版社，2018年版。
2. 陈虹：《电视节目形态：创新的观点》，复旦大学出版社，2013年版。
3. 刘德胜：《中国诗歌电视节目的类型划分与发展演进》，《当代电视》，2022年第9期，第43－47页。
4. 苗棣、王怡林：《脱口成"秀"：电视谈话节目的理念与技巧》，中国广播电视出版社，2006年版。
5. 聂欣如：《纪录片概论》，复旦大学出版社，2010年版。
6. 隋鹏、殷红：《坚守与突破：广播节目的视频化探索》，《传媒》，2022年第16期，第51－52，54页。

7. 宋雨:《浅谈广播工作室模式助力政企访谈类节目创新》,《中国广播电视学刊》,2022 年第 8 期,第 128 - 130 页。
8. 孙宝国:《中国电视节目形态通论》,中国传媒大学出版社,2011 年版。
9. 陶冶、戴颖洁:《"双循环"格局下中国电视节目模式的演化创新》,《当代传播》,2022 年第 4 期,第 109 - 112 页。
10. 王憬晶:《中国大陆电视娱乐节目发展研究》,浙江大学出版社,2015 年版。
11. 岳淼:《中国电视新闻节目发展史研究(1958—2008)》,厦门大学出版社,2009 年版。
12. 杨洁:《基于"使用与满足"理论的电视相亲节目策划探析》,《采写编》,2022 年第 8 期,第 143 - 145 页。
13. 周凯、杨会飞、殷亮:《策划电视:风行世界的英国电视节目模式解析》,中国广播影视出版社,2012 年版。

思考题

1. 网络新闻节目的崛起,给广播电视新闻节目带来怎样的挑战?如何应对?
2. 当前我国真人秀类节目的发展存在哪些问题?请谈谈你的看法。
3. 如何看待电视节目品牌化现象?
4. 结合本章相关知识,分析一个你熟悉的广播电视服务节目。
5. 选择一档改版后的谈话节目,对比其改版的前后差异,并思考为什么出现这些差异。

第四章

广播电视界面人物论：从播音员到出镜记者

第一节　界面人物的分类及特征

界面,即两个或多个不同物相之间的分界面,如气与水的界面。

媒介人物是指在节目的传播过程中,担负着对传播媒介与观众进行联系和交流的中介人,广播电视的界面人物是媒介和受众之间的桥梁和纽带。媒介人物有其自身的外延,从广义上来说,所有从事大众传播工作的人,都或多或少地扮演着广播电视界面人物这一角色。

从传播者的角度考察,我们需引入"节目人"这一概念,也就是播音员、主持人,也称为"媒介人物""界面人物"。其主要工作是将信息转化为视听一体的有声语言。这一过程中,节目人首先应将分散的音话信息按照某种内在逻辑组合成一个整体,即一档完整的广播电视节目。其次,节目人应在传播过程中赋予节目情感因素,使其在信息传播之外达到情感增值的效果。节目人在广播电视节目中具有不可替代的作用。

由此,可以得出广播电视界面人物,指经常在广播电视节目中出现,以自己的声音或图像直接与受众交流的传播者,通过其报道、讲解、解说和串联等工作,实现媒介和受众的沟通交流。广播电视界面人物主要指播音员、主播、主持人、评论员和代表媒介经常出外从事出镜、出声采访报道的记者。另外,随着全媒体时代的到来,网络视频节目主持人,特别是基于传统广播电视媒体平台的网络视频节目主持人这一角色也加入广播电视界面人物的行列中来。

从广义上来说,在广播电视节目的制作过程中,现场报道的记者、编辑、播音员、节目主持人、实况转播现场的解说员、评论员以及被邀请参加节目的报告人、演讲人、嘉宾等以自己的有声语言、形体语言传递信息,与受众直接交流,起到传播中介作用的人物都可称作广播电视界面人物。

一、界面人物的形成

(一)传媒功能开始全面拓展

现代社会发展至今,大众传媒已经深刻地改变了人类世界。不仅在空间上像马歇尔·麦克卢汉所说的那样,使世界形成了"地球村"[①],而且在生存意义上使传统的现实社会成为媒介社会。人们对于某一个事件、对于世界和不同国家的认识大多是通过新闻媒体来实现的。在进入信息时代的今天,新闻媒体在社会生活中发挥着越来越重要的作用:经济的发展、社会的

---

① 马歇尔·麦克卢汉:《理解媒介:论人的延伸》,何道宽译,商务印书馆,2000年版,第22页。

建构、文化的整合，无一不依赖它的帮助。

与传统平面媒体不同，广播电视界面人物由于总是以真实的形象展现在受众面前，能够给受众带来更多的亲近感，因此这点构成了界面人物形成的重要条件。

(二)界面人物的外延效应

界面人物的外延效应是指超乎节目内容之外的效应，即由界面人物的独特个性和人格魅力引发的效应。

个性是人与人交往中所表现出来的稳定特性，比如独特的性格特点、语言动作等。以主持人为例，当今具有个性魅力、风格鲜明的主持人，受到越来越多观众的喜爱。事实证明，一些节目之所以成为著名节目，与有魅力的主持人息息相关。有个性魅力的节目主持人必定是一个具备较高素养的人。

"炉边谈话"是美国总统罗斯福利用大众传播手段进行政治性公关活动的事例之一。20世纪30年代，美国经济处于大萧条时期。为了求得美国人民对政府的支持，缓解萧条，美国总统富兰克林·罗斯福利用"炉边谈话"节目通过广播向美国人民进行宣传。他的谈话不仅鼓舞了美国人民，坚定了人民的信心，而且也宣传了他的货币及社会改革的基本主张，从而赢得了人们的理解和尊敬，对美国政府克服困难、缓和危机起到了较大作用。

罗斯福虽然不是专业主持人，但他在"炉边谈话"系列广播节目中的出色表现体现出了受众对于明星崇拜的权威效应、亲近情感和信任心理。

(三)广播电视节目制作环节的融合

随着广播电视技术和艺术的不断发展，节目在制作环节上逐步趋向合一和兼容，客观上要求必须有能与受众面对面的界面人物出现，这点以"采编播一体化"表现得最为突出，也对界面人物提出了更高的要求。例如，作为主持人，应有较高的驾驭语言文字的能力。一般来说，节目主持人会从事适应本专业、本职务需要的相关文体的写作。例如：新闻节目主持人会写消息、通讯、评论等；知识性节目主持人会写科普文章，更重要的是，为了适应主持节目的需要，会写播讲稿、解说词、串联词等。修改润色文字稿件也是主持人文字处理能力的表现，主要是对自己撰写的部分进行推敲，对别人撰写的部分进行修改，使之更能传情达意，并符合自己的身份、个性。

二、界面人物的作用

(一)界面人物展示节目的风格个性

崇尚个性的时代，个性化就意味着与众不同，意味着创新。一档广播电视节目，没有独特的风格个性，便缺乏吸引人的力量。这就要求在节目中起到重要作用的界面人物具备能够展现节目的风格个性的本领，"独此一家，别无他店"的思想应该成为激励节目界面人物不断超越的动力。

创造性是增添主持人魅力的首要因素。世界上没有两片完全相同的叶子，界面人物应从节目内容、形式、语言、风格等方面寻求突破，应在自己的节目中不断创新与丰富，在屏幕上表现出新的特质，不断给人以新的惊喜，达到"人人心中有，个个笔下无"的境界。美国谈话节目主持人欧普拉·温弗瑞的节目话题很广泛，她总是亦庄亦谐，有时候开怀大笑，有时候凝神锁眉，一切都很自然，观众不断感知到她性格中的各个方面，却永远无法给她下一个定义，这就是她的主持魅力所在，同时也展现了节目的独特风格。

(二) 界面人物发挥节目制播环节的合一和兼容

以任意一个广播电视节目为分析对象，我们均可发现界面人物是节目的有机组成部分，对节目起到了串联与合一的作用，节目的前期与后期工作最终通过界面人物连成一个完整的整体，这也是观众所见的最终形式。

从基本工作职责来分，真正的编辑分为总编辑部主任、编辑部主任、版面及栏目责任编辑、一般编辑等。从门类来分，有文字编辑、图片编辑、美术编辑、版面编辑、广播电视编辑等。他们的工作分为两种：一种是对直播节目的编排，参与节目前期的选题、构思、列提纲或撰写稿件、串联节目内容，直播时进行现场采录和现场编发；另一种是对录播节目的编排，除了参加前期准备工作以外，主要在后期阶段对摄录的声像素材进行鉴别、筛选，然后进行编排，使之成为一个完整的节目形态。

还是以主持人为例，主持人的编辑业务主要包括节目的后期制作，要熟悉或掌握节目采录完成之后的编排和处理。主持人应熟练运用节目制作的各种设备，包括线性编辑和非线性编辑等，可以独立完成节目后期制作，充分参与节目的采录和编发。主持人只有掌握了一定的编辑知识，才能充分参与到节目制作过程的始终。

(三) 界面人物引发受众的情感效应

长相是天生的，屏幕形象却可以塑造。正如法国古典主义诗人布瓦洛所说："在一切事物中，人们喜爱的只有自然。"博物学家布封也曾说过："风格才是本身。"所以，界面人物的外观形象应该定位在生活与舞台之间——既高于生活，而又不似生活中的随意；既低于舞台，而又不给人以"表演"的造作。央视主持人、记者敬一丹从业几十年，仍保持着本色主持人的风貌——端庄、朴实、大方，她的穿着看似简单，有时显得过于朴素，她的发型也是多年如一日。但屏幕上的敬一丹，总能给观众留下深刻印象：从容真挚的叙述中饱含着情感，沉稳冷静的评论中闪烁着理性的思考。

第二节　广播电视节目播音员

在电视新闻发达的美国,播音员被称为 announcer 或 newscaster。《朗文当代高级英语辞典》对播音员的解释为:在电视或广播中播读信息和新闻的人。

播音员,或称为播报员,是指从事电台、电视台新闻报道、天气预报等电子媒体节目播音工作的人,而"播报员"一词,通常又特指电视台的播音人员。播音员是广播电视新闻性工作的一个环节。新闻的力量在于真实。内容通过播音员的声音到达听众耳中,要使听众听来真实可信,播音员的用声必须朴实、自然。根据《中国播音学》中的定义,播音员是用有声语言及副语言上镜出声,驾驭节目进程的人①。

播音员,同模特一样,他们所从事的工作是将信息传达给每个人。就好比模特只能体现服饰,不能过度强调自己一样,播音员在播报新闻的时候,一定要字正腔圆,所以对于一个播音员来说,更为重要的是自己的语言,形象次之。

播音员的基本任务是把其他记者采访、编写、加工后的各类节目的文字稿转化为有声语言并向受众传播,有时根据工作需要,播音员还要直接参与采访报道和编辑制作等活动。

一、在广播电视传播中播音员的作用

播音员在广播电视传播中发挥着如下四方面作用。

(一)播音员通过二次创作把无声的文字稿件转化为有声语言

记者、编辑所制作的文字稿件,通过播音员的播音变为有声语言。但又不是仅仅要求播音员机械地按照稿子"念字出声"。它要求播音员对文字稿件进行有声语言的再创作。在广播电视大众传媒中,播音员的播音应该以声音和画面(指电视播音员的体语形象)作为表情达意的手段,再现文字稿件的内容、结构、思想、文采、风格、情感等,达到"清晰悦耳、形神兼备"的要求,从而准确地体现记者和编辑的全部意图。因此,播音员对文字稿件的再创造必须以社会实践为基础,以文字稿件为依据,运用适当的播音技巧来进行。播音员对文字稿件的再创造,可以使文字稿件的潜能最大限度地发挥出来。比如运用不同的语气、语调,就可以把稿件中最精彩的内容突显出来,使稿件具有较强的吸引力。通过对不同播音方式的选择和运用,播音员就可以用最恰当的表现方法、表现形式,使稿件内容易于被广大受众所接受。一个优秀的播音员通过对文字稿件的再创造,使人在潜移默化中受到启发、教育、鼓舞,又给人以美的享受。适当贴切的再创造对稿件犹如锦上添花,令人回味无穷;而不恰当的再创造,则只会使稿件黯然失色,给人画蛇添足之感。

播音员对文字稿件进行再创造时要努力达到正确理解与准确表达的统一,以及思想感情和语言技巧的统一,思想内容和体裁风格的统一。只有这样,才能准确、生动地传达出稿件的

---

① 张颂:《中国播音学》,北京广播学院出版社,2003 年版,第 29 页。

精神实质。播音员在播读稿件时要注意以下两方面。首先,充分理解稿件内容。记者、编辑所采写的文字稿件是对客观事物的反映,播音员要能透过文字稿件去领会记者、编辑所反映的客观事物,这样才能准确地把握稿件、驾驭稿件,并依据稿件的内容,创造出有声有色、声情并茂的播音成品来。其次,选择适合稿件内容的播音语言和传播方式。文字稿件的内容是各种各样的,播音员在播音时该用怎样的语气、语速、语调要根据内容的需要,有的稿件适合用精确的书面语言,有的稿件需要尽量口语化,有的稿件要求严肃稳重,有的稿件要求亲切自然。

(二)播音员呈现是广播电视传播的最后环节

一档广播电视节目从头到尾的完整传播过程,需要记者、编辑和播音员等人的共同参与才能完成,而播音员则处于这个过程的最后一个环节。如果没有这个环节,那么整个传播活动就是不完整的,传播就不可能最终实现。由于广播和电视都是把电子通信技术作为传播手段的大众传媒,广播是借助"声音"的单一通道实现传播,电视是借助"声音""画面"的双通道实现传播,因此播音员的播音工作就更加显示出重要性,许多广播电视节目都必须经过记者、编辑采写编排后由播音员播出,把文字稿件转化为有声语言,适应广播电视大众传媒对"声音"的特殊要求,才能最终实现信息的传播。受众听到、看到的各类节目的"稿件",是广播电视播音员的有声语言,也只有通过播音员把文字稿件声音化之后,广播电视节目的内容才能顺利传达给受众。如果没有播音员的声音传播,广播就失去了赖以存在的根本,而电视也就变成令人摸不着头脑的哑剧。通过播音员的播音,听众、观众可以明确而深切地了解、感受到广播电视节目的政治倾向、政策精神、价值取向,以及广播电台、电视台工作人员的思想水平、素质修养、采编水平和文化功底等。因此,播音员工作的好与坏直接关系到广播电视节目这种精神产品能否形成及其传播效果能否实现。作为广播电视传播的最终实现者,播音员要以高度的责任感和准确的判断力剔除文字稿件中可能出现的种种错误,包括政治思想、语言用词等方面的错误。播音员要和足球比赛中的守门员一样,不能有任何失误和偏差,因为,即使是一个细微的错误,也会影响广播电台、电视台的声誉,影响传播效果。因此从这一点上说,播音员又是广播电视传播活动的最后一位"把关者"。

(三)播音员起到承上启下的作用,沟通联系了社会的各个组成部分

播音员作为广播电视媒介的代表在传播活动中出现,直接发挥着承上启下、代表政府、联系群众的"桥梁"和"纽带"作用。作为引人注目的社会公众人物,他们在话筒前、屏幕上的言谈举止都会给受众留下深刻的印象。许多听众和观众是从播音员的有声语言中了解国家和政府的路线、方针与政策,明确工作的重点和核心,把握形势的发展趋势的。播音员哪怕是任何一个小小的方面,如举止、眼神、语气、语调等的异常,都有可能影响听众或观众对传播内容的理解和领悟,进而影响到国家和政府路线、方针与政策的传播效果。同时,一些播音艺术水平很高的播音员在听众、观众中享有相当高的威望,广大受众视其为良师益友。而处在这个上传下达的结合点,播音员不再是进行个人随意的语言活动,而应该显示政治立场,以更高质量、更优技巧、更快效率的播音工作,发挥加强社会各界联系的纽带和桥梁的作用。

(四)播音员向社会宣传规范化语言

广播电视节目是比任何课堂都更广阔、更能经常使用和推广规范用语的大课堂。由于广播电视传播范围广,听众和观众的分布广泛,跨越了不同的方言、土语地区,这就要求播音员的有声语言必须规范化,字、词、句、音、语调、语法都要有一个统一的标准,即达到规范用语的标准,而不应该夹杂各种方言。这样既有利于提高广播电视的传播效果,又能向全社会展示规范的语言,这是广播电视义不容辞的责任。

二、新闻播音语言的特点和要求

新闻播音,就是指播音员以有声语言和副语言为创作手段面对镜头、话筒报道新闻信息的创造性活动。

新闻播音的特性主要有以下几点:新闻播音形态多样化;新闻播音稿件形式非单一化;新闻播音关注点多;新闻播音具有多重制约性。在新闻播音的创作过程中需要遵循以下原则:尊重原稿文字内容;播音服务于事实;第三人称的转述身份;愿望强烈、热情播出;严格的时间观念;熟悉节目运行程序。

播音语言是指播音员通过某一大众传播媒介传播的有声语言,由于受到媒介条件和大众传播方式的双重制约,因而和生活语言有着显著的区别。

同时,新闻播音对语言有着自己的特点和较高的要求,播音语言与普通人日常的生活语言有着显著的不同点(见表4-1)。

表4-1 生活语言与播音语言的比较

序号	生活语言	播音语言
1	思维的自然表达和感受的自然流露,表现为外部的有声语言	照稿读音,把稿件内容转化为自己的思想
2	自我感情的日常化表达	站在媒体的立场,播读编辑的稿件,或转述介绍政令、社评、文章
3	不严谨,不一定合乎语法;句子短,意思可以不断重复,如有不足可随时补充	书面语,一次完成;即使通俗化、口语化的稿件,也要合乎语法,严谨简洁,但不免会有附加成分的长句出现
4	有具体的语言对象	没有真实、具体、直接的语言对象
5	听众可通过表情、手势等辅助手段理解	听众只靠声音理解

此外,对新闻播音语言要做到准确、平实和富有节奏感。

1. 准确

一是事实的叙述必须准确。必须声音自如、吐字清晰、咬字准确、语言连贯流畅、干净利落、不拖泥带水,准确处理轻重音和语调,既要有必要的起伏,又不能变化的幅度过大。

二是将稿件中的观点、态度准确地传达给受众。应根据新闻事实发展的脉络、前因后果和逻辑关系，条理清晰、层次丰富地把事实报道出来。通过语气、节奏、语调的变化和呼应，既注意恰当的变化、突出重点，又注意保持整条新闻基调的统一。

2. 平实

声音、语言质朴自然，叙述分寸得当，不做人为夸张，表达观点明确得体，不咄咄逼人，既要保证新闻的特性得以体现，又要亲切自然、平易近人，给听众以真实可信之感。

3. 富有节奏感

政治新闻要平缓严肃，社会新闻要明快亲切，趣味性新闻要轻松活泼。

第三节 广播电视节目主持人

主持人在英语中被称为 host（男主持人）或 hostess（女主持人），即作为广播电视节目现场的"主人"，介绍嘉宾、引出话题的人。电视新闻主播（anchorman），按照所服务台的传统和个人一贯风格，主持选材、撰写、编辑、编排来自各方记者采集的信息，亲自通过演播室直播，向受众传播新闻事实，并陈述自己的观点。

一、节目主持人的出现和发展

1928 年，荷兰《快乐电台》节目主持人艾迪·勒达兹直至 1969 年才退休，被公认为"历史最悠久、最富个人独特风格"的国际广播节目主持人之一。1940 年 8 月 18 日，爱德华·默罗开始在广播节目《这里是伦敦》进行现场报道，他被誉为西方"现场报道的鼻祖"。

我国境内最早的广播电台创办于 1923 年初，中国共产党领导的延安新华广播电台于 1940 年 12 月 30 日开始播音。然而，在新中国成立三十多年的时间里，由于政治因素和新闻观念的影响，以及经济基础和技术设备条件的限制，一直到 1981 年元旦，中国内地的广播才第一次出现"节目主持人"的称谓。1981 年元旦，中央人民广播电台对台湾广播的《空中之友》节目开播，徐曼成为中国广播电视史上第一个以正式名义出现的电视节目主持人。徐曼用她亲切、甜美的声音，打破了长期以来大陆对台湾广播的生硬局面。此后，广播节目主持人在经济发达的区域先活跃起来。广东人民广播电台在 1981 年 4 月开办了由李一萍主持的《大众信箱》。李一萍以可亲、可信的主持风格，赢得了听众的认可，李一萍被听众亲切地称为"知心姐姐"。

1986 年 12 月，广东珠江经济广播电台成立，采取了大板块节目模式，节目完全由主持人主导，被称为"珠江模式"。珠江经济广播电台探索的"主持人中心制"，对全国广播节目主持人的发展产生了积极并具有历史意义的影响。到 20 世纪 80 年代末 90 年代初，全国各地都拥有了各具特色的广播节目，一批"明星"主持人在听众中有较大反响。如今从中央级广播电台到各地方广播电台，都有许多各类型的名牌节目，如中央人民广播电台的《午间半小时》《今晚八点半》、上海东方广播电台的《相伴到黎明》、海峡之声广播电台的《空中立交桥》等，同时也产生了一批有影响的著名节目主持人，如雅坤、傅成励、弘力、叶沙、陈晓琳等。

1988年,中央电视台首开主持人大赛先河,这标志着国内电视节目主持人的选才、培养开始走上了规范化的道路。程前、鞠萍、张泽群都有精彩表现,之后成为家喻户晓的电视"名嘴"。

1995—1996年,中央电视台跨年度举办了第二届主持人大赛,充分体现了节目栏目化的特征,比赛分为综艺类、新闻类、社教类、少儿类四大栏目,在每个栏目分别对主持人进行评选,"以栏目培养主持人,以主持人提高栏目知名度"。王志、张恒、袁鸣、曹可凡、陈爱美等脱颖而出。

2000—2001年,中央电视台举办了第三届主持人大赛,宗旨是"探索先进的主持理念,发掘个性化电视主持",明确提出主持人要向个性化方向发展。这次大赛透露出这样一个信息:"文化型、智慧型、主动型"的富有"个性"的主持人,成为21世纪主持人的选才标准和培养方向。撒贝宁等人气一路飙升。

2003年4月,中央电视台开始举办第四届主持人大赛,以"超越自我、展示精华"为宗旨,目的是"推出主持新人、提升传播品位"。李晓东、管旭、盛时获得大赛银奖,冠军奖杯则被包捷捧走。

2007年第五届主持人大赛,推出了与国家电视台地位相符的"'德艺双馨'主持人"的宗旨。胡蝶摘得本届大赛桂冠,李蜜、孙俊辉、百克力获得银奖,铜奖则被冯殊、张译心、孙延夫、曹琳琳、卢迪、王昳六位选手捧走。

二、节目主持人的概念

(一)节目主持人的界定

虽然传媒业不断深入发展,但广播电视界对节目主持人的认知,迄今为止仍是众说纷纭。有的人认为"在广播电视中,出场为听众或观众主持各种节目的叫节目主持人";有的人认为"节目主持人是广播电视节目在演播阶段的组织者、指挥者,是节目与听众、观众之间感情、信息交流的桥梁纽带,也是节目的代言人";有的人认为"节目主持人是节目的主要操持人,他相当于乐队指挥,作用不仅仅是在台上,更多的工作是在幕后,是在登台指挥前进行的"。这一方面反映了节目主持人自身的复杂性、多面性,另一方面也说明主持人理论研究还处于相对滞后和薄弱的状态,如何确切界定节目主持人,仍是一个有待探讨的问题。

1999年出版的《广播电视辞典》指出:"节目主持人是在广播电视节目中,以个体行为出现,代表群体观念,以有声语言为主干或主线驾驭节目进程,直接面向受众,平等地进行传播的人。"这一定义主要着眼于主持播出,所以特别强调节目主持人的外部特征以及同节目制作群体的关系,基本上反映了我国节目主持人的现状。如果全方位考察节目主持人,包括其现状和发展趋向,就可以发现主持播出固然是主持人的主要职能,但主持人实际上贯穿或渗透于节目生成的全过程。

尽管说法众多,但归纳起来节目主持人的共性有以下几点:

①节目主持人参与了节目制作过程,这是节目主持人区别于播音员的重要特征;

②节目主持人是节目的直接播出者、代表者;

③节目主持人是节目的组织者和串联者。

因此,在这里我们的定义是:广播电视节目的主持人是在广播电视节目中,以个体行为出现,代表群体观念的出声、出面的节目组织者;主持人的主要职责是组织、串联一次节目的各个部分,同时也直接向听众和观众传播信息;主持人必须参与节目的制作过程(采访、编辑、制作),以起到主导和驾驭整个节目的作用。

(二)节目主持人与播音员的区别

长期以来,播音员和节目主持人被人们混用,很多播音员被称为节目主持人,而有些节目主持人也被称作播音员或者主播。播音员与节目主持人的区别到底在哪里呢？从严格意义上讲,播音和主持是两个不同的概念。播音实际上反映的是一种专业的性质,可以简单理解为用声音去播送内容,所以叫播音;而主持是指在一个事件中所处的位置,并不是对其专业性质的描述。因此,主持人可以是播音员、记者、演员,也可以是专家、学者,没有很严格、具体、统一的专业要求,而更强调个人魅力的彰显和能力、学识的充分发挥。

播音员与节目主持人之间有明显的区别,主要表现如表4-2所示。

表4-2 播音员与节目主持人的比较

比较维度	播音员	节目主持人
身份色彩	较为郑重而严肃的角色,具有权威性和规范性	平易近人,是受众的"朋友",个人特色比较鲜明
业务范畴	通过播音、解说、配音等将文字语言转化为有声语言	除了播音,还参与节目的策划、采访及后期制作等多个环节
创作空间	有声语言的表达,即如何准确、优美地将内容表现出来	无论在语言的运用、组织,还是在节目的构思创意上,都有一定的发挥空间
语言样态	播报信息,语言变化不多,风格严肃,程式化明显	口语风格更加突出,多数情况下接近于谈话和聊天

在当今社会,资讯、评论、访谈、专题以及现场直播等当代新闻节目形态向纵深发展,导致资讯传播向观点传播转变,单一功能的播音员、主持人已经很难适应现代传媒多视角、全方位、立体式的传播方式。不过,让播音员、主持人向标准的主播转化,既没有可能,也没有必要,倒是让他们的部分功能发生融合具有现实性。

(三)节目主持人的分类

目前,国内关于节目主持人的分类尚无统一的界定。有的学者从主持人参与节目的程度和工作方式上进行归类,大致可以划分为三类:采、编、播合一式,即主持人参与节目的采、编、播全过程;采、编、播合作式,即主持人以出场主播为主,部分参与节目制作过程;客串式,即聘请社会人士主持一次性或一定时间段的节目。还有一种是以主持人的工作职责范围及工作形式来分类,即所谓"四分法",包括:独立型,即主持人独立承担整个节目的采、编、播工作;单一型,即主持人主要或仅从事话筒前的再创作播报工作;参与型,即主持人参与节目的采、编、播各个环节;主导型,即主持人是整个节目的策划者、组织者、采编者和体现者。

从我国目前广播电视节目设置来区分,节目主持人主要有以下几类。

(1)新闻节目主持人:新闻联播节目主持人、杂志型节目主持人、具有评论辩论色彩的新闻论坛节目主持人、新闻访问专访节目主持人。

(2)综艺节目主持人:综艺欣赏节目主持人、综艺讨论节目主持人、综艺小栏目的节目主持人。

(3)体育节目主持人:体育新闻节目主持人、专项体育运动节目主持人、体育综艺节目主持人。

(4)教育节目主持人:科教类、文化类、法律类等节目主持人。

(5)对象型节目主持人:儿童类、青少年类、老年类、妇女类、少数民族类等节目主持人。

三、节目主持人的作用

(一)组织节目内容

在谈话节目中,虽然有节目的预案,但是,主持人面对嘉宾要说什么,还有极大的不可预测性。谈话的走向,需要主持人现场把握,随机应变。这样的节目一般都是一次成型的,没有时间和机会停下来讨论一番再继续。主持人在已知总的决策的前提下,现场即兴决定节目的走向。在某种意义上,这时主持人执行的就是导演和制片人的功能。

(二)沟通连接节目内容

沟通连接是主持人在节目中最基本的作用,这种沟通连接式的主持,有相当的发挥和表现空间。主持人的形象特征,包括相貌、声音、举止、表达方式,都是对节目类型和风格信息的传达。此外,主持人还要有更多的表现,如对背景情况的介绍、对节目内容的感慨和评论、对每一片段内容的参与等。有时,节目组没有拍录到的内容也由主持人的诉说作为补充。主持人与节目内容是交替出现的。从时间比例来看,主持人主持的时间,要远远小于节目其他内容的时间。

(三)引领节目推进

有很大一部分节目在最初设计的过程中,在沟通连接的基础上,同时要求主持人在节目现场有更多的功能表现。比如,向参与节目的人提问,与他们交流,包括问答的过程,也包括开玩笑打趣的过程,还包括对现场的听众观众讲解游戏的规则,带领大家做游戏,等等。这时,主持人在节目中的作用,已经不仅仅是串联衔接,而是在既定的方案下引导节目发展,主持人成为节目内容表达的一部分。广播中的电话知识问答节目、电话短信点歌节目,是在主持人的引导下,根据听众的回答或者要求安排节目内容,电视中的知识竞赛节目,也是在主持人的引导下一步步发展,主持人有了更为充分的表现空间。

(四)直接呈现节目内容

还有一部分节目,其自身内容在很重要的层面上是要由主持人来表现,主持人就是节目的主要"演员"或者主要"演员"之一。节目几乎自始至终都是主持人在演示操作,或是主持人之间在对话,比如近年来各家电视台纷纷开办的电视购物类节目以及讨论类节目就是典型。另外在一些真人秀类节目中,主持人与嘉宾一起参与节目,直接呈现节目内容。

主持人在节目中出现,还有一个特定的身份,那就是听众和观众的替身和代表。

总之,主持人在节目中起着控制作用,有的间接,有的直接。主持人能否在节目中发挥好自己的作用,既与节目的设置有关,也与自身的能力有关。

常常看到这样的情况:导演把主持人请来,交给他一组主持词,然后一段段分别录下来。这当中有开场白,也有结束语,节目段落之间串联的话也有若干。主持人的话录好之后,导演把主持人说的话与节目的各个段落穿插组接起来,一次节目的合成也就完成了。如此,主持人出面说的话就好像房子墙砖之间起粘连作用的水泥。这时,主持人就要争取成为"房子"(节目)的主要因素之一。主持人要详细了解节目的形式特点和内容特点,力求每一次串场衔接的表达都能与之贴切,并有一定的创造性表现。这种创造性表现要带有独特之处,包括语言修辞的特点和形体表情的变化,要与节目融为一体,成为节目的一个特定组成部分,甚至成为节目的标识。

有一类节目是靠主持人表现的。节目自始至终都在主持人的操作下进行,主持人在节目中的作用是串联节目,与受众互动,掌握节目进行的具体步骤,烘托节目的气氛,推动节目的进程。主持人是节目的商标式人物、节目的灵魂。主持人和节目的关系犹如鱼水,主持人的成长和成名与节目的发展和辉煌相辅相成。

更有一类节目是围绕主持人设计的。节目部门已经了解了主持人的能力和性格特点,在成熟的策划之后以主持人的特点再进行设计,突出主持人,以主持人的出色表现作为节目的品牌特征。由于节目是围绕某一特定主持人设计的,一旦节目成功,其他主持人就很难替代。如果没有这位主持人,节目也很难达到预期的效果。

无论是何种类型的主持人表现形式,都要让主持人尽可能发挥出应有的标识和品牌作用。要让人们一提起某主持人就意识到是哪个节目,或者一提起哪个节目就会在眼前浮现出某个主持人的形象。

第四节 电视出镜记者

广播电视记者是指广播电台、电视台中从事新闻采访和报道活动的专业人员,广义上泛指编辑、记者、播音员等;狭义的广播电视记者是指广播电台、电视台中专门从事外勤新闻采访报道工作的新闻专业人员。

电视出镜记者一般指在新闻现场,在镜头中,从事新闻传达、人物采访、事件评论的电视记者和新闻节目主持人的总称。在英文资料中,"出镜记者"为"on-camera correspondent and reporter",直译过来就是:上镜的通讯员和现场记者。从字面上看,这个词有两个意思,一是要出镜头,二是要准确报道新闻事实。

目前,就电视新闻节目当中,根据出镜的目的、采访对象以及节目时间的长短,出镜记者大致可以分为两种：一种是现场报道出镜记者，主要针对新闻事件，如进行日常消息报道、直播和连线报道等；另一种是人物访谈调查出镜记者，主要进行面对面采访和报道典型人物。

一、电视出境记者的特点

20世纪70年代，美国的电视媒介开始用电子新闻采集（ENG）拍摄新闻，这种拍摄同步的技术开始给观众留下深刻印象。美国学者特德·怀特教授撰文说："许多新闻部主任希望他们的记者在报道中出镜。他们鼓励记者在节目中间或最后在镜头前出现。他们的想法是，观众会将记者与主持人看成是自己的家人。这位家人亮相的次数越多，节目就越吸引人。"与广播记者不同，电视记者除了运用语言、音响等要素外，更主要是需要调动电视画面来说明新闻事实。

目前，在电视新闻报道中，为适应各类报道题材的需要，电视记者出镜报道的形式也有所不同。

第一，记者以新闻事件为背景，直接面对镜头作口头报道。这种现象无论在新闻消息、新闻专题，还是在新闻评论节目中都很常见，出现在新闻报道的开头居多，有时也出现在报道过程的中间或结尾。

第二，记者在采访新闻人物时出镜。这种采访可以在新闻现场、被访者居所或电视演播室等特定场合进行，采访报道成功与否主要取决于记者的提问与交流方式。

第三，伴随记者采访调查活动而进行的电视报道。记者在采访、调查活动中频频出镜。

二、电视记者出镜采访的作用

电视记者出镜报道所产生的效果和发挥的作用主要有以下几个方面。

（一）增加了新闻的真实度和现场感

俗话说"眼见为实"，受众选择性相信自己眼睛看到的东西，这也是电视新闻最大的优势之一。电视记者与新闻现场一同呈现在观众面前，给人以"眼见为实"的真实感，记者的现场报道有引导观众根据目击事件来判断新闻价值的意味，这种报道方式让观众感到新闻更可信、更真实。在许多电视新闻中，越来越多地采用了这种报道方式。记者在新闻事件现场，面向观众，在镜头前对事件作导语式介绍。随着报道展开，画面展现事件现场的真实情景，最后又回到记者对事件的简要归纳或点评。在报道过程中，还常常穿插记者向新闻事件的当事人、目击者以及有关人士的采访。电视记者的活动贯穿在整个现场报道过程中，观众通过屏幕，一方面能了解新闻事实，另一方面也可直接了解记者的采访活动。这样的报道缩短了记者与观众的距离，增强了真实可信的传播效果。

在心理层面，电视记者深入新闻现场使得观众获得的心理感受是不同寻常的。现场感是新闻客观现场在记者和观众心中引起的主观感受。电视记者作为新闻事实的目击者、见证人，在参与现场报道时，边观察边报道，把真切的现场感受带给观众，使观众产生一种强烈的现场参与感，从而增强报道的可信性和可看性。许多电视新闻报道都在这方面有成功的范例。

（二）提高了电视的表现力

电视新闻的一大特点是展示事实，但是如果电视仅仅把各种画面展现在观众面前，让观众自己去判断新闻的价值，可能会增加观众理解上的难度。但是通过记者的"现身说法"，可能就会大大提高电视的表现力，帮助观众从不同侧面加深对新闻事件的理解和把握，引导观众注意事件发生的具体细节，从而使报道内容给观众留下更深刻的印象。例如，中国经济网记者的报道《北京地铁扶老外，那一刻他们很纯粹！》，其中有这样一段：记者在北京地铁10号线太阳宫站偶遇一位外国朋友晕倒获路人扶助一幕，报道播出后被众多网站转载，引起网友热议。接着记者用画面和语言描述了当日的事发过程，最后表示"由于这位外国朋友摔倒得很突然，大家出自本能反应立刻上去搀扶，根本无暇多想。整个过程中也没人知道记者身份，无刻意展现成分。爱心和善意，不应该被误解和歪曲。当我们的心中有温度时，看到的也一定是有温度的。"在类似这样的报道中，记者通过这一真实情况的描述，在引导观众做深入的观察，让观众领悟到路人扶助外国朋友的事实，不存在电视前作秀的成分。

三、电视记者出镜注意事项

（一）判断是否出镜

在电视采访中，并不是所有的内容都一定要记者出镜。实际上，如果题材或现场的条件不合适，记者出镜采访报道的效果未必好。一些普通会议或者简单事件，使用正常的旁白加同期声就完全可以，并不需要记者特意出镜。

（二）出镜时的话筒使用要求

记者出镜采访还要善于使用话筒。特别要注意话筒与镜头的配合，大部分电视台的新闻节目要求记者举话筒采访，记者出镜要正面手举话筒，采访时要伸出话筒对准被采访对象，保证在画面中能够看到话筒上配套的台标展示在摄像机画面中。

（三）明确记者自身客观的角色定位

虽然，新闻媒体在西方有"第四权力"机构一说，但出镜记者在采访时，也只不过是媒体的从业人员，记者自身没有任何权力逼问他人隐私，包括犯人和犯罪嫌疑人。此外，媒体在报道新闻事件时应保持客观公正，不能以一己之见妄断是非，切莫把记者自身的是非判断与个人喜好带入采访过程中。

（四）选择最佳采访时机

电视记者常会接到采访领导干部，甚至国家元首的任务，在这种情况下，记者也应该以平和的心态进行平等的对话，让被采访者尽快进入状态，此时为最佳采访时机，且要体现人与人之间心灵相通的特点，不要过分拘谨。

（五）镜头意识

电视记者提问要有镜头意识。对于出镜记者而言，镜头代表观众。记者不仅要面对采访对象,还要面对镜头后的观众。记者出镜的目的是使现场采访形成面对面的交流,实现这一效果的中介就是镜头。电视记者在镜头前就亦如面对观众进行直接交流,这一意识叫镜头意识。

第五节　界面人物的职业素质

广播电视界面人物是职业人与社会人的统一,界面人物职业素质包括政治修养、思想道德修养、职业艺术和技术修养等方面。随着全媒体时代的到来,传统广播电视界面人物要扮演主流舆论阵地的捍卫者、主旋律与核心价值观的宣传者、健康舆论生态的建设者、正能量资讯的传播者、惠民信息的服务者等多重角色来重塑引导力,这是重任,更是担当。要强化担当作为的责任和优势,把坚持正确政治方向和新闻志向转化为政治自觉、思想自觉、行动自觉,强化用户意识,把握内容生产、技术支撑和整体运营,通过适应用户多元化需求,发力新技术应用,传播优质内容,讲好主流故事,放大主流声音,体现主流媒体人的使命和担当,铸就主流舆论众声合唱、海纳百川的引导力[①]。下面我们就广播电视播音员、主持人和出镜记者分别讨论各自的职业素养。

一、广播电视播音员的职业素质

作为媒介代表人物的播音员,个人修养至关重要,它不仅仅是个人的操行问题,还关乎媒介的社会形象。播音员的修养主要包括两方面的内容。

(一)政治理论与思想品德修养

首先要求播音员立场坚定、旗帜鲜明,在原则问题上态度鲜明,自觉与党中央保持一致。其次要求播音员认真学习和掌握马克思主义的世界观和方法论,具有较强的分析、处理问题的能力,树立正确的世界观、人生观、价值观,自觉抵制各种腐朽文化的影响。最后要求播音员具有强烈的群众意识,以人民群众的利益为重,讲真话、写真事,反映人民群众的呼声。

我国人民广播事业的第一位男播音员齐越说:"我是中国人民的播音员、中国共产党的播音员。我传达的是中国人民战胜艰难险阻走向胜利的声音,我传达的是中国共产党堂堂正正的真理之声。我以此引为自豪。"广播电视作为新闻事业的一个组成部分,是具有强烈政治色彩的社会舆论工具。在我国,广播电视肩负着向全体人民传播党的政策信息,教育人民树立共产主义理想的伟大使命。1983年受到第十一次全国广播电视工作会议的指示,广播电视部再次强调:"广播电视是教育、鼓舞全党、全军和全国各族人民建设社会主义物质文明和精神文明的最强大的现代化工具,也是党和政府联系群众的最有效的工具之一。"广播电视是党、政府和人民的耳目喉舌,播音员更是直接的喉舌,这个性质规定了播音员必须坚持维护党和人民的根本利益,坚持正确的舆论导向,绝不允许利用这个工具谋取个人的私利。

---

① 李祖平、李佳颖:《主流媒体主力人才的全媒体重塑与创造力突破》,《中国出版》,2021年第3期,第33－37页。

广播电视播音员应恪守敬业奉献、诚实公正、团结协作、遵纪守法的职业道德,谦虚谨慎,追求德艺双馨。播音员的媒介角色,是一个容易出名、"出风头"的岗位,怎样正确对待"名"和"利"是播音员职业素养的重要内容。在广播电视系统内,各个部门、各个环节,都只有分工的不同,没有高下的区别。播音员应该主动和编辑、记者、技术人员协调工作,相互理解。一档优秀的节目,是大家共同努力的结果,播音员不能因为自己处在出头露面的环节,就都把功劳归在自己的头上,一旦出现了问题,则诿过于人。这样既不利于团结,也不利于搞好工作。

（二）语言艺术修养

作为语言艺术的直接表现者,播音员和节目主持人一样,都是运用有声语言和听众、观众进行交流,但由于播音员的语言不像主持人的语言那样随意化、口语化,因此对播音员语言艺术修养的要求就更高。

播音员的播音必须做到字正腔圆、清晰持久、刚柔自如、声情并茂,这要求播音员能熟练掌握和运用语言学的基本理论和基本技巧。一个以语言作为基本工作手段的人,如果不了解、不掌握语言学的基本理论和技巧,就不可能掌握运用语言的基本功,也就不可能准确、自如地运用语言。

首先要求播音员了解发音原理和发音器官的结构。只有这样,才有助于播音员科学地运用身体的共鸣器官,掌握科学的呼吸和发音方法,从而使声音变得响亮、优美,大大提高声音的质量,同时也要求播音员了解唇、舌、喉、齿等发音器官在发音中的作用。由于发音器官的不同配合可以发出不同的字音,因此,掌握了这一点,播音员就可以准确地把握播音时发音的部位和方法,从而使每一音节准确到位,产生清晰、悦耳的语言效果。其次,还要求播音员熟练掌握字、词、句等语言手段和抑扬顿挫、轻重缓急等表达方式,这有助于播音员使自己的语言具有明确的逻辑指向。播音员通过语言手段和表达方式的巧妙搭配,就能表达出所播出内容的特定语境意义和内涵,从而使自己的播音刚柔自如、声情并茂。最后,播音员要拥有良好的语言艺术修养,还必须坚持不懈地进行语言基本功的训练,小到对一个音节、一个词的把握,大到对天文地理、世界知识的了解,要持之以恒。严格、系统的知识训练是播音员拥有良好的艺术修养的基础和保证。

二、广播电视节目主持人的职业素质

广播电视节目主持人是节目的核心人物,对节目有着举足轻重的影响,被受众誉为"活台标"。因此,他们必须具备比一般广播电视从业人员更高、更全面的素养。

虽然后天因素非常重要,不过要成为一名优秀的节目主持人,同样需要具备一定的天赋条件,譬如五官端正、身材匀称、嗓音悦耳和性格开朗等。这是因为"爱美之心人皆有之",受众总会欣赏娓娓动听的声音、可爱的容颜。然而,天赋条件并不是决定一个节目主持人成败的唯一因素,有时甚至是次要因素。只有当这些外在条件与举止风度、人生阅历、文化素养、思想情操等融为一体,才能对受众产生长久的魅力。

《吉林日报》曾刊文批评有些节目主持人素质不高。文章说,有这样的顺口溜形容某些主持人:有话没话都要"聊",什么场合都要"笑",什么年龄都要"俏",不论男女都要"闹"。该文举例说,据对某电视台综艺节目的三次细心记录,女主持人无聊的调侃真不少,约占这台50分钟节目的近30%。有一次她与男主持人就一个地方性烹饪技艺的展示进行串词,先是聊自己小时候喜欢吃什么、怎么吃、露出怎样的吃相,然后询问男主持人小时候爱吃什么等,前后用了7分钟,而下面的正式节目才不到5分钟,让人看了以后莫名其妙。这种情况的出现正是反映了主持人文化素质不高,"肚里没货",以"无聊"的调侃掩饰,想造成幽默气氛,反而弄巧成拙,使人十分厌恶。可见主持人文化素质的高低直接影响着节目的质量,以及随之而来观众对节目的评价。

美国脱口秀主持人欧普拉·温弗瑞不仅有很高的文化素养,还有着许多坎坷的经历。奥普拉是个私生女,从出生到6岁一直是和外祖父居住在一起,之后才和母亲住在一起,9岁时被自己的亲戚强奸,14岁时便生下了一个男孩,可是不久之后这个孩子便夭折了。但是她没有被命运打倒,继续努力地学习、工作。在上高中时就是戏剧俱乐部、美国全国答辩联合会以及学生委员会的成员,并前往白宫参加会议。上大学时,在电台开始播报新闻,之后就一直从事主持的工作,并最终成为脱口秀节目的主持明星。她能够获得巨大的成功和她的经历是密不可分的,这使她在做节目时面对各种各样的问题都能够游刃有余地应对。她的《欧普拉秀》是美国收视率最高的节目之一。

广播电视主持人的职业素质主要有以下方面。

(一)要有认真忘我的工作态度和较高的政治思想水平

广播电视节目主持人工作是一项需要付出艰辛劳动的工作。中外许多优秀的节目主持人每天工作都在10小时以上,甚至放弃了家庭生活和天伦之乐,这是常人所难以想象的。例如,美国CBS著名节目《60分钟》的主持人迈克·华莱士(Mike Wallace)以88岁高龄一直工作到2006年才宣布退休,由于工作繁忙导致疾病缠身,但是华莱士晚年在多次心脏手术期间仍然每天坚持工作。

广播电视节目是为受众服务的,主持人必须始终贴近受众,做受众的朋友,全心全意为受众服务。这就要求主持人具备强烈的事业心和责任感,只有长年累月、持之以恒做下去,才能赢得受众的肯定和喜爱。

山东电视台1999年春节晚会有一项很重要的内容,就是采访抗洪英雄的母亲,这也是整台晚会的高潮和煽情点。这位母亲既是一位英雄的妈妈,也是一位沂蒙山的女儿。采访是在老人家里进行的。晚会主持人李敏曾说:"采访前我有意识地避开节目,像女儿与妈妈拉家常一样与老人做了许多沟通和交流,拉近了自己与老人的距离,以至于在后面的采访中,老人真的把我当成了自己的亲闺女,我也把老人当成了自己的亲妈妈。说到动情处,'母女'二人都泪流满面,她用妈妈慈爱的手为我擦去泪水,我用女儿对妈妈无限的爱恋,帮她撩起挡在眼前的一绺白发……采访一气呵成。情真意切,非常成功,播出后也打动了万千观众的心。"①

---

① 李敏:《谈主持人与观众的心灵沟通》,《青年记者》,2006年第18期,第78-79页。

节目主持人是节目的代表,也是党、政府和人民的喉舌。因此,节目主持人,特别是新闻节目和专题节目的主持人,应具备一定的思想水平,要有较强的政治思想分析能力和敏锐的洞察力,善于理解党的方针政策和工作部署,善于体察人民群众的情绪和要求;应制订相应的报道计划和栏目选题;选择具有新闻价值和宣传价值的素材,制成高质量的节目奉献给受众。主持人的思想水平和与之相关的社会实践知识,决定了主持人对报道素材的判断和选择正确与否,这直接关系到节目安排的科学性和表达的准确性,关系到节目的收听收视率。

(二)了解"采编播一体化"趋势下的媒体各项工作

随着市场竞争的加剧,受众对节目主持人的要求也越来越高,但限于精力和时间限制,让所有主持人身兼采、编、播数职很不现实。因此,最有效的路径,就是节目主持人应懂得和熟悉广播电视节目的各个环节,同时积极地参与节目的策划、采编、制作等工作,而不仅仅局限在演播、导演阶段。一般来说,主持节目质量的高低是和参与节目制作的深浅程度成正比的。节目主持人应当熟悉节目前期、后期工作的各个环节,既能深入实际采访,又能依据报道要求和节目特点写出报道文稿、串联词,还能协调各个工种完成录制任务,或组织采访对象较准确地完成节目制作。节目主持人只有熟悉广播电视节目的全部业务,才能获得节目的发言权与主动权,也才能准确理解和安排节目的次序与全部内容,做到得心应手、自然流畅,真正成为节目的"灵魂"。

(三)博闻强识,拥有宽广的知识面

广播电视节目的内容十分庞大复杂,可以说五花八门、无所不包,涉及古今中外、天文地理、文史科技和经济法律等。节目主持人只有掌握了广博的知识,才能够具有驾驭节目的信心和能力。我们耳闻目睹的许多节目主持人,在主持节目时口若悬河、妙语连珠,在采访时言谈得体、驾轻就熟,这些都与他们自身广博的知识与非凡的智慧分不开。

从世界上著名主持人身上我们不难看出,作为节目主持人,最重要的一点,就是他们必须勤奋努力,使自己成为博闻多识、学有专长的专家,对所主持的节目,具备系统、广泛、渊博的知识或丰富的实践经验。这样,主持人就能在各种复杂的现场,应付各种棘手的问题。节目主持人的知识面要宽广,要成为一个"杂家",同时也应学有所长,特别是对自己所主持节目的专业内容有着较为深厚的知识功底和更多的研究。在宇航员阿姆斯特朗和奥尔德林实施登月计划期间,CBS连续报道了30个小时。主持人克朗凯特对航天科学知识的熟悉使他对复杂的技术原理做了深入浅出、通俗易懂、生动有趣的解释,他滔滔不绝、精彩绝伦的直播报道,不但倾倒了众多美国观众,也吸引了全世界几亿双眼睛。

(四)拥有杰出的语言表达和现场应变能力

语言表达能力是节目主持人的基础本领,因为主持人的职业特点就是通过口头语言来组织、串联节目,与受众进行沟通和交流。主持人不仅要会讲纯正的普通话,口齿清晰,还要讲得亲切自然、形象生动、逻辑性强。主持人语言表达能力的强弱直接决定节目传播效果的好坏。世界上一些著名的新闻节目主持人,无不具有出众的口才,他们口齿伶俐,善于表达。语言表达也是构成节目主持人个人魅力的重要因素。主持人的口语表达风格一定要符合节目特定的需求;脱离了节目的性质、内容和形式,单纯追求技巧则是舍本逐末。因而,主持人在语言表达技巧的运用上,应注意避免某些"通病",譬如,盲目地使用日常口语、啰啰唆唆、拿腔作调,或者是夸张过大、一味煽情。

广播电视节目主持人主持节目,无论是现场报道,还是在演播厅串联节目,情况千变万化,很难预料某些想不到的变故,这就要求节目主持人必须具备随机应变、迅速正确处理突发事件或事态的能力。东方卫视主持人袁鸣有一次在海南主持庆祝狮子楼京剧团建团庆典时,望文生义,把一位南新燕先生误说成了"南小姐",当这位南新燕先生走上舞台时,台下嘘声一片。可急中生智的袁鸣赶忙说道:"哎呀,非常抱歉,我望文生义了。不过您的名字让我想起了一首古诗:'旧时王谢堂前燕,飞入寻常百姓家。'这可真是一幅充满诗意的美妙图画啊!同样,国粹京剧作为宫廷艺术,一直盛演于北方,如今随着狮子楼京剧团的成立,古老的京剧艺术也首次飞过了琼州海峡,到海南落户,这不也是一幅美妙的图画吗?"袁鸣的这段话犹如迎面掠过的一丝和煦的春风,犹如眼前流过的一条跳动的小溪,给观众带来的是一种美的享受和理的启迪,令人拍案叫绝。主持人的精彩话语,使人们忘记了先前的尴尬局面,而是沉浸在她所临场勾画的美景中。

(五)全方位良好的生理和心理素质

传统意义上把广播电视节目工作人员定位为脑力劳动者、"白领",其实媒体从业人员的工作,特别是节目主持人的工作,是繁忙艰苦的脑力和体力劳动的结合,既烦琐又庞杂,没有健康强壮的体魄、稳定健康的心理素质,是难以长期坚持下去的。节目主持人尤其要重视心理素质的培养,这样才能在工作时保持良好的精神状态,唤起镜头前良好的自我感觉,保证在情感上与观众的自然交流,适当运用各种体态语言,体现出高尚的格调。

杨澜曾担任一场文艺晚会的主持人,上场的时候踩空了台阶,滚落到台下。顿时观众哗然,有的观众还吹起了口哨。然而,杨澜镇定自若,重新上台后说道:"真是人有失足、马有失蹄啊,我刚才的'狮子滚绣球'滚得还不够熟练吧?看来这次演出的台阶不那么好下啊,但台上的节目会很精彩。不信你们瞧他们。"

登台亮相时的马失前蹄可以说是主持人遭遇的最大尴尬,因为意外摔倒带给观众的滑稽感觉破坏了晚会的演出气氛,也有损主持人的公众形象。然而杨澜利用风趣机智幽默的话语巧妙地摆脱了困境。她并没有刻意回避尴尬,也没有故作镇定,随意地转移话题,而是顺其自然地表达心声,利用一句俗语"人有失足、马有失蹄"道出了当时的内心感受。在这种意外发生的时候,也只有表达自己的真实感受,才更有利于稳定情绪,不会弄巧成拙,扩散危机。紧接着一句"狮子滚绣球"的幽默自嘲,化解了观众中的部分不良反应。最后利用台下和台上的关联,顺势引出精彩节目,把观众注意力转移到节目中来。杨澜的精彩应变,不得不让我们叫绝。

三、电视出镜记者的职业素质和基本要求

广播电视播音员、主持人和出镜记者在职业素养、政治思想修养、专业技能等方面有共同的要求,但电视出镜采访报道有它的特殊规律与工作方法。所以,电视出镜记者还必须具备一些特殊的条件。

(一)电视出镜记者在新闻现场要做到反应灵敏和目光尖锐

如果说笔是作家手中最有力的武器,那么眼睛就是电视出镜记者最锐利的武器。对于电视出镜记者来说,要在现场做出镜采访报道,那就更是一刻也离不开用眼睛去获得真实的材料。只有观察得深,观察得细,才能讲得精彩,所以敏锐的观察力对电视出镜记者来说显得格外重要。例如,不法商家乱涨价牟利是老百姓深恶痛绝的问题。为此国家出台了法律法规,明确地禁止和限制这些行为。当一些不法商家为形势所迫涨价不成的时候,他们唯利是图的欲望、思路、手法就朝着与涨价相反的方向转化,即乱降价。根据这个思路,《焦点访谈》记者捕捉到了某市三个牛奶生产企业恶意竞争的选题。记者找到了该市物价局负责人和有关专家学者,他们的观点是乱降价看起来对消费者有利,实质有潜在危害:一是乱降价最终导致少数企业垄断市场,垄断的结果是乱涨价;二是在竞争中互相压价,在低于成本之后,会导致牛奶浓度的降低,这一点一些精明的顾客早就看出来了。所以节目播出后,反响较好。

(二)电视出镜记者要有流畅准确的现场语言表达能力

电视记者出镜报道与广播记者的要求一样,必须在事发现场口头描述。他没有反复推敲字句的机会,新闻事实是稍纵即逝的,必须及时把握。这要求记者具有敏锐的反应能力、较强的口头表达能力,应该做到口齿清晰,语言流畅,表达准确,应该尽可能使用标准的普通话,让观众能够听得更加明白。电视出镜记者的提问能力也很重要。电视出镜记者在采访当中的角色是一个问询者、探询者,提问几乎就是采访的实质。在西方的新闻学理论里,提问是采访最核心的内容,掌握提问的技巧被看作一个记者最重要的业务能力。因此,培养自己洞察问题、提出问题的能力,是保障成功采访的关键。

(三)电视出镜记者要重视荧屏形象

与一般记者相比,电视出镜记者的不同点在于将自身形象展现于观众面前,因此形象问题一直是电视出镜记者重点关注的,穿着一定要大方得体,语言及外在气质一定要好。最为关键的就是亲和力,在报道的过程中一定要让观众有拉近距离的感觉。记者现场出镜,要注意发型与着装,要与现场相协调。不可浓妆艳抹,首饰不可过多,可以穿单位准备的衣服或者着工装、户外服出镜。

四、全媒体环境下广播电视界面人物的转型与发展

2004年前后,新浪视频、搜狐视频、腾讯视频等门户网站相继推出网络视频栏目,并在互联网用户中积聚了一定的影响力。从2007年搜狐视频上线的脱口秀节目《大鹏嘚吧嘚》开始,随着传统广播电视媒体与新媒体融合加速,尤其是互联网及移动互联网的急速发展,门户网站

网络视频节目的社会影响力日益增强,演员、学者、广播电视节目主持人等纷纷跻身网络视频节目主持人行列。

近年来,以抖音、快手为代表的一批基于手机应用程序出现的平台,改变了传统广播电视界面人物的工作方式,特别是广播电视节目主持人的业态环境。网络视频节目主持人以既不同于网络主播,也不同于广播电视节目主持人的样态出现在网络传播平台上,他们仍是链接传受关系的界面人物,但话语角色、传播环境和传播策略都网络化了,在语言上体现出强烈的传播愿望和融合意识。需要说明的是,网络主播作为完全基于网络平台的角色,虽然陆续有越来越多的传统广播电视节目主持人加入这一行列,但由于本书基于广播电视平台而讨论,此处界面人物对象仅限定为依托主流网站制作播出的,具有一定点击率和较大社会影响力的网络视频节目主持人。

网络视频节目主持人大致可以分为两类:一类是跨界的,他们曾经或正在担任传统媒体的主持人,也在网站原创视频节目中担任主持人,如《奇葩说》中的马东、《看理想》中的梁文道、马世芳,《大鹏嘚吧嘚》中的董成鹏;另一类是只在网站原创视频节目中担任主持人,如《晓说》中的高晓松、《罗辑思维》中的罗振宇,以及以亚米、林虹为代表的糗事百科综艺脱口秀《小鸡炖蘑菇》的青年网络视频主持人群体等[1]。

2012年,伴随网络视频节目的发展,学界开始关注研究网络视频节目主持人。其中,姚喜双、李桃将其定义为:"在由网站制作的原创视频节目中,以个体行为出现,代表着群体观念,以有声语言为主干引导节目进程,直接面对网民,进行具有人际传播特性的大众传播的人。"[2] 晁代新对网络视频节目主持人的定义是:"无论基于传统媒体平台,还是新媒体平台,能够以新媒体用户为传播对象,适应新媒体文化环境下的思维方式,采取带有新媒体特征的主持方式,主持视听节目的人。"[3] 以研究对象为"形成比较成熟的主持风格、拥有相当数量受众的网络视频主持人"这一点而言,我们更认同前一个定义。

2010年开始,随着微博、微信平台的出现,网络视频主持人出现了"专业化"趋势。这一批网络视频主持人主要是汽车、服装、化妆品、旅游、体育产品等方面的意见领袖,他们深入讲解某个专业类别的知识,并充当导购角色。与此同时,传统广播电视媒体也在积极探索,打造一些专业频道,但由于传统媒体成本高、包袱重,大部分专业频道一直难以取得较大盈利。在电视节目主持领域,头部效应越来越明显。央视新闻评论员、知名卫视节目主持人,依然有很高的传播力,但在传统媒体格局中相对下游的地方台主持人,其传播力正在不断萎缩。这种"头部效应",同样存在于传统媒体和新媒体主持人中[4],这一点反映出不同媒体类型之间问题存在的同构性。

---

[1] 裴哲:《新媒体时代网络视频节目主持人的角色与语用共变》,《北华大学学报(社会科学版)》,2016年第5期,第16—19页。
[2] 姚喜双:《新媒体时代广播电视语言研究》,语文出版社,2013年版,第12页。
[3] 姚喜双:《新媒体时代广播电视语言研究》,语文出版社,2013年版,第13页。
[4] 黄佳殷:《圈层传播时代媒体界面人物生存空间探析》,《新闻传播》,2019年第9期,第67—68页。

推荐阅读

1. 陈虹:《节目主持人传播》,复旦大学出版社,2007年版。
2. 白岩松:《白岩松:行走在爱与恨之间》,北京联合出版公司,2014年版。
3. 邓旭:《浅析电视谈话类节目中主持人应具备的能力》,《传媒》,2022年第12期,第66-68页。
4. 韩瑞聪:《基于媒介情境论的播音员主持人角色转换与转型研究》,《中国广播》,2022年第2期,第46-49页。
5. 吴倩:《人民广播历史上十大女播音员研究》,《中国广播电视学刊》,2022年第5期,第85-87页。
6. 杨淞麟:《融媒体环境下网络传播对主持人话语转型的影响分析》,《当代电视》,2022年第6期,第91-95页。
7. 张睿:《融媒视阈下广播访谈节目主持人的能力重构》,《中国广播电视学刊》,2022年第7期,第94-96页。
8. 赵小钦:《电视播音员主持人形象设计与造型》(第二版),中国传媒大学出版社,2020年版。
9. 凯利·莱特尔、朱利安·哈里斯、斯坦利·约翰逊:《全能记者必备:新闻采集、写作和编辑的基本技能》(第七版),宋铁军译,中国人民大学出版社,2010年版。
10. 罗伊·J.小哈里斯:《记者与真相:普利策金奖的故事》,贾宗谊、程克雄译,新华出版社,2011年版。

思考题

1. 播音员在节目中发挥的作用有哪些?
2. 节目主持人与播音员的主要区别是什么?
3. 节目主持人在节目中有怎样的作用?
4. 广播电视记者出镜的注意事项有哪些?
5. 节目主持人的素养有哪些方面?

第五章

广播电视新闻采编论：从采访选题到节目编辑

第一节　广播电视采访

一、广播采访

采访是广播节目制作中最基础的一环。记者通过采访，获得相关素材，搜集有关背景，厘清报道思路，深入把握事物的意义、内涵和发展趋势。广播记者应熟练掌握采访的规律和技能，遵循广播媒介特殊的传播规律和特点，不断提高政治业务素质，提高采访能力和技巧。

（一）广播记者完成采访任务应具备的能力

第一，要有一次性完成采访或录音的能力。文字报道记者的采访可以反复多次，发现材料不够或不明白的地方还可以补充采访。广播是有声语言，有人物情感，有现实的场景，不能摆布采访对象，更不能作假、导演，且只能一次性完成，因此需要记者具备边观察、边访问、边报道、边录音的业务素质。这就需要记者在平时多积累、多演练，当然也需要进行报道策划、报道思想提炼并熟悉报道环境，还要对采访对象进行先期了解。

第二，要有出口成章的能力。广播记者的工作特点是"出声的"，这就不仅要求记者文字功夫要好，还要有一定的语言功底，要有较好的嗓音和普通话水平，这些都需要日常的培训和锻炼。广播记者要能够驾驭听觉传播的特点和规律，提高现场报道的质量。

第三，要具备良好的应变能力和心理素质。广播记者一般都会参与到事件发展过程之中，甚至由于记者参与可能会影响事件原有的进程。特别是现场报道，记者采访与之同步进行，新闻事件的进展还具有不确定性，往往准备时间仓促，情况变化突然，这些都要求记者有较敏捷的反应和处变不惊的心理状态。

第四，要有适应话筒的能力。广播记者采访的工具就是话筒，因此需要记者掌握音响器材的运用规律，这包括话筒的摆放位置、音量大小、音质调整、音响素材的选择和处理。广播记者不仅要从报道内容上选择和识别，还要从听觉上把握音响素材，注意采集现场的典型音响，使人产生如临其境的联想和感受。随着电子技术的进步，现在电话连线报道也成为广播采访的主要形式，广播记者还要善于掌握电话采访、电话报道的技能。

第五，要有相当的社交能力。记者是社会工作者，因此要有与人打交道的本领。大千世界千变万化，记者的活动范围几乎涉及各个领域，要善于选择新的报道题材，也要善于与不同的采访对象共同完成采访报道。优秀的记者往往能在短时间内熟悉采访环境、采访对象，善于搜集和运用多方面的有关资料，广泛开拓采访渠道。

广播记者还要具备与同行既竞争又合作的能力，采访资源是共享的，很难独家垄断。因此，广播记者之间、广播记者与报纸记者和电视记者之间，应该是协作关系，应注重配合，同时又是竞争关系。只有协作和竞争相互平衡，才能促进行业良性发展。能够与人和谐共事是记者道德修养的体现，也是优秀广播记者的工作需要。

(二)采访前准备的具体内容

采访前充分准备,是采访成功的关键。广播记者的现场采访往往是边观察、边访问,同时进行录音或直播。即使是一些时效性不那么强的录音专访也不能反复录音或事后补录。言为心声,多次录音或事后补录,很难有激情再现。广播记者的采访往往是一次性的,因此,采访前的准备,包括对整个报道的策划是否充分,直接影响报道的最终效果。

其一,政策思想准备。记者采访之前一定要学习和掌握有关的方针、政策、法律、法规,了解各级领导部门在执行政策时的具体规定,明确宣传口径,同时也要了解人民群众对有关问题的意见、反映和要求。报道领域应该是人民群众迫切需要了解的党和政府正在开展的工作范围。这样,报道才能紧密配合党的中心工作,有针对性,让听众满意。

其二,相关情况事先准备。在具体报道之前,对所涉及的地区、行业、部门或人物情况要尽可能多地掌握。有了全局的准备,才能确定在什么时机、什么场合、采用什么样的报道方式比较合适,做到有的放矢,使报道有针对性。

其三,必要的知识准备。对采访范围内的有关业务知识应尽量懂得多一些、广一些、深一些,知识越多,越能同采访对象沟通顺畅,有共同语言,才能把问题问到点子上。

其四,资料准备。记者在出发之前,还要注意积累与这次采访有关的历史和现实资料。对于准备采访的单位或人物,如果过去有报道,那就需要看一看报道到何种程度,还有哪些侧面需要继续研究,可选择一个新的主题或角度。对于采访对象,还要针对性地了解其大致经历、主要成就、爱好志趣、性格特征等,记者对采访对象的了解越多越充分,采访时的共同语言就越多。

其五,情景模拟。在可能情况下,记者在采访之前还可以想象一下可能出现的情景,并设想一下在这种情况下如何采访。在情景模拟中,会发现采访时可能出现的人物、事件、情节、场面、景物、情绪。在这种模拟中,可以厘清头绪,怎样开始?可能有哪些情况出现?要询问哪些问题?注意什么事项?设身处地、触景生情。当然,在采访中还要依据实际情况而变化,模拟不是预演,实际上很多采访过程是需要修改甚至推翻原先准备的。

其六,积极的心理准备。要充分估计到实际采访中可能遇到的问题和困难,设计多种对策和方案。很可能遇到种种阻挠,因此记者要有心理准备。记者要善于创造良好的谈话氛围,善于为采访对象解除心理负担。

其七,制订切实可行的采访计划或采访大纲。包括采访路线、时间、内容、地点、人物等的大致安排,尽可能详尽可行。当然实际采访时各方面的情况都会变化,在采访准备时也要将可能发生变化的情况考虑在内,制订相应的预案。

其八,做好广播采访所需的物质准备。广播记者靠录音设备进行采访,所以,在采访前要仔细检查录音机和话筒使用是否正常、电池是否够用等。有些记者在物质上的疏忽,往往造成采访被动甚至失败,这方面的教训不胜枚举。

(三)广播采访的目的

记者采访的目的是传播信息、交流信息、沟通社会。

记者的采访是与人打交道的社会活动,并不是私人交往,记者所代表的是其所属的电台,与之打交道的采访对象也不仅仅代表个人,而是作为某一社会现象的代表。记者进行采访不是为个人,而是为社会,并期待能够在社会上产生一定的影响。

(四)广播采访的方法

记者采访的基本方法是访问、观察、体验、研究资料。

访问是以交谈或提问的方式来获得事实的采访方法。

观察是记者亲临现场,目睹事件的发生、发展或结果,是取得第一手材料的途径。

体验是记者感受事物的方法,可以产生最直接的、切身的体会。

研究资料也是采访活动的一个组成部分,它是采访的入手点,也是采访能够顺利进行的必要条件。

(五)广播采访的特殊要求

对于广播记者而言,还必须掌握广播特有的一些采访手段。

第一,现代化的采集手段。广播具有快捷及时的优势,离不开现代化的采集手段。传统的录音机可以做到逼真,数字录音机更可以做到高保真录制。无线通信网络、卫星电话可以使广播记者实现同步现场直播。数字化后期制作大大简化了广播节目的生产程序。这些都是广播记者必须掌握的技术手段。另外,随着移动互联技术快速发展,各种突发事件的第一手消息几乎都来自网络自媒体,现场"观众"或当事人常常成为消息的首发者。广播记者必须利用互联网及其通信产品革新广播采访流程,充分发挥互联网的工具属性,为我所用,最大限度提高广播节目的丰富性和生产效率。

第二,独有的采访形式。广播记者是出声的,因此对记者的口头表达能力有特别的要求。广播记者不仅直接面对采访对象,同时也直接面对听众,因此必须营造广播的现场环境。

第三,以情带声,以声传情。广播记者应该具有一定的播音技巧,停连、重音、语气、节奏要符合播出的标准,口齿清楚、语流通畅,能够自如地表达情感,并能以自己的播出状态影响采访对象。

第四,强烈的播出意识。广播记者采访的最终目的是为听众服务,因此心中必须有听众,即使是同采访对象交谈时也要对听众有所呼应,有所交代。对采访的环境、当时的情况,也要向听众交代清楚。如果是录音报道,还要考虑后期制作如何处理。有些音响是一次性的,考虑不周是无法弥补的。

二、电视采访

(一)电视采访的含义

电视采访作为新闻采访的一种形式,其定义可以概括为:电视新闻工作者利用一切可利用资源和电视技术手段,为进行电视报道而做的素材采集活动。电视采访是电视记者认识客观事物、采集发掘事实与信息的调查研究活动。

电视采访需要遵循采访活动的基本规律并运用基本的方法,将事实材料转化为画面、声音、文字,以流动的画面和声音进行传播,诉诸观众的听觉和视觉感官。电视采访最大特点是镜前采访。这种直接展现在电视屏幕上的采访发挥了电视媒介的独特优势,将记者的采访由单一的采集手段拓展为一种表现手法、一种结构方式、一种节目形态。需要说明的是,电视记者镜前采访的成功,同样也离不开前期准备工作,包括静态采访的准备工作和到事件现场的调查研究。

(二)电视采访的个性特点

电视采访的个性特点,不能脱离电视媒体自身的特质。电视能够在诸种传播媒介中后来居上,在于它展现了一个活生生的"声像世界",而电视采访的个性特点也就在于此。

1. 采集手段

电视记者离开现代化电子采集手段就无法将活动图像素材"记录""再现"。电视同步报道更需要配备一套系统的采集传送设备。作为电视记者,必须掌握现代化电子采集技术手段,并熟知与之相配套的各个技术环节,否则无法开展采访工作。

2. 采访形式

屏幕上用特定背景做衬托的采访是电视采访的独特形式,也是它同其他传播媒介采访形式的最大区别之一。由于有特定背景做衬托,电视采访不但能够传达信息,而且能够传达印象。为此,在进行电视采访时相比广播采访必须要考虑更多的问题。

第一,电视采访要能够捕捉"感觉",并能在现场氛围中引出信息。观众通过屏幕可以看见并感觉到某人在回答问题时的神情,这些神情有时比语言还能说明问题。观众也可以从采访现场的展现过程中,获得许多从属信息。第二,电视采访必须给人以不紧张、事先没有摆布的印象。第三,电视采访以人的活动为主体,记者必须能够在大庭广众的现场环境中同人打交道,同时要以快速采访、提问、交谈的技巧,在几分钟内得到通常要花几个小时才能得到的东西。第四,电视采访不允许使用深奥难懂的语言做口头叙述或采访提问,这样会与观众产生距离。但这并非意味着电视采访是浅显、初级的,电视采访应是简洁、通俗、易于理解的。第五,电视采访要设法创造一种和谐的气氛,同时要注意采访的态度、举止乃至服饰。因为观众在检验着记者的一举一动,可以从记者在屏幕前频繁露面的过程中逐渐了解记者的主张、思想、能力、个性。

3. 思维方式

电视采访要运用连续画面的形象思维方式来构思报道。自从电视问世以来,就已经用"画面思维"打破了人类沿袭已久的"文字思维"模式。作为电视记者,必须在采访过程中强化屏幕意识。屏幕意识是记者具有的符合电视表现特点的感觉、认知、思考体现过程的总和。记者要去捕捉有价值、有特色的形象画面,而不能仅仅记录一些毫无特色的画面。要真正调动视觉语言的力量,那就必须发展形象思维能力。采访过程中,记者要迅速判断哪些东西要用画面表现,哪些东西要用文字说明和补充。在电视中,主要用画面来表现,文字处于从属地位,电视采访要学会"画面说话"和"画面叙事"。

4. 表现元素

电视是声像结合、视听兼备、最具综合表现特色的传播媒介。电视采访必须在采访过程中考虑如何运用各种表现元素,增强报道感染力。具体讲,电视的表现元素包含画面、声音、文字。画面包含现场环境、背景画面、人物活动及静止图像、图表等;声音包含解说、旁白、音乐、人物采访同期声等;文字包含片头字幕、标题、内容提示、人物身份交代、时间地点说明、重要引语、评述等。电视记者在采访时若不对多种表现元素做通盘考虑,到编辑时就会无从下手。

5. 分工协作

从整体上看,电视采访是一种协同工作的方式,采访的结果绝非个人的杰作。一般而言,电视采访小组大多由记者、摄像师、灯光师组成;特别的电视采访报道班底,也大多由制片人、编导、主持人、记者、编辑、摄像师、灯光师、音响师以及传送技术人员组成。电视采访少则几个人合作,多则几十个人合作。这种协同工作的方式要求记者,既要坚守自己的岗位,又要了解其他工种,大家协调一致高效合作[1]。

(三)电视采访选题的确定

确定采访选题是整个采访活动的重点环节,是采访的中心工作。确定采访选题的意义有两个方面:在微观方面,它既能够明确采访活动的方向,又有助于采访活动的顺利开展;在宏观方面,由于事实是无限的,它既要进行主题选择,又要因为事件的复杂性,必须选择采访角度。确定采访选题,首先要优先考虑事物明显的特征,并确定采访题目。其次,要从一个"典型"的事件中考虑和确定题目。最后,要从最好的采访角度,考虑需要选取的事实,进而确定题目。

对于电视记者而言,着手采访之前,要做好深度挖掘选题工作,这就需要从以下几方面入手。第一,对于突发事件的选题,要考虑如何解释它的意义,在注重时效的同时,考虑突发事件的前因和后果,深入挖掘其内在原因,预测突发事件的发展方向。第二,要认真分析选题的背景,要改变只报道开始和结果,忽视背景致使内容平淡无深度的现象。要从如何深化报道内容,启发人们深层次思考的方面着手。第三,要在挖掘典型案例上下功夫,深入挖掘典型事件或人物的深层次因素。第四,对于问题的报道要考虑如何探讨和指导。选题要从重大原则问题出发,从迫切需要解决的社会问题出发,从重大的事件中选择,抓住社会热门话题。

(四)电视采访的具体形式

归纳起来,常用的具体方式大致有如下若干种:等候采访、跟踪采访、即席采访、同步采访、

---

[1] 肯·梅茨勒:《创造性的采访》,李丽颖译,中国人民大学出版社,2010年版,第96页。

调查采访、书面采访、预约采访、联合采访。具体采访方式的运用往往是由一种过渡到另一种，是几种方式交替发挥作用的。

1. 等候采访

等候采访，即记者预知或预测即将有新闻发生，提前到特定场所等待采访。表面上看，等候采访似乎是一种简单的方式，其实不然。记者经常在烈日下，严寒下，风吹雨打下，不分昼夜地等候新闻人物的出现和新闻事件的发生。然而，有时预定的时间可能会变动，地点可能会更换，记者所做的一切准备都须重新调整。一旦新闻发生，众多记者蜂拥而上，新闻人物来也匆匆、去也匆匆，特定现场稍纵即逝……这一切都给等候采访带来了极大的困难，同时也提出了较高的要求。

首先，记者要磨练非同一般的耐性，不但要有耐心，还要有恒心。许多难以得到的新闻，是在会议室之外、门口台阶之上，或者是在某个能够观察到事态发展的角落里得到的。

其次，事先选择好拍摄位置和确定好采访线路。

再次，抓住一切能够接近重要新闻人物和进入特别现场的机会，抢先采拍。

电视记者在等候采访中，不但要有"守株待兔"的精神，而且还要能眼观六路、耳听八方。通常，等候采访在下述四种情况下进行。

第一种情况是：事先预知必有新闻发生。

第二种情况是：预测可能有新闻即将发生。

第三种情况是：预知新闻发生时间突然变化。

第四种情况是：新闻人物出现在特殊场合。

2. 跟踪采访

跟踪采访，就是跟随新闻事件的发展进程，对采访对象穷追不舍，或尾随采访。通常，跟踪采访在以下四种情形下进行。

①持续一定时间的新闻事件；

②游动性的群体活动；

③新闻人物或首脑多地点换场所活动；

④范围广、头绪多的复杂事件。

跟踪采访是常用的采访形式，特殊情况下，是唯一有效的方式。跟踪采访往往节奏快，记者要马不停蹄地进入运动状态。在日常采访中，持续一定时间的新闻事件、流动性的群体活动、新闻人物多地点的活动、范围广的复杂事件等采访任务，大都需要采取跟踪采访方式。记者要抓住不断延伸的线索，适应不断变化的环境。只有不辞劳苦、急中生智、动作敏捷，才能追踪到有价值的新闻。

3. 即席采访

即席采访多用于新闻发布会、记者招待会的采访。在电视报道中，即席采访已成为最富吸引力的电视报道方式之一。在某种程度上，即席采访是高档次的采访，其难度就在"即席"二字上,可以说,即席采访是对记者洞察力、判断力、反应能力、口头表达能力的综合检验。同时,即席采访也是观众检验记者提问水平的"透明窗口"。记者若要在强手如林的记者团中占有一席之地,就要练就即席采访的本领。

即席采访要注意以下几个问题。

其一,直截了当,将问题一次提出。

其二,一次最多提2~3个问题。

其三,借助别人提问充实自己报道。

其四,随机应变、临场发挥。

4. 同步采访

严格意义上的同步采访,是指记者始终置身于新闻事件的现场,摄像机以记者的采访视线为转移,报道以记者在现场出面采访为主线。如《望长城》等纪录片,就是以主持人从头至尾的采访活动为全片的主体线索。

同步采访,在时空上同事件的发展相一致,但不一定在报道传播环节上也达到同步化。一般而言,同步报道应该是事件发生、采访、报道、传播、接收同步化。同步采访则可以兼而有之,既可以在同步报道中发挥作用,也可以先采访,然后制作再播出。同步采访要求记者具有较强的观察能力和口头表达能力。记者在现场需要观察、叙述、访问、倾听,还要在现场流动采访。作为电视记者,掌握同步采访的技能是起码要求,也是最高要求之一。同步采访对记者来说是一个难度较大的技巧。除了作为一个记者应该必备的判断、观察等能力以外,还有其独特的要求。

①必须要有出众的口才,这是同步采访必备的条件之一。

②形成富有个性的报道风格,这是同步采访对记者的又一特殊要求。

5. 调查采访

严格意义上的调查采访特指披露事件真相和内幕的采访。调查采访是伴随着调查性报道应运而生的。美国资深电视记者、大众传播学教授泰德·怀特(Ted White)认为:"调查性报道,是对某人或某集团力图保密的问题的报道,报道的事实必须是你自己发掘出来的。"[1]调查采访的目的在于披露被隐藏起来的情况,其题材相当广泛,涉及人类活动的许多方面。调查采访往往能够得到公众的称道,提高传播媒介的声誉。但由于它存在很大的障碍,有时会采取匿名方式进行。调查采访适用于复杂事件或处于发展阶段的争议较大的事件。记者调查采访到大量素材,最后要得出结论,结论可以用事实说话,也可以用自己的理性思维推导。怎样下结论,要凭记者的判断能力。一般而言,调查采访能对一些颠倒的事实予以纠正,对模糊不清的复杂情况梳理出头绪,其结果往往能对政策制定提供有效依据。

---

[1] 泰德·怀特、弗兰克·巴纳斯:《广播电视新闻写作、报道与制作》,黄雅堃译,清华大学出版社,2013年版,第294页。

6. 书面采访

书面采访是记者以书信形式将问题写下来,寄给或面交采访对象,然后根据对方的回信或面谈进行报道。书面采访是伴随着职业记者产生而出现的较早的采访方式,今天仍然在沿用。

书面采访的形式有以下三种。

其一,是以书面形式将问题写下来,送交被访问者,待被访问者阅后再进行面谈。

其二,是以书面通信方式,将采访报道意图、要提的问题写下来寄给被采者。

其三,是以填写调查表格的方式进行书面调查采访,根据调查数据和结果进行报道,或在报道中予以引用。

书面采访既有简单易行的一面,又有保险系数不大的一面,有可能得不到答复。为此,进行书面采访时要注意下列一些问题。

①说明采访意图;交代清楚自己的身份;告诉对方其回答会起什么作用,以引起对方的重视;写信之前对采访对象做必要了解。

②问题要言简意赅;问题与问题之间应留有空白,供对方填写回答之用。

③给对方一个答复日期,但不能硬性规定,而要以商量口气定一个期限。

④写清对方和自己的地址以免误投,同时随信附上贴有邮票和地址的信封,供对方回信使用。

⑤如有问题需要面谈,请对方及时联系,联系方法必须注明。

7. 预约采访

预约采访是随着新闻行业竞争日趋激烈而出现的一种采访方式。目前,预约采访在西方电视界已成为一种不可或缺的采访形式。预约采访的任务,是设法找到与新闻事件有联系的、适合上电视发表意见的人物。同时还要撰写人物简历、进行事先预约、观察对方态度、判断对方能够发表什么样的意见,以及达到什么样的效果。此外,还要负责安排交通工具以及在指定地点迎接预约客人等。

这一切都是在分秒必争的情况下进行,只有机智敏捷、擅长交际、不辞辛苦的人才能胜任。预约采访主要适用于电视讨论、辩论节目以及重大事件的反应性报道和人物专访节目。

8. 联合采访

联合采访是两个及两个以上新闻机构合作,对重大报道或特别题材进行采访。

从我国电视联合采访历史及现状看,这种方式越来越普遍。从1979年中日联合采拍、制作《丝绸之路》开始,国际上的联合采访始终没有中断。中央与地方、地方与地方之间的联合则更为普遍。

联合采访要求记者对各方的工作方式、采访意图等都了如指掌,这样才能合作默契。联合采访可以相互取长补短、共享信息、集思广益,并多快好省地完成任务。联合采访能够从各个不同角度来共同报道一个事件,可以避免漏掉有价值的新闻事实。联合采访要求记者有合作精神,共同使用材料,发挥集体智慧,不能搞消息封锁。现在联合采访成为一些重大事件采访的有效形式。

(五)电视采访的技术手段

在某种程度上,电视采访技能的提高依赖于现代技术的开发利用。以现实和发展的眼光看,电视记者应该掌握以下九种主要采访技术手段:电话采访、话筒采访、录音采访、航空采访、磁带采访、演播室采访、摄录一体采访、卫星电视采访、融媒体采访。

1. 电话采访

电话采访是跨越空间距离的采访技术手段。电话采访不仅是记者联络预约、获取线索、传递信息、核实补充采访的有效手段,而且还是一种引入屏幕的颇具吸引力的报道方式。

电话采访具有的优势如下:①跨越空间;②节省时间;③补充扩展。

然而,电话采访也存有一定的局限和不足:①易造成听觉上的误差;②获得材料有限;③缺少形象画面。

电话采访具有的下述基本规则必须注意遵循:①交代身份、讲明意图;②准确记录、核实要点;③提问简洁、语气平和;④录音要得到对方同意;⑤致谢与回音。

2. 话筒采访

话筒采访是电视采访的"常规"技术手段,称职的电视记者应该熟练掌握话筒采访技术。

第一,必须熟悉话筒的特性,以及各种话筒所具有的性能。

第二,必须能够选择合适的话筒,选择合适的话筒可以产生理想的效果。

第三,必须能够熟练地使用话筒。

3. 录音采访

录音采访是随着录音机日趋小型化而日渐流行的现代采访手段。电视报道采用的是摄录系统的同期声,因而使用录音采访的目的不是播放,而是完整录制采访谈话。录制采访谈话的主要作用在于有助于记者快速决定使用哪几个片段的同期声以及音响切换的长度。

录音采访的长处:①具有清晰的真实感;②节省记录时间;③避免漏记与误记,保证引语来源的准确;④在无法做记录的场合发挥作用。

录音采访的短处:①易使访问对象感到紧张;②整理录音耗费时间;③容易造成谈话的中断;④分散访问对象的注意力。

录音采访需要注意的是,当场要用笔头记下录音的时间长度、人物讲话顺序、主要内容录制在哪个时间段,这样更便于后期快速查找录音内容。

4. 航空采访

乘坐热气球和飞机在空中采访,是现代电视采访的有力手段。航空采访的优势:不受地理环境限制、扩大活动范围、开阔视野。大型纪录片《望长城》能够在画面表现上展现不同的空间层次,正是由于较好地运用了航空采访手段。

航空采访有两种形式:①随机采访飞机内人的活动;②随机采访地面的活动。

航空采访也有短处：噪音大，不够安全，世界上有不少记者在航空采访中丧生。另外，有的低空采访，会给地面活动带来干扰。

5. 磁带采访

利用磁带作为中介进行采访，是一种现代化采访形式。一般情况下，记者在一盘盒式磁带上录上一段话和一组问题，然后寄给采访对象。采访对象收到磁带听完录音后，在磁带未录音的一面作出回答后再寄还给记者。

磁带采访有两个较突出的优点：一是可以使访问对象无拘无束、不受干扰地回答问题；二是便利省时。磁带采访适用于时间性不强的采访。对于较深思想观点的采访，磁带采访比较适合。学者、政治家往往不愿意别人打断他们的话，因而需要长时间论证，正好可以用磁带录音。此外，较轻松的题目也适用于磁带采访。

在数字化储存技术日益发达的今天，磁带更多地被数字储存技术所代替，但是其基本的原因和优势仍然存在，而且不可忽视。

6. 演播室采访

演播室采访是电视记者独有的采访技能之一，它既是一种固有的报道方式，也是一种讲求技术的采访手段。演播室采访就是把采访对象约请到演播室进行面对面拍摄采访。演播室采访分为快速采访、人物专访、座谈讨论、辩论等形式。通常，需要注意下述几个特别问题：①事先指导；②掌握时间长度；③设计好问题；④同摄像机配合。

7. 摄录一体采访

一体化摄像机的问世，预示着电视记者独立采访将成为普遍的方式。电子新闻采集（ENG）的问世使得电视记者的工作方式由"采摄合一"过渡到"采摄分工"，虽然这并不意味着电视记者可以放弃对拍摄技术的掌握，但是"采摄分工"毕竟减少了记者动手拍摄的实践。相对来讲，记者拍摄技术水准同专职摄像人员相比自然差距明显。

然而，ENG的更新换代、摄录一体化的普及将电视记者又推上了操作摄像机的第一线。摄录一体采访对于进行突发性新闻采访则更具优势。摄录一体化，要求电视记者一人多能，如果遇到突发事件，能够抢拍到精彩的画面和场景。摄录一体采访可以说是电视记者的基本技能。作为电视记者，只有熟练地掌握拍摄技巧，才能满足电视画面对采访报道的要求。

8. 卫星电视采访

卫星电视采访是利用通信卫星技术而进行采访的现代化技术手段。卫星电视采访不但可以跨越空间距离，而且可以在电视屏幕上进行面对面交流。一般情形下，卫星电视采访在屏幕上显示记者和采访对象的图像和同期声，也可以经过特殊编辑插入活动画面。

在电视发达国家，卫星电视采访已不局限于演播室内的采访了。由于移动式卫星地面站的投入使用，对于现场新闻事件也能够作同步采访。在我国，从20世纪末以来也开始利用卫星进行同步采访报道。从发展的趋势看，卫星同步采访正在朝着立体化、多元化方向发展，以一个正在发生的重大新闻事件为主线,穿插其他报道。通过卫星,新闻以共时态报道方式播出。值得提及的是,随着电视事业的全球化发展,利用共用信号进行报道,已成为一种趋势。在利用共用信号的同时,各电视机构都力图显示自己的特色,因而同步采访作为重要内容成为立体报道的重要组成部分。

9.融媒体采访

融媒体时代,新闻采访工作至关重要,对新闻质量具有决定性作用。电视记者应掌握计算机技术、多媒体工具等新媒体方式,对新闻客户端服务模式提高重视度,对融媒体技术进行全方位利用。例如,可以利用微博、微信等多种渠道收集信息,提高新闻采访效率。综合应用新闻客户端App对采访内容进行设计,使新闻采访工作更加高效合理。另外,在抵达新闻现场后,在最短时间内利用多媒体网络平台,促使相关新闻内容能够及时发布,达到对融媒体技术的高效应用。

融媒体时代,新闻采访工作至关重要,是提升新闻使用价值的关键,记者需要利用先进技术手段,如网络技术和媒介创新技术等,保持新闻内容的时效性。与传统新闻采编工作模式相比,融媒体的出现为新闻采访提供了发展机遇。

今天,电视业的发展和技术的进步,为电视采访展示潜在功能和力量提供了前所未有的机会,电视记者对采访具体方式和手段的掌握,直接关系到电视传播的效果。为此,作为电视记者,应该在采访实践中进行多种尝试,以期达到较高的水准。

第二节 广播电视写作

一、广播稿写作

广播节目依托于广播稿件,即使是没有具体文字的口头报道和主持人的即兴主持或评论也是需要以腹稿为依据的。广播稿的形式多种多样,总体来说有新闻、通讯、评论、特写、文章、广播采访、广播对话、广播讲话、广播问答、录音讲话、录音座谈、录音报道、实况录音剪辑、实况转播,还有知识、理论、政策、文艺讲座等。

1.按照广播特点写作稿件

广播稿写作总的要求是:准确、鲜明、生动、简练、好懂、好记,写作时不仅要用眼、用脑、用手,还要用嘴读、用耳听,不上口、不顺耳、不顺畅、不明白的地方要以"听"的规律为准绳作出修改。

(1)口语化。广播稿是写"话",不是写"文",这里的"话",不是简单的大白话,而是经过整理提炼的口语。这里需注意三点:一是尽量少用单音节词;二是尽可能不用同音不同义的词;三是不用方言土语。使用代名词,要注意听的感觉,不至于引起误会,半文不白的词要改成容易听清听懂的词。在句子的结构上力求简单,少用复合句,不用倒装句,尽量用短句。为了表达语气、情绪,广播稿要少用关联词,多用语气词,不适合"听"的要求的标点符号,要用文字来准确地表达出来。

(2)通俗。通俗是指内容上的深入浅出,用大家都能听懂的举例或推理,把比较难懂的道理说明白,能够使听众听的时候适当思考。在文字语言运用上,少用形容词,不用生僻字,不用含糊朦胧的字眼。对专业名词、专业术语,要用大家能听懂的方式表达,或者做必要的解释说明。

(3)重复。对关键的事实和精辟的论点要让听众听明白、记得住。要说得清清楚楚,就必须对重要的内容、关键的地方、重要的人名地名和数字等采用适当的方式加以重复。重要的情节,应加一些铺垫的内容,或者适当提示听众,以引起听众注意,加深印象。

(4)具体、形象。广播是给人听的,因此必须用具体形象的描述来感染人,不能用抽象概括的叙述。要用听众熟悉的语言来讲述让人喜闻乐听的事,同时要注意声音的美感、响亮度、平仄协调。

(5)结构与构思。广播节目要想从头到尾都能吸引人,让人不关收音机或调台,需要在结构与构思上下功夫。可以借鉴民间说唱艺术的一些做法,比如新闻稿要把最新、最重要的事写在提要或者导语里,先声夺人,吸引听众注意力。通讯、特写、录音报道等,要拟定一个引人关注的标题,要精心设计好稿件的开头。在广播稿的铺排上,要一步一步深入,留点悬念,"包袱"要一个一个抖开,叙述上有起有伏,注意节奏,叙事脉络清楚,连接自然有序。注意线性结构,不能横生枝节,少用倒叙手法,最后要有一个留有余味的结尾,引人思考。

总之,好的广播稿,应当是口语化、通俗、形象、动听,让人能够入耳入心,记住主要观点、重要情节、精彩事例,并能引发联想,回味无穷。

2. 广播稿写作的禁忌

一忌假。广播节目中反映的现实是看得见、摸得着的事实,来不得半点虚假。广播稿写作一般都能自觉遵守真实性的原则,故意虚构、编造事实的情况是不多见的。但是以偏概全、牵强附会、凭第一印象写稿的情况,还时有发生。

二忌长。广播稿不仅篇幅要短,而且句子要短。长稿要短编,复句要化作单句。有的稿件,一句话长达一百字,不仅播音员播起来费劲,听众听起来也很吃力。试举一例:"江苏人民出版社继《新四军故事集》和《新四军在茅山》之后,最近又出版了反映皖南事变以后新四军遵照党中央和毛主席的指示,高举抗日旗帜,独立自主地开创华中抗日新局面的战斗历程的专集《新四军重建军部以后》。"这一句话作为书面文字无可挑剔。但作为广播稿,就不口语化了。我们可以把这一句话分作两句:"江苏人民出版社出版了《新四军故事集》和《新四军在茅山》之后,最近又出版了《新四军重建军部以后》一书。这本专集反映了皖南事变以后,新四军遵照党中央和毛主席的指示,高举抗日旗帜,独立自主地开创华中抗日新局面的战斗历程。"这样一改,内容没有删节,眉目却更清晰了,听众一听就明白。

三忌简称。简称是从某些固定词组中抽出有代表性的词提炼而成的。比如:中国人民武装警察部队简称"武警",工业现代化、农业现代化、国防现代化、科学技术现代化简称"四化"。这些约定俗成词,一般来说听众可以听懂,但也应该注意语言环境。比如:干部要"四化",这里的"四化"是指"革命化、年轻化、知识化、专业化",而不是前面说的"四化"。不是约定俗成的词或专业用语,一般不宜简称。如果在广播中必须用简称的,要做必要的说明,要使用专业用语的,还可以单独介绍一些资料。

四忌使用单音词和文言词。广播稿要使听众一听就明白,不要让听众去猜测或留下悬念。因此尽量不用"并""即""此""若干""倘"等单音词和文言词,而用"并且""立即""这个""许多""如果"等双音词和口语词。

五忌使用华丽的辞藻。广播稿不宜多用形容词,片面追求文字上的华丽,而要具体朴素,所言不虚。有一篇新闻稿这样写道:"这些作品或骨法用笔,或水墨晕染,或泼墨泼彩,于秀润中见苍劲。"这里用了"骨法""晕染""秀润""苍劲"等形容词,如果没有一点书画常识的人是不易听懂的。

总之,写广播稿要从给人们"听"的这一特点出发,为听众着想,力求把内容写得口语化一些,做到短小精悍,新鲜生动,有声有色,通俗易懂。

二、电视写作

(一)电视写作的含义和内容

电视写作有广义与狭义之分。广义上的电视写作是指用摄像机、编辑机等电子设备,运用视听语言作为书写工具而进行的电视写作,即借用"写作"二字来概括整个的电视创作。狭义上的电视写作是指专为电视作品而进行的一系列文案工作。它贯穿在电视创作的整个过程中,包括电视选题报告、节目策划书、拍摄计划、采访提纲、节目框架设计、导演阐述、拍摄脚本、串联词、解说词、字幕等。我们这里要探讨的主要是狭义上的电视写作。

(二)电视写作的思维特征

1. 思维媒介的多样性、直接性

电视写作在思维过程中所借助的媒介从总体上说可以分为两大类——画面和声音。画面又可以分为构图、光效、色彩、影调以及镜头本身推拉摇移跟的运动;声音又可以分为音乐、音响、人声(人声包括采访同期声、对话及说唱同期声、解说声等)。不管是画面语言,还是声音语言,都以鲜活的意象存在于创作者的大脑之中。意象将成为思维成果的最终形态,即成为流动的声音、流动的画面。因此可以说电视所凭借的思维媒介具有多样性,并直接为思维成果服务。为电视而写作的人,要熟悉每一种电视语言的规律和特点,并能驾轻就熟地运用这些语言。

2. 蒙太奇思维的可视性

许多电视工作者都强调电视写作要用画面来构思,强调电视思维是视听觉结合的蒙太奇思维。当创作者在脑海中构思一部片子、完成一个脚本时,除了要考虑主题、线索、结构、节奏、韵律等文学因素外,还要考虑场面气氛、人物环境、色彩光线、言谈举止等电视因素。从画面构图、人物造型、演员表演、场面调度、情节安排、音响灯光、色彩布景,到镜头组接、配音配乐等一系列因素,要在创作者的脑海里形成鲜明的意象。构思过程中,创作者仿佛能够看到声、电、光、影的流动,看到一幅幅画面的衔接。创作者内心的蒙太奇越鲜明、生动、具体并富有创意,写出的脚本也就越形象、越生动。

3.整体思维的和谐性

电视思维最突出的特点就是整体性。创作者要将镜头的运动、物体的运动、构图、光效、影调、音乐、音响及有声语言等诸多因素有机地统一在一起,进行综合分析、判断。根据各因素不同的特点和功能,控制各自的职责范围,分配各自所承担的不同任务,将其协调在一个有机统一体内,从而更好地表现主题。任何一种构思,都需要诸多方面的协调统一,电视思维尤其仰赖于大脑的多功能性,并使这种特性得到最大限度的发挥。电视能够做到以形绘形——真实环境的不同选择,以声写声——真实声音的不同处理,以真写真——真人真事的不同截取……而所有这些都不能游离于整体构思而单独存在,必须要集中在统一整体内,明确地位、各自分工。电视语言的每一种形态,都不能以单独完整的形式而存在。电视的时空是四维的时空,即空间的三维加上时间的一维。这里有形、有声、有色,有时间的流逝、有空间的转换,作为整体构思的电视思维,应该强调这种和谐性。

4.编码方式的可操作性

电视写作的最终目的是为了拍好片子,是给人看、给人听的。在用画面、声音等诸多元素进行编码时,一定要考虑到拍摄、编辑时的具体条件。随着科学技术的飞速发展、电视理念的不断更新,电视的创作优势逐步凸显:流畅运动的长镜头、变幻莫测的蒙太奇、视听对位与对称所造成的强烈感观冲击、穷竭想象的特技效果所带来的视听震撼……它的内容包罗万象、它的形式千变万化,应该说创作的空间非常广阔,但也并不是每个人、每个电视台都能随心所欲,设计什么就能实现什么。所以在进行电视写作的时候,就要充分考虑后期的制作问题,量力而行,量体裁衣,不做无用之功。

(三)电视媒介对写作者的特殊要求

从事电视写作的第一步,就是要充分掌握电视这种独特的传播媒介的性质和要求,以及这种性质和要求对写作者提出的特殊要求。要明白电视媒介使创作者面临哪些不同寻常的挑战,需要具备哪些特殊的才能。

1.喉舌意识

电视写作的政治性、政策性很强,电视节目要符合党的方针政策,符合人民的利益。这就要求电视写作者应该了解政治、关心时事、与党的方针政策保持高度一致。电视既是党和政府的喉舌,也是党和人民群众联系的纽带和桥梁。

2.法律意识

首先,电视写作者的法律意识表现在写作活动中要依法办事,在法律允许的范围内进行,一切行为要受到国家法律的约束。其次,电视写作者和表现对象一样,具有平等的法律地位。最后,电视写作者还要具有依靠现有的法律,维护自己合法权益的意识。

3. 熟悉电视的传播特性

电视媒体具有视听兼备、直接感受性强、时效性强、时序性的信息传播、互动性与参与性强、服务性强、转瞬即逝、保存性差等特性。在进行电视写作时就要有效地利用这些特征,实现最大的传播效果。

4. 了解电视片的构成因素

电视片的构成因素分为以下三个方面。①叙事因素,即电视片中交代事情的发生、发展或者展示人物行为过程的因素,它包括画面、解说词、同期声、字幕等。②造型因素,即画面、声音展示的形象。主要担负造型功能的是画面,而画面造型主要通过构图、光效、色彩和影调等要素来完成。③抒情因素,即电视片中用来烘托气氛、营造情调和抒发感情的因素。画面、声音都有抒情的功能,尤其是音乐。对于电视写作者而言,熟悉掌握以上三种构成因素是非常必要的。

5. 强化电视意识

强化电视意识,即能够自觉地根据报道的目的和对电视传播规律的认识和理解,正确把握和运用电视的特性,从而更好地发挥电视传播优势。

6. 把握生活和感受生活的能力

生活中的素材虽然具体、生动、丰富多彩,但如果创作者没有从中获得强烈的感受,素材就不可能化为渗透作者强烈情感和体验的题材。一个电视写作者要有一双会发现的眼睛,要善于发现那些处于事物发展变化最前端的、新鲜的、具有生命力的、前沿的题材,发现那些别致新颖的题材;要具有天生的好奇心和强烈的求知欲,面对生活、面对周围的环境、面对世界,要保持敏感的洞察力,要有深刻的理解力。

7. 捕捉时代文化精神和审美心理的能力

不同时代有不同的特征和文化精神,这种文化精神潜移默化地融入了那个时代人们的内心,从而孕育了带有各个时代明显特征的审美心理。这就要求电视人要善于从纷繁的社会现象中发现符合时代文化精神和审美心理的美,通过先进的视听手段捕捉到这种美,并把它传达出去。

8. 开掘能力

开掘,顾名思义是展开和挖掘。从写作角度来说,就是丰富材料,展开多种立意角度,通过事物的表象,抽象、概括出事物的本质特性。

9. 情感真挚、表达真诚

情感是一切创作的原动力,在写作过程中,必须把自己的真挚情感融入其中,将内心的情感用文字淋漓尽致地写出来。这样写出来的东西才会打动观众的心。电视写作者还要善于协调处理激情与理性的关系。在创作过程中,仅仅有激情是不够的,创作者还必须站在理性的高度进行分析和判断,从而把事物最本质的东西表现出来。

10.想象和联想能力

想象,是对头脑中已有表象进行加工改造而创造新形象的过程。电视创作离不开想象,想象的积极参与,可以增加作品的深度,丰富电视语言文字的神采,加强作品的感染力。联想是由一事物想到另一事物的心理过程。把此事物与他事物联系起来进行思考,加以比较,就容易发现其意义,从而加深对该事物的感受。

11.较强的运用文字语言的能力

电视写作虽然不同于普通写作,但却不能同普通写作完全割裂开来。它要求写作者也必须有文学"细胞",要善于用文字语言表述、描绘所解说的事物和画面。电视语言应当是读起来朗朗上口,品起来很有味道,集语言的新鲜性、深刻性和可听性、可看性于一体,并且通篇"文章"的语言美感与画面镜头的艺术美感要结合得完美和谐。

12.创新能力

电视创作者创新能力的高低,直接影响其作品感染力的强弱。作为信息时代的主要传播工具,电视的表现手法日新月异,电视创作者的主要任务就是通过更巧妙的表现手法,有效调动观众的观看兴趣。另外,随着融媒体时代的到来,融媒体以其先进的技术和理念有效地整合了传统主流媒体,实现媒介融合和信息共享。电视创作者也应紧跟时代潮流,积极创新电视写作方式方法,将新媒体与传统媒体紧密结合,充分发挥融媒体的优势,创作出更好的电视作品。

13.抓取细节的能力

细节,对电视片的构成是十分重要的。细节,就是作品的血肉;细节,就是作品的兴趣点。电视作品中典型生动的细节,可以反映人物和事件的个性,引起观众共鸣。

14.观众意识

电视是服务于大众的,电视观众是电视传播的出发点和落脚点。观众意识,即以观众为本位,全心全意为观众着想和服务的思想意识。一方面,电视创作者要心中时刻装着观众,视观众为朋友,想观众之所想,急观众之所急,选取那些人们最关心、最感兴趣和与人民生活密切相关的题材,尽量满足观众日益增长的精神文化生活需求。另一方面,也要提升观众的参与力度。

第三节 广播电视编辑

一、广播编辑

(一)广播编辑的含义

广播编辑就是通过后期制作,对广播的稿件、音响进行整理和加工,充分发挥广播声音的优势,使之符合广播传输特点的一种方式。根据节目形态的分类,广播编辑工作不但有新闻播报,还涉及现场直播、记者口播、连线报道等形式;广播编辑工作不但有传统意义上的文字类编辑工作,音响类编辑工作也是其主要组成部分。此外,随着广播节目形态的多元化,对节目和栏目的编辑策划要求也越来越高。

(二)广播编辑的个性特征

基于广播的特点,广播编辑的个性特征主要体现在以下若干方面。

1.积极应对突发事件,展现一专多能

广播直播报道能够有效凸显现场感,使人有身临其境之感。尤其在应对突发事件方面,广播记者能够第一时间在事发现场向听众报道最新动态,广播充当了事件传话筒的角色。相应地,广播编辑工作要把握两个环节的问题:一是及时选编现场信息,编辑工作要迅速,做到简洁明了,以传播信息为主,最快地将现场信息传达给受众;二是广播编辑要突破自我身份限制,力争采编播一体化,不但会现场采访、编辑文字,还要懂技术、会主持,把编辑能力发挥到最大化。

2.音响与文字并重

广播稿件是经过广播编辑选择、修改、编写或制作的文字或带音响稿件,是广播节目的基本组成单位。将各种稿件加工处理、制作成符合广播传播特点、符合听众需要的播出稿件,是广播编辑、主持人和导播的一项重要的日常工作。

广播是声音的艺术,听觉美是由声音的审美特质和音响的表现力决定的。音响是广播声音符号中最具个性的一种,是强化广播报道"可听性"的关键元素。音响的运用可以增强广播的现场感、立体感、真实感,使得听众如临其境;同时,音响可以表现时间、空间,在报道中利用音响可以达到时空转换的效果。正因为如此,广播编辑工作才应该高度重视音响的处理,充分利用声音达到广播稿件播报的节奏感,通过具有听觉美的广播,抓住人的耳朵。

3.强调互动性

这一点主要体现在编辑思路和栏目设置中,在音乐节目、娱乐节目和谈话节目中,互动性能够得以保证。但对于一些信息类节目,必须设置话题,提供互动元素,吸引受众积极参与。比如相当一部分夜间情感类节目,都会播报听众的来信,并邀请专家给予心理和情感上的解答,保证了节目与听众之间的互动。至于早间的新闻类节目,话题设置是必不可少的。中央人民广播电台早间《今日论坛》节目每期设置一个话题,如公务员考试、工资改革、煤电油运形势等,邀请专家参与讨论,并现场引导听众积极发送短信表明观点,广播编辑通过公共信息平台选择有代表性的观点让主持人播报,节目与听众之间的良好互动得以实现。广播的互动性使广播的社会作用得以发挥。在这个资讯发达的时代,广播不断创新播出方式,感化听众、争取听众、服务社会,这种巨大的社会作用是无法估量的。

(三)广播节目音频制作流程

1.声音的拾取

一般来说,声音的拾取是利用声音传感器来实现的,一般包含耳麦、麦克风、话筒等,是将所采集到的声音信号转化成为电信号。为了提高声音效果,在广播节目的录制过程当中,就应该选择频率响应、灵敏度、指向性以及信噪比偏高的声音传感器,并且还需要做好相应参数的精确设置,做好不同声音传感器的相互协调。

2. 声音的传输

声音的传输主要是在广播节目的录制过程当中,将已经采集到的声音信号传输到处理器之中。不过这样也要求在开始之前需要针对传输信号的电流值以及电压布置好相应的数据传输线路,确保声音信号本身的传输精度得到保障。另外,为了将信号处理之中存在的难度降低,还可以在传输线路的选择上增强抗干扰能力以及抗噪能力。

3. 节目的录制

在广播节目录制过程当中,所采集到的声音信号会有大量噪声信号的存在,为了确保广播节目本身的效果,还需要做好相应的处理,比如声音频率的截取、背景噪声的调整、尖锐度的调整等方面[1]。

(四)广播节目所需要的录音设施

1. 话筒

在进行广播节目的采访过程中,会使用到话筒以及录音设备等。在实际的采访之中,应该加倍重视原始的音源,这是因为一个高质量的广播节目离不开原始音源的支持。一切的质量要求都是建立在这个基础之上的。这样的要求就使得采访人员应该能够对话筒的使用技巧加以掌握,能够了解其实际用途,这样才能确保声音录制效果达到令人满意的水平。因此,对于各类型的话筒都要有所了解,同时也能够从其特征中了解其方向性和灵敏度,确保效果达到最佳。第一,从采访录制经验角度出发,对原始音源的录制效果加以判断。第二,把握好话筒与采访者之间的距离,根据不同的性能以及场地等因素来做好相应的调整处理。比如在使用话筒的过程中,有时候会有"喷口"现象的存在,这样就会影响到广播节目本身的声音质量。为了避免出现这样的问题,就需要保持话筒与口部之间有14~20厘米的距离,并且还要与口部之间存在一定的角度,最好能在$10°\sim16°$,这样才能够获得最佳效果。

2. 其他设备

节目不同,场地不同,所使用的辅助性设备,也需要根据客观的条件以及实际的广播节目音频制作要求,进行合理的选择和调整。比如,对采访者的语言进行修饰来增强感性,或者是将其美化,就需要合理使用均衡器,来加工处理声音素材,这样能够提高广播节目的采访效果,增强其影响力。当然,在采访节目的录制过程中,还有很多设备需要与之配合使用。所以,在不同的场合就应该考虑各种声音本身的特性,并且做好相应的观察,这样才能够避免出现声音失真的现象。

---

[1] 陈元、黄峥:《浅议广播电台节目音频品质保证体系:以无锡电台交通频率〈欢乐直通车〉的实践为例》,《中国广播》,2013年第3期,第64-68页。

(五)广播节目录音制作与合成技术的应用

1. 应用复接技术

在广播节目的制作与合成当中,复接技术是最基本的技术要求,同时也是广播节目工作者多年工作经验的体现。一部优良的广播节目往往需要几十项的复接操作才能够顺利完成。如果原本采访的音频母带电平高,那么其信噪比也会相应偏高,就很容易出现信号失真的现象。对于这一类声源,就可以选择复接的操作,让节目的音量存在一定的差异。所以,针对这一问题,就应该将母带音频的切入点找准,然后做好原始音频素材的加工处理,才能够确保原始声音素材的电平与其他的音频保持一致,这样才有利于确保广播节目本身的音频质量不受任何的影响[1]。

2. 合理地利用音频工作站

在初步完成广播节目音频的制作与合成之后,相关音频制作人员需要按照一定的技术原理,将所采访的音频素材直接输入音频工作站之中,然后做好相应的加工处理。对于音频素材通过剪接、复制、修改以及相应的粘贴等处理之后,可以由音频的制作者先进行试听,根据自身的感受来对合成音频做更进一步的调整处理,并且不断地利用混合合成、淡入淡出等无损的操作方式,这样才能够确保音频作品本身满足试听的基本要求。也只有如此,才能确保整个广播节目的完整性与连贯性,让听众享受到优质的听觉体验。

3. 做好审核工作

对于广播节目而言,作为广播节目作品的最终审核人员,需要拥有良好的把关意识,能够以认真、负责的态度来检查并审核合成节目,确保节目质量不受任何影响。在输出节目的过程中,也需要做好设备参数指标的选择,这样才能避免在音频输出的过程中出现信息缺失现象,这有利于广播节目整体质量的提升[2]。

二、电视编辑

电视编辑是电视创作的重要环节,是一项具有高度创造性的创作活动,它包括了创作层次和技巧层次两方面内容。在电视创作中,编辑思维应该贯穿于节目创作始终。电视编辑受到影视艺术视听表达规律和大众传播规律的双重影响,在熟练掌握影视剪辑技巧的同时,要充分重视电视传播特性以及由此形成的电视独特的表达方式。

有人认为,编辑电视节目无须像故事片那样考虑情节的连贯性要求,而是只要把镜头接在一起,配上解说词就可以了。其实,绝大多数情况下,要从一堆杂乱无章的镜头里剪辑出流畅的画面、适宜的节奏,以及动人的情绪,并非易事。即使是形式最简单的新闻报道,它同样存在着如何用镜头和声画配合来表述的问题。

---

[1] 雒仲楠:《基于数字音频技术的广播音频编辑软件构建研究》,《艺术科技》,2013年第2期,第8页。
[2] 马里:《广播节目采访中音频技术的制作与合成》,《西部广播电视》,2015年第7期,第174页。

(一)电视编辑工作的性质

在电视行业里,编辑一词通常有双重含义,既指代一个创作环节,又是一项工种名称。作为工种而言,编辑通常被称为编导,是创作的主要参与者和领导者,负责整个节目的构思、采访、后期剪辑、合成等一系列的工作,在节目创作中有着举足轻重的地位。

作为创作环节,编辑工作主要是指电视创作的后期阶段。电视创作是一个较复杂的系统工程,包括了策划、选题、采访、拍摄、剪辑、合成等多个环节。后期阶段主要是完成与整合零乱的前期素材,建立与完整节目形态相关的一系列工作。在这一阶段,编辑的主要工作是围绕"剪辑"进行的。剪辑就是按照视听规律和影视语言的语法,对原始素材进行选择和重新组合。一部影视片只有视听语言准确流畅,才能很好地讲述事件、表达观念和情绪,而视听语言的形成与表达效果,主要依赖于画面组接的质量。

电视编辑是一项富有创造性的工作。各种镜头在被巧妙组接之前,只是一些零碎的片段,是艺术与技术的巧妙融合,使之具有叙事传情的生命力,创作者的思维才情和美学追求渗透其间。在不同的创作观念和编辑水准影响下,同一素材的命运可能会有极大的不同,传达效果也完全不一样。一个好镜头,即便构图再美,表现力再强,如果不能恰当地与其他镜头组合,那么好镜头也无用武之地。所以说,后期编辑绝不是简单地堆砌镜头,而是在赋予屏幕具有认知和审美的魅力。

所以,电视编辑工作实质上由两方面因素决定:一是技巧层面的剪辑因素,它需要制作者掌握电视语言的表现方式和表达技巧;二是内容层面的创作因素,它要求制作者能驾驭节目表现的广度与深度,这是以创作者多方面的素质和长期实践为基础的。

对于电视编辑性质的认识,还应该上升到观念层面。电视编辑思维应该贯穿于整个节目的创作过程中,它不仅仅体现在后期工作中,在前期的策划、采访,尤其是拍摄中,都应有画面意识和编辑意识。如果一个摄像师,只是单纯考虑个人兴趣,不了解内容及其表现需要,结果往往是似乎拍摄了大量素材,然而后期工作仍然陷入"巧妇难为无米之炊"的境地,比如,镜头雷同、缺乏关联、运动镜头没有适宜的落点等。相反,有编辑意识的摄像师不仅在现场能有效地配合编导,而且可以自觉根据需要,适时地抓拍与调度场面,为后期剪辑提供更大的便利和创作空间。

(二)电视编辑工作的流程

整个电视编辑工作大致可分为准备、剪辑、合成这三个阶段,具体如下。
①准备阶段:修改脚本→熟悉素材→选择素材→确定风格基调→撰写编辑提纲;
②剪辑阶段:选择素材→剪辑(粗编、精编)→检查声音画面;
③合成阶段:配解说、加字幕、配音乐音效→合成为播出版。

1. 准备阶段

在创作之初,创作者一般对节目的主题、内容、风格等会有大致完整的构思,并且会拟订大致的拍摄提纲,有些电视片甚至会有文字脚本。但是,在实际拍摄中,提纲和文字脚本只是起提供方向的作用,随着采访深入以及现场情况的变化,最终的拍摄结果已不同于最初的构思。而且,现场的不可预测性、摄像师结构影像的能力都会影响素材质量或表现效果,是前期再周密的计划也无法控制的。因此,在后期编辑开始前就必须根据实际变动修改脚本,注入新信息。

在这一阶段,编辑人员需要反复观看拍摄素材,熟悉原始的图像和声音素材,这是很重要的,它至少有以下作用。

其一,通过熟悉素材,想象可能的编辑效果,在脑海里建立起初步的形象系统;

其二,原始素材常常能激发创作灵感,有利于调整构思,保证素材被最有效利用;

其三,可以发现现有素材的不足,以便尽快补拍或寻找相关声像素材;

其四,对素材进行整理分类,做详尽的场记单,场记单包括素材编号,以及每个镜头的内容、长度、质量效果,以便编辑时查找。

有些节目的编辑在正式剪辑前,还需要同解说词作者和作曲者协调,就节目的主题风格和基调效果等达成共识,使节目最终具有统一的形态。如果该节目是安排在栏目内播出,还需要事先与栏目负责人沟通,了解栏目要求,以便与栏目总体风格一致。

2. 剪辑阶段

剪辑工作并不是简单地将镜头素材掐头去尾连接在一起。在组合素材的过程中,可能出现多种多样的情况,比如动作不衔接、情绪不连贯、现场同期声不好、时空不连贯、光影色彩不协调、镜头数量不够等,剪辑的基础任务之一就是要将这些不清楚、不完善的地方通过一定的组接技巧使之合理完善。

(1)镜头选择。如何选择镜头是剪辑时首先面临的问题。一般从以下方面综合考虑。

①技术质量,即镜头影像是否清晰、曝光是否准确、镜头运动速度是否均匀。通常要求镜头影像清晰、曝光准确、镜头稳定(速度均匀)。

②美学质量,即光线、构图、色彩等造型效果如何,有时还需考虑辅助元素的可用量,比如考虑哪个镜头适合配以音乐或音响等辅助元素,用以抒情或起承转合。

③影像的丰富多变性,即尽可能丰富形象表现力和画面信息量,避免使用重复或过于相近的镜头,为观众提供多视点、多角度的观看方式。

④叙事需要,即所选镜头应该是与内容表现相关的,这里主要有两种情况:一是影像素材好但与内容无关联的镜头,应该坚决舍弃;二是质量欠缺但是内容表现必需的镜头,比如偷拍、叙事必需而又无可替代、突发性事态等。选择依据首先考虑的是内容意义的表达,不能简单以技术、美学要求为框架。

(2)基础编辑方式。由于创作习惯不同,有的编辑在编片时一步到位,有的编辑按照粗编和精编两个步骤进行。由于声音画面可以分别编辑,因此,在剪辑中,镜头连接可以采用平剪和串剪这两种基本方式。

所谓粗编，就是根据节目表达需要和时长规定，将镜头大致串接在一起，基本完成节目结构形态，它是精编的基础。

所谓精编，是对已粗编的节目进行调整、修改和包装，从而达到播出要求。粗编的节目长度略长于规定时间，以便在精编时增减替换镜头，作特技处理，实现最佳效果。

所谓平剪，就是在连接镜头时，上一个镜头的画面和声音同时同位结束，下一个镜头的画面和声音同时同位进入，这是镜头编辑的基础方式。

所谓串剪，就是上下镜头的画面声音不同时同位转换，比如，上一镜头的画面结束，而相应的声音却延续至下一画面内，或者下一个镜头的声音提前进入上一个镜头，加强了上下镜头的呼应和艺术感染力。

3. 检查合成阶段

节目初步完成后，应进行检查。除了推敲意义表述外，还需检查编辑的技术质量，如是否有夹帧现象、剪接点是否恰当、声音过渡是否连贯、声画是否同步、图像质量是否达到播出要求等。上字幕后，还需检查是否有错字、漏字，一旦发现问题，必须更正。完成版节目需要加字幕、加特技、配解说或者配音乐、音响效果，而且这些分别在不同轨道上的声音、图像等应按播出要求合成在一起。至此，节目编辑才基本完成。

在编辑流程方面，初学者常常提出这样的问题：先写解说词还是先编画面？电视节目类型丰富，前期创作条件有所不同，后期编辑程序也可能有所不同。诸如电视剧、影视广告等一般有较详尽的分镜头脚本，但是，大部分电视节目都是以纪实为基本特征，其素材大多是零散的、即兴抓取的，因此，编辑的创作余地更大，节目的结构、意图的表达在很大程度上依靠后期编辑的创作。

从本质上说，应该先编辑画面，然后根据画面写解说词。因为电视是以影像和声音为元素的可闻可见的媒介，文字只是辅助性手段。从实际操作而言，这样能保证声画统一，避免出现相互脱节的"声画两张皮"。即使是有些节目事先有解说词脚本，它也只是对编辑工作的提示，在完成画面编辑后，还需要根据画面实际调整解说词。

某些消息类节目的编辑人员有时会先写解说词配音，再插入相关画面。这样做通常基于两种情况：一是解说稿被要求表述准确严谨，需要有关部门审看；二是可以加快编辑速度。但是，严格来说，即便采用此方式，也应该事先十分熟悉素材，基本上做到心中有形象，其前提仍是画面为先。因此，对于电视编辑来说，建立画面意识十分重要。

（三）电视编辑的蒙太奇思维

蒙太奇思维是指对声音和画面等元素进行选取的一种手法，具有选择、引导、组合、创造等功能。虽然蒙太奇思维是一种比较常用的电影艺术手段，电视则更加追求客观性和真实性，不过在当前的电视创作中也可以适当地引入了艺术手段。通过在电视创作中运用蒙太奇手法，不仅可以增加看点、提高电视内容的可信度，而且可以吸引观众的注意力，引发观众联想。

1. 蒙太奇思维在选择电视画面时的应用

在电视录制的过程中,需要将现场的实际情况凸显出来,更加直观、动态地将事件的过程展示出来。现场拍摄到的画面是最具有说服力、最能反映特征和本质的。在选取电视画面时,对镜头的细节要求也比较高。原始镜头和现场画面可以让内容变得丰满,如果再加上细节方面的镜头,就会使电视画面的信息含量增加。所以,每一个电视剪辑人员都要充分把握事件的细节,在力求突出主题的同时,进一步丰富画面的感染力和表现力。而蒙太奇思维可以对现场画面、镜头、段落等进行分段和拼接,选择合理的素材,将关键的部分保留下来,使画面内容可以顺畅、连贯地将事件表现出来。利用蒙太奇思维剪辑,可以使电视画面变得简单、明了,实现将信息简明扼要地传递给观众的目标。

2. 蒙太奇思维在电视画面时序关系上的应用

选定好镜头后,就可以对电视画面进行编辑。良好的画面编辑可以使全片动作顺畅、连续,并且画面内容也和观众的欣赏习惯和逻辑习惯相符合。反之,如果画面的剪辑不合理,会让观众感到节奏比较拖沓,甚至拍摄的画面内容会和生活逻辑相违背。所以,在编辑电视画面时,要按照画面编辑的原则和要求进行。而使用蒙太奇手法,可以按照时间的基本流程将画面编辑到一起,并按照事情发生的先后顺序进行。利用蒙太奇思维将画面内容按照顺序拼接起来,可以更好地吸引观众的注意力,调动兴趣,引导观众进行思考。

3. 蒙太奇思维在画面空间方面的应用

在对电视画面位置的顺序进行排列时,合理地运用蒙太奇思维是在编辑画面过程中需要考虑的一个问题。由于空间、位置限制,在同一个拍摄现场拍摄的画面需要根据现场三维空间进行拼接和定位,画面的前后顺序、上下顺序、左右顺序、远近顺序都可以进行改变。此外,对各个现场拍摄的画面要交代清楚时空关系,可以适当加入拍摄地标或者字幕进行说明。

4. 蒙太奇思维在同期声处理中的应用

在电视剪辑过程中,画面和声音是一个整体,两者是不能分割的。因此,在选择声音时,也要充分运用蒙太奇思维。在电视录制现场,与人物进行的对话是和画面同时采录的。利用现场音响可以增加电视内容的真实感和现场感,而通过人物之间的谈话,可以省去电视记者在现场进行转述的环节,直接将真实的信息传递给观众,增强内容的可信度。

(四)电视编辑人员的基本素养

电视节目创作的复杂性和艰巨性,决定了一个电视编辑人员需要有多方面的知识与素养。

在技术素养上,电视编辑人员应该精通影视视听语言,掌握画面编辑的娴熟技巧。古人云:"工欲善其事,必先利其器",多样化的电视节目类型需要电视编辑人员依靠其锐利的剪辑之器,依靠镜头之间、声画之间的组接变化为观众创造出丰富多彩的屏幕世界。在融媒体背景下,电视编辑人员要顺势而为,不断进行技术创新,通过学习新媒体、新技术,促进自身更好发展。比如,大力发展节目线下传播渠道,利用微博、微信、手机App等渠道,采用一套内容、两套编辑方法的节目制作模式,不断拓展内容的传播空间,提升节目的影响力;或者以互联网、直播、点映等方式,突破节目播出时间的制约,为受众获取信息提供更多便利。

在新闻素养上,电视编辑人员应该培养自己对事物的敏锐洞察力和准确判断力,因为电视编辑人员观察社会现象和从纷繁复杂的社会现象中捕捉社会动向的能力,直接影响着创作的结果。与此同时,电视编辑人员要了解电视传播特性和观众欣赏心理,从而以更为合适的方式创作出为观众喜闻乐见的电视作品。

在艺术素养上,电视编辑人员要具有丰富的想象力和创造力,要注意培养多方面的知识素养和审美理想。电视编辑的艺术性体现在形象的生动程度、主题的深入程度、结构的新颖程度、情绪的感染程度、视听享受的审美程度上。如果电视节目只停留在简单化反映生活的层面,制作水准低下、"克隆"现象严重,不能以生动的艺术效果感染观众,最终将失去生命活力。

推荐阅读

1. 陈相雨:《新闻采访研究导引》,南京大学出版社,2015年版。
2. 孟建、祁林:《广播电视新闻写作》,中国广播电视出版社,2000年版。
3. 傅正义:《电影电视剪辑学》,北京广播学院出版社,2002年版。
4. 胡安龙:《新媒体时代电视记者的采访策略探究》,《采写编》,2021年第4期,第31-32页。
5. 王方舟:《广播电视编辑处理新闻稿件的技巧分析》,《采写编》,2022年第5期,第61-62页。
6. 王晓红:《电视画面编辑》,北京广播学院出版社,2002年版。
7. 杨璐、贾艳艳:《广播电视新闻编辑》,北京师范大学出版社,2009年版。
8. 赵淑萍:《广播电视新闻采访与写作》,北京师范大学出版社,2006年版。
9. 马克·克雷默、温迪·考尔:《哈佛非虚构写作课:怎样讲好一个故事》,王宇光等译,中国文史出版社,2015年版。
10. 梅尔文·门彻:《新闻报道与写作》,展江译,世界图书出版公司,2004年版。

思考题

1. 广播记者采访前应作哪些具体准备?
2. 电视媒介对写作者的特殊要求有哪些?
3. 简述广播稿写作的要求。
4. 电视写作的思维特征有哪些?
5. 电视编辑工作可分为哪几个阶段?请详细进行阐述。

》第六章

广播电视符号论：
从声音符号到视听兼备

第一节　广播传播的符号系统

声音是广播媒介的唯一符号系统，从不同的角度来探讨其性能，有物理性、生理性、心理性、表情性等。具体从广播的声音结构来说，有人声语言、音响、音乐三大元素。其中，人声语言是广播传递信息的最主要手段，音乐和音响是渲染气氛、增强传播效果的辅助手段。

一、广播中的语言符号——人声语言

广播中的语言符号是狭义的"语言"，特指人声语言——广播中的人物在表达思想和情感、叙述事情时所发出的有声话语，即有声的口头语言。人声语言是人类交流思想、传播信息、表情达意的主要工具，也是广播诉诸受众听觉系统的最基本、最直接、最重要的传播手段，包括主持人的播音语言、记者现场报道语言、实况语言等。广播节目中人声语言的作用概括起来有以下四点。

第一，播报信息。人声语言相较于音乐、音响而言，更能做到清晰、准确地表达。广播中的新闻、教育、服务等节目，需要传递大量准确、客观的信息，只能依靠人声语言来传递。

第二，串联节目内容。为了保持广播节目的完整性、连贯性，在节目的各个段落之间，或者不同的栏目之间，往往需要主持人或播音员的人声语言来进行衔接、过渡。这种过渡由于语言的参与而显得自然贴切，不会因为节目内容的突然改变，造成理解上的困扰。

第三，制造情境。人声语言除了表达逻辑、传递各种信息的功能之外，因其音调、音色、力度、节奏等因素的不同，还具有丰富的表现力，能够提供艺术情境。例如，同样是一句"你好啊"，可以是热情的问候，也可以是欲言又止的羞涩，还可以是充满威胁的挑衅。总之，语言的语音、语调可以为广播艺术作品提供特定的艺术情境，让听众在其中产生符合情节和逻辑的联想。

第四，塑造人物个性。不同的人物拥有不同的性别、年龄、经历，形成个人在语言表达时惯用的组织方式和特有的表达手段。因此，不同的声音能表现个人鲜明的性格，是识别人物的重要标志。人声语言的不同特色在听众心目中塑造了不同的人物形象，播音员、主持人正是利用自身富有个性的语言来赢得听众的喜爱。

人声语言是广播符号系统中重要的构成要素之一，在传播过程中必须使用适合广播传播特性、合乎广播要求的语言，才能达到良好的传播效果。

第一，口语化。以语音为媒介，以讲话向听众传播信息，自然要求上口响亮，符合一般说话的习惯和听觉的要求，即口语化。广播语言缺乏形象，并且由于广播信息传播迅速、广泛，这就要求所用语言能把深刻的思想、复杂的问题简单化、通俗化，接近生活，使各行业、各地区、各文化层次的听众一听就懂，达到"播来上口、听来顺耳、易懂易记"的要求。而群众的口头语言直接反映了实际生活，有真情实感、简洁明快、丰富多彩等特点，使人听起来既自然亲切，又通俗易懂。

具体来说,要少用单音词,比如,已、曾、虽、因、但、应、并、及等,都应该还原为已经、曾经、虽然、因为、但是等;尤其要少用同音异义词,汉语中含有大量发音一样、意思完全不同甚至相反的词语,作为以声音为唯一传播符号的广播,在使用这些词语的时候要格外小心,例如,全部(不)及格、期中(终)考试、切忌(记)等;多用短句,少用倒装句。

当然,广播语言不是群众口头语言的自然形态,要对口头语言进行加工提炼,舍弃不规范、不健康的语言现象,使之准确、通顺、严密、精炼。

第二,规范化。由于广播具有传播范围广、速度快、感染力强等特点,广播语言具有非常重要的示范作用。因而,广播应该将净化民族语言和促进规范化作为自己的责任,以自身的规范化去带动全民族语言的规范化。在读音上,要求标准化。广播从业人员必须采用规范的普通话语音,准确读音,避免语音的错读和误读,并应自觉抵制各种发音不规范的风气。早年前,我国的主持人中出现过一阵"港台腔"的作风,遭到很多听众和业内人士的批评,如今"港台腔"现象已经大为好转,但却出现了追随网络用语,平翘舌不分的现象,比如,把"妹子"发音成"妹纸","死了"发音成"shǐ了"。在词汇上,要求尽量使用统一的、规范的、易懂的词汇,避免滥用方言、俚语、缩略语、生造词,尤其需要注意的是近年来较多出现的网络用语,一定要严加区分,杜绝使用那些不健康的、带有性暗示或负能量的网络用语。

第三,形象化。广播语言不仅要让广大听众能够明白语义,还要能调动听众的想象力,"看"得见形象,"摸"得着物体,从听觉的感受中,能获得视觉感受和触觉感受。形象化有三个要求,即具体、形象、有立体感。来看一段新闻稿。

波光粼粼的×湖南岸,有的湖面却出现一块一块黑色的"伤疤"。这是记者10月9日在××省××市××区××镇境内看到的一幕。在一家洗沙厂,记者发现许多工人正在洗沙。通过观察与了解,记者获悉洗沙机的工作原理就是通过两根水管把×湖的水引上来,再对沙子进行冲洗,冲洗完之后,洗好的沙子通过传送带分流至大卡车上,而洗沙子的污水不通过任何处理,径直排向×湖。有工人透露,水洗沙是一种建筑材料,用水冲洗是最为重要的一个生产环节,洗沙厂一天洗沙二三百吨。由于冲洗完沙子的水中含有大量的淤泥和细沙,在湖岸边形成黑色泡沫,时间长了,在×湖岸边堆积成浅滩,形成一块类似炭堆式的黑"疤"。

在这段稿件中,记者就通过十分具体、形象的说明,调动了听众的想象力,尽管听众不能亲眼所见,但由于洗沙污水而在湖面上形成的黑色伤疤似乎落在了每一位听众的心坎上。

二、广播中的非语言符号——音乐和音响

1. 广播的音乐

音乐是经作曲家依照一定规律创作出来的,有旋律、节奏、调式、速度、力度、音色、音域的,由演奏家、歌唱家表演而完成的作品,是通过有组织的乐音所形成的艺术形象来表达感情、反映社会现实的艺术。它是一种非造型表演艺术,是一种伴随时间不断延续的动态艺术。

在广播节目中,音乐既可以组成独立的节目单元,也可以是节目的一部分,主要有三种存在形式:音乐节目、节目音乐和实况音乐。音乐节目是指以音乐为主体内容的节目,即专门提供音乐以供听众欣赏的节目。节目音乐是指音乐在节目中处于从属、服务的位置,成为某个节目系统的一个组成部分,在节目中具有配合、辅助功能。实况音乐是指在新闻类节目中,新闻现场本身存在的音乐,是新闻事实的重要组成部分。

在具体的实践操作中,广播音乐具有以下几个功能。

其一,强化情感、渲染气氛,提高节目表现力。

音乐是情感的语言,它在激起人们感情和情绪方面是其他任何艺术所不及的,并超越了语言文字,成为人类共通的语言。因而,在广播节目中,它可以作为声音背景,通过营造音乐情感空间,配合语言、音响来引导、强化听众对内容的理解和感受,提高传播效果。情感是思想的催化剂,特别是在引导想象、强化体验方面,具有独特的力量。它既可以加快听众对其他表达要素意义的理解速度,也能通过调整听众的接受心境,强化其情感体验,引发联想。特别是当听众需要时间体会、思考时,音乐常常能引导、调节思绪和情感的节奏。

其二,音乐可以表达时代感。

每个时代都具有自己独特的乐曲、音调、曲式、演唱方式以及流行的乐器。在反映不同年代故事的广播剧中,因为无法用布景、道具、服装、发型等视觉符号进行时空建构,最常用的方法就是精心设计剧中的音乐,一支使用恰当的时代乐曲或歌曲,能够很好地将听众引入特定的时空,讲述某个特定时代的故事。

其三,音乐可以奠定整个节目的主题基调和风格,甚至成为节目的声音标志。

不同的广播节目有着不同的基调和风格,就以广播谈话节目为例,有的温情,有的犀利,有的严肃,有的调侃,在音乐的使用上也应体现出节目不同的风格。例如,南京交通广播电台早间广播节目《欢乐点点》是一档轻松活泼的娱乐性谈话节目,其音乐风格亦是天马行空、古灵精怪,甚至采用被网友们称之为"神曲"的 GODA GODA 作为节目垫乐,十分符合节目的个性与特色。

广播的传播是在受众注意力分散的状态下进行的,因此,大多数广播电台节目都有自己固定的标识,一般都采用音乐充当广播电台和广播节目的标识。例如,中央人民广播电台每天的《新闻和报纸摘要》节目,开始时总是先播放《歌唱祖国》的曲调。这样,听众在听到这个熟悉的旋律时便知道《新闻和报纸摘要》节目马上就要开始了。

其四,作为编辑手段,整合节目。

广播中有些音乐往往被称为"间隔音乐""花边音乐""桥梁音乐",这是因为一段广播节目往往要作分类归纳,划为几个段落,而音乐往往成为最好的间隔方法。广播电台的节目要求准点准时,不能留空当,但往往由于各种各样的原因会出现一点时间空当,这时常常需要用音乐来填空。用音乐过渡、起承转合,不仅可以转移听众的注意力,实现上下内容的顺利衔接,还可以舒缓听众的情绪,使节目结构井然有序、天衣无缝。

2. 广播的音响

音响，是指除了人声语言、音乐之外，包括自然环境和人造环境中的所有声音的统称。大自然和社会生活中的音响丰富多彩，广播要想真实、全面地反映人们的生活和环境，就不能不抓住音响这一环。注意和揭示音响在客观世界和艺术世界中富有独特意义的存在形式，将会给人以特殊的美感享受。

广播中的音响，可以从不同的角度进行分类。从音响的属性分类，可以分为动作音响（如脚步声）、自然音响（如风声、雨声）、背景音响（如作为环境和背景出现的嘈杂人声）、机械音响（如因机械运行发生的声音）、特殊音响（如经过变形处理的非自然界的声音）等。从对听众心理产生的影响分类，可以分为写实的、唤起情景想象的音响效果，象征性的、唤起情绪的音响效果，习惯性音响效果，印象性音响效果，音乐性音响效果等。从音响来源分类，可以分为真实的音响和虚拟的音响两种。广播节目中的新闻性、知识性、服务性节目，内容都必须是写实的，因此其中的音响效果也要求是真实的，而文艺性节目中的音响效果则完全可以虚构、模拟，只要符合剧情需要，得到听众认可就行。

在最直观的意义上，音响的出现主要是为了增强环境的真实性。它可以提供真实的、具有现场感的听觉事实，使听众更直接、更具体地感受事实及其现场氛围。合乎原型的音响也能够让人确信音响之外的内容与它所表示的事件与情节是一致的，从而大大增强广播内容的实在感。例如，一场重要足球比赛的现场，如果只是干巴巴地报道场上比分，绝无激动人心的效果，但是如果加上了比赛双方的呼喊，双方球迷的助威呐喊、欢呼、叹息、打鼓吹号，共同汇成一个热烈、激昂的声音海洋，就能使听众的情绪自然而然地受到感染，产生亲临现场的感受。

音响还可以表现人物的心境，渲染气氛。人的各种动作音响，因轻重快慢、优雅急促而弥漫着不同的意味。比如，同样是走路，可以有蹦蹦跳跳的孩童气息，也可以有高跟鞋踩出的性感，还可以是步履沉重的沧桑。这些不同的音响效果既是人物年龄、性别、个性等的生动写照，同时也表现出人物的心理状况。从艺术的角度看，借助各种物体的音响信息也可以表现特定人物的心理活动。例如，欢快的鸟鸣声、口哨声，能够为人物愉悦的心情作铺垫；放大的心跳声，可以突显小偷第一次偷东西时的紧张；单调的钟表声可以反映人物孤独的处境；吱呀的木门声则具有一种令人窒息的恐惧感……总之，通过音响强弱、动静的变化，配合特定的情节，往往可以创造出摄人心魄的氛围来。

此外，特定的音响可能表现时间和空间。一般来说，我们用潺潺溪水流动声代表春天，用阵阵蛙声表明夏夜，用落叶簌簌声塑造秋天，用雪地行走的吱吱声代表冬天。可是再进一步，用什么音响塑造70年代的中国乡村？用什么音响表明这是一个发生在古代的武侠故事？用音响表现时空，非常考验广播节目制作者对音响的敏感度，恰当地使用音响，让人们在音响声中联想到特定的时间和空间，这也正是广播的魅力所在。

最后，音响有时还具有蒙太奇式的功能。音响的组接可以进行凝练的叙事，在经典广播剧《一只绣花鞋》中，有这样一组音响，电话铃响→接电话→跑步声→关车门→警笛声→刹车声，几秒钟的时间就叙述了一个警察接警、出警的全过程。此外,按不同方式组接的音响能产生完全不同的效果。例如,有四个连续的音响:①一个脚步声;②一个开门声;③一声尖叫;④一个枪声。如果是①②③④,讲述的是一个杀手杀人的过程,尖叫由死者发出;如果是④①②③,讲述的是枪声响后,有人发现死者的过程,尖叫由目击者发出;还可以是③④②①,讲述了杀手行凶后,离开现场。总之,音响作为声音蒙太奇组成的材料,具有极强的艺术表现力。

第二节 电视传播的符号系统

电视传播的符号系统比广播要复杂得多,它是视听语言系统,不仅有听觉符号,还有视觉符号。视觉与听觉组合成各种不同的声画关系。

一、电视的视觉符号系统

电视的视觉符号系统包括影像、文字、示意图等。其中,影像是电视最重要的视觉符号,它由一系列的造型元素组成。

(一)影像

电视可以通过影像来传递信息、表现情节、塑造人物,它不仅可以进行最基本的叙事,也可以张扬和强化情感,达到表意功能。但影像不是一个孤立的语言符号,而是表现内容的总形式,它由线条、光线、色彩等多种因素综合协调组成。要了解电视作品的视觉符号,我们必须从形成影像的各种主要元素出发来分析影像。本节将从景别、角度、焦距、摄影机的运动、光线、色彩等几个元素入手,讲解其对于形成影像的重要意义。需要特别强调的是,以上各元素并不是各自独立的,最终促成影像形成的是各种元素的综合作用。各种元素相互联系、相互影响,构成影像的叙事、表意、抒情。

1. 景别

直观上看,景别就是取景区域、画面范围大小的不同。我们依据画框中所摄取的景物范围大小的不同来划分景别。划分景别的标准,以便于操作为依据,用来判断画框中所截取的人物身体部分的多少。据此我们界定:远景——广阔的场面;全景——人物的全身;中景——膝盖以上部分;近景——胸部以上部分;特写——颈部以上部位或被摄物体的细节。

远景用来表现环境、空间、景观、气势等的宏大,属于超常规视点的景别,展现观众本人难以看到的新视点,从而拓展影像的表现力。一般来说,我们在外景拍摄中,展示开阔的空间、显示场景的全貌,要运用远景。此外,远景还有抒发情感、渲染气势的效果,而当用远景拍摄某个人物的时候,还可以表现人物的孤单、落寞和渺小。

全景通常是指展现环境全貌、人物全体的景别。全景具有叙事、描写的功能,侧重交代、说明,它与表现局部的景别组合使用,可以展现人群全局、空间整体。通过中景,既能看到人们的部分面部表情,又能看到部分身体动作与姿态,常用于表现人与人、人与物之间的行动、交流,生动地展现人物的动作、姿态。全景和中景都属于叙事功能性非常强的景别,但它们比较缺乏情感上的渲染能力和视觉冲击力,比较中性、平稳、客观,在一些动人的、特殊的时刻需要用更进一步的近景或特写来抒情。

在近景中,人物周围的环境变得次要,人物的面部表情则相当重要,观众可以进一步观察其内心活动。近景还可以用来突出主体、强调细节,提升其重要性,暗示物体或人物不同寻常的意义。

特写是指用以细腻表现人物或被摄物体细节特征的一个景别,和远景一样,特写镜头也是一种超常规的视点,一般表达非常亲密的两个人之间的视野,或者表达某种特别的凝视,用来制造出暧昧的、亲密的感情气氛或利益紧密的感觉。

在电视节目制作过程中,对景别的使用虽然没有绝对的标准,但由于景别本身具有意义,能够在观众心中产生不同的情感刺激和暗示,因此绝不能乱用。

2.角度

角度是指摄影机与被拍摄对象间的水平夹角与垂直夹角。关于角度的分类及不同拍摄角度可能表达的意义,见表6-1。

表6-1 拍摄视角的比较

水平夹角	正面	介绍人或物的全貌,是表现面部表情最有效的角度,也称"表情角度"
	侧面	适合表现运动、动作、人与人的交谈,也称"运动/动作角度"
	背面	含蓄地引发观众想象,是一种用来制造悬念的角度
垂直夹角	平视	典型的新闻摄影的角度,表达平等、平静、客观、公正的态度
	仰视	表达景仰、崇敬的态度
	俯视	表达蔑视、贬义的态度

第一,正面的拍摄角度。一般而言,人物面部在镜头中显现越多,信息也就越丰富。当我们需要完全展现人物的面部表情时,就可以选择一个完全正面的拍摄角度。新闻主播台上的主播,在镜头中通常就会呈现为一个正面的近景,便于全面地展示自我,同时也给观众制造一种近距离、无沟通障碍的感觉,因为观众面对着镜头前的人物,会觉得人物面对着说话的那个对象就是自己。

第二,侧面的拍摄角度。从审美效果而言,侧面的拍摄角度,蕴含着一种潜在的动势。比如拍摄赛跑时,在赛程中途,多数时候侧面拍摄运动员。这样不仅可以表现运动员之间的距离,更可以表现运动员在运动过程中,不断前进的动作与速度感。

第三,背面的拍摄角度。这是恐怖片里营造气氛常用的手段,从信息量的角度说,背面的拍摄角度信息量几乎为零,但却积聚了最大的悬念。在交代人物出场时,如果首先给一人背面角度的镜头,则会起到未见其人、先闻其声的效果,在正面角度还未出现的时候,给观众以强烈的期待。

第四，平视的拍摄角度。平视常表达平等与尊重，在新闻以及纪录片的拍摄中比较多见，如果遇到孩子或坐在轮椅上的老人、残疾人，要格外注意，尽力避免造成不尊重被摄对象的俯拍。

第五，仰视的拍摄角度。这会使被拍摄对象显得更高大，有一种自上往下倾轧的动势，因此，仰视的拍摄方式常用于表达威严、景仰与崇敬。刻画伟人的形象时，通常使用仰视的角度，刻画强有力的男性形象，也可以使用仰视的角度。不过值得注意的是，仰视的角度不能过大，如果摄影机和人物之间的落差过大，会造成一种扭曲感，不再是表达景仰，而是刻画一种反常的人物形象。

第六，俯视的拍摄角度。当机位高于被拍摄对象时，形成俯视，在俯视的角度里，被拍摄对象直观上显得更低矮、渺小、卑微。因此，俯视的角度往往用于表达蔑视、贬义的态度，或者表达怜悯的情感。

由于不同的拍摄角度可以抒发不同的情感，在电视节目的拍摄中，要选择恰当的角度，在需要表达客观公正的时候，要避免采用仰视或俯视。例如，在法制新闻的报道中，要避免对原被告双方采用一仰一俯的拍摄方法。

3. 焦距

焦距是由于摄影机镜头的光学透镜而形成。从物体不同部分射出的光线，通过镜头之后，聚集在底片的一个点上，使影像具有清晰的轮廓与真实的质感，这个点就是焦点。所谓焦距，正是从镜头之镜片中间点到光线能清晰聚焦的那一点之间的距离。镜头焦距的长短不同，又构成了长焦镜头、短焦镜头、标准镜头的区别。长焦镜头俗称望远镜头，视野较窄，景深较小，常用于表现较远处的物体。长焦镜头能够人为地压缩真实的空间，让需要被观众看清楚的人或物对焦清楚，让其他层面失焦，成像模糊。所以长焦镜头可以被用于一些主观化、戏剧化的影像风格中，用来营造一种"我的眼里只有你"的亲昵感。短焦镜头俗称广角镜头，视野较宽，景深较大，常用于表现较大范围的视域。短焦镜头往往会造成前景画面不同程度的扭曲、变形，加之短焦镜头人为地拉伸了景深空间，因此，它也往往被应用于主观的、戏剧化的影像风格，用来体现人心的孤独、冷漠。标准镜头则善于还原生活原汁原味的视觉质感，营造纪实风格，因此在电视新闻、电视纪录片的制作中较多采用标准镜头。

4. 摄影机的运动

电视镜头的本质就是运动。通过镜头运动，电视可以最大限度地还原现实生活，电视不仅充当人的眼睛，还通过镜头特定的运动形态拓展人眼所及的视野范畴。镜头运动可以建立一种空间感觉，在镜头的运动过程中，画面景别和角度不断变化，使画面表现的背景空间不断变化，从而打破画面的单一结构，使电视画面在屏幕上展现出一个富有纵深感的三维立体空间。镜头运动还可以渲染电视人物的特定情绪，使人的情绪直观化、影像化。镜头的运动通常贯穿了创作者的意图，代表着叙述者的讲述角度，电视镜头的每一种运动都有其特定的含义和明确的目的，常见的运动方式有以下几种。

(1) 推和拉。"推"是指沿摄影机光轴方向向前移动的接近式的拍摄方法,"拉"正好与"推"相反,是指沿摄影机光轴方向向后移动的远离式的拍摄方法。推镜头的特点是画面包含的范围越来越小,画面内影像越来越大,拉镜头反之。"推"和"拉"大多出现在主观镜头中,用于表示进入或退出某一场景的感觉。推拉镜头还有心理揭示的作用,镜头缓缓推近角色,仿佛人物渐渐靠近,产生亲密的心理感受,而当镜头慢慢拉出时,似乎人物内心疏离,产生隔阂与嫌隙。

(2) 摇。摇镜头主要是指摄影机的机位在拍摄中不作位移,而是改变拍摄的方向和范围。摇镜头又分为水平摇和垂直摇,它们的共同特点是确保拍摄对象保持在一个连贯的镜头空间内,强化空间的统一性和这一空间内人物之间的联系,以及人物与环境的联系。摇镜头常常产生宏大的场面感,水平摇主要表现横向空间,特别是全景系列的水平摇镜头,强调的是广阔的环境空间和视野,展示的重心在于人物在环境中的位置及其与环境的关系,在大量战争戏中,常使用水平摇来展现场面的恢宏。垂直摇突出的则是纵向空间。

(3) 移。移镜头是指摄影机在移动状态下的拍摄形式。当被摄主体固定时,摄影机的移动在镜头含义方面呈现出创作者明显的主观表现色彩,镜头画面背景则产生丰富变幻的效果。当被摄对象处于运动状态时,摄影机伴随主体的运动而移动,呈现出强烈的伴随状态和进行时特征。实际上,这种移镜头也就是所谓的"跟镜头"。无论采用哪种移动形式,移镜头都无一例外地强调时空的完整性,强调时间的流程,强调展示的具体和细致。移镜头有一个显著特点就是富于纪实色彩,摄影机在位移过程中进行拍摄的特点使它天然地具有表现人物日常生活或事件自然流程的能力,使它具有当下性、跟踪性和纪实性。很多电视纪录片便大量采用移镜头的拍摄方法。

5. 光线

在实际生活中,光作为一种物理现象而客观存在。电视是一门视觉艺术,光线也是电视节目创作的前提和灵魂,是电视节目创作者进行审美观照的对象。因为光线是镜头造型的主要元素,它不仅赋予画面形象以物质生活,而且造就这些物质形象的艺术生命。光作为艺术语言的元素,具有多方面的叙事写意功能,它可以塑造人物或环境的视觉形象与质感。明暗对比强烈的灯光照明可以塑造男性硬朗的形象,柔和的灯光则可以塑造女性柔美的气质。

根据光的性质、光的主次、光的方位的不同,可以把光线细分为硬光、软光、主光、补光、正面光、侧面光、逆光、顶光、底光等。硬光通常为直射光,明暗反差较大,阴影明显,往往用来表现有力的、动态的形象。软光通常为散射光,明暗反差小,阴影被弱化,往往用来表现柔弱的、静态的形象。在一个固定的构图中,一般只允许存在一个中心光源所形成的照明系统和影调结构。在这个系统中,来自其他方向的辅助光的亮度,不能超过主光,不能破坏主光产生的影调结构。正面光是指正面水平方向的光源。加强正面光,可以使人物看起来紧贴背景,减弱空间的深度感、立体感,因此也被称为平面光。演播室里进行的新闻、谈话节目,常常用正面光。侧面光与正面光相反,加强侧面光,可以加深空间的深度感,因此也被称为立体光。在拍摄人物时,侧面光有助于把人物形象刻画得更生动。逆光也叫轮廓光,如果只有逆光,我们就可以看到被摄对象的剪影效果。顶光突出了人脸部的骨骼,也叫蝴蝶光,因为人的脸部骨骼结构中,颧骨的位置最宽,顶光自上向下投射,可以突出颧骨的阴影,造成蝴蝶张开两翼的形状。底光是一种制造丑化效果的光源,能造成一种反常规的视觉体验,也常被称为魔鬼光、骷髅光,往往用于塑造恐怖形象。

6.色彩

与光一样,当色彩超越了最初的自然状态,开始作为深化内容、渲染情绪或表现思想的造型元素的时候,它就拥有了语言的某种品性,成为视听语言体系中不可或缺的组成部分,色彩作为语言的含义也就有了明确的界限。在影像中,色彩的表达可能有多种不同形式,灯光、布景、道具与服装的色彩,都可以影响画面的色彩谱系,从而构成不同的叙事内涵。

总之,影像作为电视的视觉符号,不是单一元素的构成,而是由一系列镜头元素综合发挥作用的产物。我们在制作、欣赏某一个镜头的影像时,也不能仅仅孤立地看它的某一构成元素。

(二)文字

电视的视觉符号除了有活动的影像,还有大量的文字语言。文字在电视传播中有着不可忽视的作用。首先,文字可以加强节目的记忆深度。有研究人士在对信息的接收能力进行研究时指出:"阅读文字能记住10%,收听语言能记住20%,观看画面能记住30%,边听边看能记住50%。"视听结合,两个信息接收渠道各取所需互不干扰,这对于加强记忆深度是不言而喻的。在"看"的单一通道里,屏幕文字与画面虽是两种不同类别的语言符号,却能够做到兼容输入而不顾此失彼。人类感知各种语言符号,是编码式的信息输入,能够同时从不同感官输入信息,又同时有不同的"储存库",视、听、读三位一体,能对观众产生立体化、全方位的冲击,加深记忆[1]。其次,文字可以补充影像信息。文字的表达是具象的、清晰的、准确的、高效的,影像虽然可以提供"眼见为实"的证据,但也存在信息盲点,比如时间,用文字来交代十分便捷并准确。有的新闻节目由于同期声比较丰富或精彩,为了保留完整的同期声,就用字幕代替解说词来表明现场画面和同期声不能确切表达的信息。再次,文字易于受众理解和接受。屏幕上显示的内容能形成听读一体的易受性,声音与文字同步播出,观众且听且读,很是轻松,比起聚精会神地听广播和费力地看报纸,文字加画面的播出方法明显更易于理解和接受。最后,可以利用文字对频道或栏目进行视觉包装和设计。随着媒体间的竞争越来越激烈,如今的电视媒体越来越重视视觉包装,用VI设计等来彰显自己的品牌形象,而电视媒体在进行包装的时候,屏幕中的文字成为VI设计常用的元素。因为文字涉及字体、字号、字色等,相对固定的字体、字号和字色,能够形成明确的视觉标识,给观众留下深刻的印象。

---

[1] 黄匡宇:《广播电视学概论》,暨南大学出版社,2017年版,第278页。

此外,根据文字出现的位置与具体的作用不同,电视文字还可以分为唱词、人名条、标题、滚屏以及各种字幕标板等。由于电视屏幕的容量有限,电视新闻的标题,多以单行题为主,少数新闻采用双行题,三行题则极少出现。标题的字数也不宜过多,一般在20字以内。用于介绍画面中人物姓名、单位、身份的人名条,也应做到准确与凝练兼备,遇到拥有多重身份的人物,则需要根据具体情况对身份进行适当安排和取舍。

(三)示意图

大量电视新闻拍摄于事件发生之后,除非现场有监控摄像头或目击者录制下了事件发生的过程。一般情况下,电视作为能提供画面的大众媒介,实际上是缺乏核心事件的影像资料的,虽然电视台记者可以通过采访还原事件现场,但是语言叙述也存在头绪多、难以表达清晰的问题,遇到复杂的事件、地形、人物关系,可以用示意图的方式使内容变得形象直观、一目了然。例如,在有关矿难的新闻报道中,仅用语言去描述地下矿场的分布图以及矿难发生的经过、目前被困人员的位置等十分困难,也不可能拍摄到整个地下矿区的结构和横截面,这时用一张示意图则可以轻松解决这个叙事的难题。

二、电视的听觉符号系统

电视的听觉符号系统和广播的听觉符号系统有很多共同之处,也是由人声语言、音乐、音响三者组成。但是,与广播完全依靠声音传播信息不同的是,电视节目中的听觉符号应与电视画面有机地结合在一起,密不可分。鉴于在本章第一节已经具体谈过三种不同声音的特性与功能,在这里主要谈谈声音与电视画面结合后的一些特性和功能。

首先,声音可以对画面信息进行补充。虽然能够提供画面是电视媒介最为独特的地方,然而画面存在传播缺陷,比如,画面难以表现人物复杂的内心活动,画面对展示未来、回忆过去受到限制,画面对缺少行动、没有形象特征的事物难以生动地表现,画面对新闻要素的具体交代受到限定等。因此,在电视节目中,一般用解说词来传达图像和同期声没有或不能包含的其他信息内容,例如,交代新闻的要素,深化主题思想,加强叙述和表现事件或人物,有时还可以发挥语言转场的作用。由于电视节目解说词和电视画面之间具有密切的关系,因此要判断一篇解说词的质量,必须结合电视画面才行,一篇好的解说词单独读起来未必是篇完整通顺的好文章,同样,一篇完整通顺的好文章也未必是篇好的电视解说词。孟非在《随遇而安》里有这么一段叙述:"我还记得这部片子一共拍了一百四十多盘素材,其中绝大部分是我拍的。本来我的任务到前期拍摄结束就完了,没想到训练局的领导看完样片后要我剪片子。我把本子看了一遍有些发愁了。这个纪录片的撰稿人群体集中了当时中国体育界最顶尖的一群人,包括中国足球报社总编杨迎明、现在的中新社总编章新新、人民日报社的缪鲁、新华社的杨明、解放军报社社长孙晓青。因为这群大人物都是搞文字的,他们写的是很文学的稿子,往往不考虑画面。他们的稿子里经常有大段优美的文字旁征博引,写得像体育史一样,看起来很好,可我上哪儿找画面呢?虽然可以借用一些史料性的资料画面,但制作时间和经费都有限,怎么办?后来,我提出让每个撰稿人按电视要求改解说词。年轻时我很为这事儿陶醉——我一个江苏台的临时工,让人民日报、新华社的名记们按我的要求改稿!多嘚瑟啊!"①这充分说明了解说词的写作不能脱离画面,声音与画面之间必须具有逻辑关联。

其次,声音可以有效拓展画内空间,形成对画外空间的想象。电视所能提供的画面其实只是一个有限的平面,但它同时也为我们制造出一个有深度的空间的幻觉。因为取景框的存在,现实空间被区隔为画内空间和画外空间两部分。画内空间是我们在画框以内能够直接看到的,而画外空间是留给我们去想象的。电视在进行叙事的时候,可以将一切主体放在画框内,形成一个自主的空间,也可以利用画框的隔断造成对画外空间的想象来完成叙事与表意。那么,如何调动观众的想象,去拓展有限的画内空间呢?声音是一个常用的元素。例如,在美剧《冰血暴》中,杀手要进行一场残酷复仇,镜头只跟拍到杀手拿着枪走进一栋大楼,随即对大楼的外立面进行摇摄,完全没有展示在大楼内部发生了什么,但是上楼梯的脚步声、密集的枪声、惊恐的呼救声,以及呼救声的渐止,已经让观众完全能够想象到杀手复仇时的残忍以及最后的惨烈景象。

再次,需要区分画内语言与画外语言。虽然都是诉诸听觉的声音,但是因为有了画面,根据声音来源的不同,我们把电视的声音语言区分为画内语言和画外语言。所谓画内语言,即声音的发出者就在画面中,人物的对白、采访同期声、现场同期声都属于画内语言。而画外语言自然是指声音的发出者不在画面中,声音是在后期编辑制作中加进去的,像解说词、旁白等就是典型的画外语言。画内语言的成功应用,可以形成与观众面对面交流的亲切感,从而提高观众的心理参与度。但是画内语言相对来说,语速比较慢。电视播音速度以每分钟播报200~220字为宜,而采访同期声每分钟讲120~150字。在电视新闻中若将同期声用得太长,势必使节目节奏缓慢,产生拖沓之感,以致影响传播效果,因此,电视新闻制作常出于对节奏的考虑,将采访同期声表达的内容转为解说词进行交代。

三、声画关系

声音和画面是电视语言的两大元素。这两大元素既相互独立,又相互联系,既能交融相处,有时又存在一定的矛盾。如何认识这两大元素并处理两者的关系,曾经是学术界争论不休的话题。传统理论有两种看法。一种是"主画说",认为电视在本质上是一种影像美学,因而画面将占有主要的地位,声音则是一种补充与辅助,不足以构筑影视的本体。这种图像崇拜观念源于早期无声电影,不适当地将画面元素强调到独一无二的地位,无疑带有片面性,因为即便是无声电影时代,电影院也要请来乐队为电影伴奏。另一种"主声说"的理论则认为在科技手段的不断发展和大量采用的前提下,声音元素对于电视创作的影响已接近甚至超过了画面,他们以"关掉画面也可以得到一个完整的新闻"为由而轻视画面。这种对两者关系的认识同样是不符合实际的。其实这两种观点都忽略了一个最基本的问题,即电视是一门关注"视听造型"的艺术,单纯强调画面元素或声音元素的观点,都具有主观随意性和片面性。我们需要确立视

---

① 孟非:《随遇而安》,浙江文艺出版社,2011年版,第89页。

听兼备的观念,因为荧屏空间和荧屏形象是由画面和声音共同构筑,并由视觉和听觉共同感受的。一个无声的空间,在观众心理上造成的是一种没有质感的缺失,一种无法触摸的非真实的虚无感受,这对于观众来说是一种窒息;而没有画面的电视已经不能称之为电视了,那是广播。总之,离开了画面,你可以接受信息,但永远接受不全,离开了声音,你如坠云雾。

另一方面,就表达情绪而言,由于画面与声音各自担任的职能及其自身的多义性,决定了不同的声画组合会产生不同的,甚至完全相反的情绪和含义。因此我们必须了解声音和画面之间具体存在哪几种关系。概括来说,声画结合的方式主要有三种:声画同步、声画分立、声画对位。

其一,声画同步,也称声画合一,指声音和画面严格匹配,使发音的人或物在荧屏上与所发声音保持同步进行的自然关系,使得画面中视像的发声动作和它所发的声音同时呈现,并且同时消失,两者吻合一致。声画同步是最常见、最易被观众接受的声画关系,它的主要作用在于加强画面的真实感,提高视觉形象的感染力。现实生活中的声音是依附于物体自身的,在正常情况下,人们的视听是一致的,声画同步就是以此为依据。发声体的可见性和声音的可闻性,使得声画营造的时空环境真实感、逼真感、再现性非常突出。

声画同步使视听艺术再现生活成为可能,这种关系是电视创作中最基本的一种关系。新闻主播的播报、现场实况、采访画面与同期声、电视剧中人物的对白,都属于声画同步的关系。

其二,声画分立,又称声画分离,指画面中的声音和形象不匹配、不同步、不吻合、互相剥离,即声音和发声体不在同一画面内,声音通常以画外音的形式出现。声画分立意味着声音和形象具备相对的独立性,它们通过分离的形式,在新的基础上求得和谐统一。声画分立的直接结果,是突出了声音的作用,使它从依附于形象的从属地位中解放出来,成为独立的艺术元素。例如,在电视剧《大明宫词》中,大段大段的老年太平公主的画外音贯穿全片,哪怕画面上出现的还是少年太平公主的形象,但声音却是老年太平公主。在此,画外音不仅是补充了情节上一些难以用画面交代的要点,而且以极其华丽而优美的辞藻将观众紧紧地留在一个梦幻世界当中。

其三,声画对位,指声音和画面形象各自相互独立又相互作用的结构形式。具体来说,声画对位首先在形式上可以概括于声画分立范畴之内,指声音和画面在形式上不同步、相互独立;其次在内容上,画面所提供的信息和声音所传达的信息在性质和情绪基调上存在很大反差,甚至完全矛盾、对立;最后,两者虽然相互独立,但又彼此对列、彼此配合、彼此策应,从不同的角度为同一个人物形象塑造或主题表达服务,既分头并进,又殊途同归。声画对位与声画分立的区别在于分析问题的角度不一样,前者是内容上的对比,后者是形式上的差别。声画对位是声音作为一个元素加入蒙太奇的特有的表现形式,是体现创作者审美观念和倾向的独特艺术手段,准确巧妙地运用声画对位会产生某种声、画原来各自并不具备的新寓意,通过观众的联想达到对比、象征、比喻等效果,给观众以独特的审美感受。

第三节 5G时代的视听革命

随着5G时代的到来,视听领域开始出现新发展趋势。虚拟现实、人工智能等新一代信息技术的融合应用更新了视听的定义,扩展了视听的内涵。

一、虚拟现实技术在电视节目中的运用

我国5G技术作为重要的国家发展战略,技术水平位居世界前列。5G网络大带宽及低延时的特点彻底解决了VR、AR、全息投影等新媒体技术的应用瓶颈,为新媒体技术的应用提供了更丰富的载体和更多元的场景,使视频得以通过更加多元化、多维度、多视角、全景全息的方式进行呈现。

VR(virtual reality)技术,即虚拟现实技术,又称虚拟环境、灵境或人工环境技术,是指利用计算机生成一种可对参与者直接施加视觉、听觉和触觉感受,并允许其交互观察和操作的虚拟世界的技术。这项技术可以让用户进入一个非常神奇的虚拟世界,而且是一个非常逼真、非常立体的世界,给予使用者视觉、听觉等感官的模拟,并且可以进行三维成像,非常自然地对虚拟世界产生交互作用和临场感。目前,这项技术被运用到体育赛事的报道中,在2016年的里约奥运会播出平台中,NBC、CBC及BBC等媒体就已经推出了体育赛事的VR观看客户端,甚至在进行转播时,专门设计了针对整个赛事流程的VR组件,实现了对某些体育项目的VR全景播放,大大提高了观众的临场体验感。观众不仅可以观看更具空间效果和立体效果的视频,还能在仿真空间下体验虚拟的现实场景,沉浸式地体验运动的乐趣。

AR(augmented reality)技术,即增强现实技术,是一种通过计算机影像的位置与适当图像进行补充的技术,可以将在现实世界中识别不到的信息和物体进行模拟,并通过层次的叠加实现虚拟世界和现实世界的结合,以达到更好的观看体验。在近年的大型晚会、新闻播报里,都可以看到AR技术的呈现。例如,在2016年江苏卫视跨年演唱会上,一条3D效果的大蓝鲸从空中横空出世,震撼全场;中央电视台在香港回归20周年特别报道中的系列报道《数说香港》第二集中,约五分钟的节目有近30处使用AR技术。

全息投影技术是利用光学干涉和衍射等原理,通过存储介质记录并呈现物体真实3D图像的技术,整个应用过程可裸眼观看,无须借助3D眼镜,就可呈现出三维立体图像的效果。在电视节目《国家宝藏》中,由于文物的脆弱性和多样性,节目组不能将文物进行实物展示,但通过全息投影,观众可以直接看到文物3D幻影立体显示特效,从色彩以及清晰度上来看都相当逼真,立体感很强,具有较强的视觉震撼感,充分展示了历史文物之美。当解说员、演员们在表演时,后面的背景用3D沉浸式全息投影技术来展现,让观众觉得所看的一切好像是真的发生在古代一样。

二、视频直播和慢直播常态化

凭借 5G 网络所具备的高速率、大容量、低延时等关键能力,全面的视频化、传播的无线化、流程的简便化,将成为信息传播发展的必然趋势。5G 视频直播是 5G 最直观的应用,5G 加光纤双千兆网络技术可以支撑数千万人同时在线观看。5G 时代,视频直播将会成为一种"常态化"的信息传播形式和内容表达方式,具体表现为各行各业、随时随地、各种形式都能够进行"直播"[①]。2020 年初,在抗击新冠肺炎疫情的宣传报道中,5G 随时随地进行视频直播的能力更是得到了充分发挥。多角度场景、多形态内容、随时随地、永远在线的 5G 直播,使用户可以在第一时间了解抗击疫情的最新动态,以最直接的方式获取最真实的信息。5G 在疫情防控宣传报道中的综合运用,体现了 5G 网络传播的技术特性和网络优势,可谓典型的 5G 新媒体新闻形态,也是 5G 时代新闻传播媒体融合创新的一次成功尝试。

同时,依托 5G 稳定的网络传输环境,"慢直播"这一新的信息传播形式和内容形态开始出现并快速发展。例如 2020 年初,央视、人民网、新华社等主流媒体纷纷开通 5G 慢直播,对武汉火神山和雷神山两所医院施工建设情况进行 24 小时不间断实况直播。2021 年中秋,湖南卫视通过 5G 慢直播跨越七地,让千万网友一起在线"追月"。

5G 时代的直播还突破传统的单向视频流媒体形态,与 VR、AR 等技术融合应用,形成更加多元的内容表现形态,如中国大熊猫保护研究中心都江堰基地就通过 5G＋VR 慢直播,使用户实现了 360 度全景 VR"云撸熊猫"。

推荐阅读

1. 安晓燕、叶艳琳:《视听语言》,中山大学出版社,2017 年版。
2. 黄匡宇:《广播电视学概论》,暨南大学出版社,2017 年版。
3. 卢迪、林芝瑶、庄蜀丹:《从 5G＋融合媒体到媒体融合＋5G:先进技术驱动下的媒体深度融合发展》,《中国编辑》,2022 年第 8 期,第 87－91 页。
4. 李晋林、袁立本、羊青等:《视听语言拉片实训教材》,中国广播电视出版社,2011 年版。
5. 李宇宁:《微电影拉片实录与教程》,清华大学出版社,2016 年版。
6. 邵清风、李骏、俞洁等:《视听语言》,北京广播学院出版社,2007 年版。
7. 孙振虎、赖仕凡、张悦:《视听语言"一镜到底"的应用技巧》,《新闻与写作》,2020 年第 5 期,第 105－107 页。
8. 滕佳丽、曾静平:《智能传播技术支撑体系的层级逻辑关系》,《传媒观察》,2022 年第 8 期,第 84－89 页。
9. 王丽娟:《视听语言传播艺术》,中国广播电视出版社,2006 年版。

---

① 卢迪、邱子欣:《新闻"移动化"与直播"常态化":5G 技术推动新闻与直播深度融合》,《现代传播》,2020 年第 4 期,第 6－10 页。

10. 周逵、汤璇:《涌现的创新:基于复杂适应性系统理论的短视频视听语言演化与反思》,《南京社会科学》,2021年第10期,第108-117页。
11. 罗伊·汤普森、克里斯托弗·鲍恩:《剪辑的语法》,梁丽华、罗振宁译,北京联合出版公司,2014年版。

思考题

1. 请以某一部广播剧为例,分析其中非语言符号的使用。
2. 请以某一则电视新闻为例,分析其中的声画关系。
3. 请找出电视节目中声画关系为声画对位的片段,并分析其使用是否恰当。
4. 你赞同"主画说"还是"主声说"?
5. 什么是AR技术、VR技术和全息投影技术?它们在当前的视听节目制作中有哪些运用?

第七章

广播电视受众论：从受众分析到效果研究

第一节　广播电视媒介的受众分析

受众是传播必不可少的因素,具有多重角色,它是信息内容的接收者、符号的解码者、信息产品的消费者,也是信息的反馈者。换句话说,受众是大众传播媒介的接触者及其传播内容的使用者,是广播电视传播得以存在的前提和条件。离开了受众,信息的传播将无法完成。因此,作为大众传播媒介的广播电视,应对受众有足够的重视,了解受众的特点及构成情况,了解受众的需求及视听习惯,只有这样才能对广播电视节目进行合理的定位,获得理想的传播效果。

一、受众的特征

(一)广泛性

广播电视的受众具有较强的广泛性,一方面他们人数众多,另一方面他们分布广泛。由于广播电视所要求的智力门槛低,传播符号的易受性强,因此其受众人数比其他媒介要多很多。在地域上,由于电子媒介的无远弗届,广播电视受众可以散布在电波所及的每一个角落,特定的传播技术如卫星直播等,使地球上的大多数人可以同时成为同一节目的受众。早在20世纪60年代,广播电视已在发达国家得到普及。1980年,彩电在日本的家庭普及率已经超过98%,1987年,美国99%的家庭拥有收音机,95%的汽车上装有收音机,3/4的成年人在汽车里收听广播。时至今日,我国的广播电视普及率也达到了顶峰,2013年,在北京召开的"电视的力量——中国电视影响力发展论坛"上公布了一组数据,在中国大陆每年电视受众的规模高达12.82亿,电视占据第一大媒体的地位。

(二)复杂性

正是由于广播电视受众的覆盖面太广,随之而来的便是受众的复杂性。各个知识层次、各个职业、各个年龄段、各种性格的人都在其中,广播电视工作者常常抱怨众口难调也正是这个原因。针对这一情况,广播电视节目制作人开始进行不同程度的节目定位和"窄播化",目的是为了拥有相对固定的受众,从而培养受众对节目的忠实度,达到较为有效的传播效果,但"窄播化"并不意味着受众人数的减少。所以,广播电视受众的复杂性是永远存在的,"众口难调"与"众口需调"也将是一个长久的矛盾。

(三)隐匿性

作为大众传播媒介,广播电视的信息传播是相对公开的,但是受众会在何时何地以何种心态接触和使用广播传播的内容,却往往处于隐匿状态,广播电视传播者和受众就其存在状态而言,整体上是相互独立的,受众与受众之间往往也不存在经常性的、制度性的联系。受众的收听、收看大多是一种私人行为,而且处于一种分散状态。广播电视受众的这一特点为媒介组织了解受众的收听收视行为带来了一定的困难,这就造成了受众调查的迫切性和必要性。

(四)流动性

相对而言,广播电视可能在一段时期内有着一定的稳定受众,但这种稳定性是相对的,其流动性则是绝对的。在生活中我们常以某一节目的忠实观(听)众自居,但事实上,又有几人能做到定时定点每期必看(听)呢?最多也就是在自己空闲的时候,相对较多地选择某一节目罢了。并且随着广播电视业的不断发展,受众对节目的选择空间也越来越大,曾经的忠实观(听)众随时都有可能被其他节目吸引转而成为新节目的忠实观(听)众。另外,随着受众自身的成长,其收视需求和品位也在不断发生变化,因此,一个节目要想培养高度忠诚的受众,长期"锁"住受众的耳朵和眼睛,就必须在节目种类与品质上下大力气,不断改版创新,跟上时代的步伐,否则就将导致受众的流失。例如,江苏卫视的《非诚勿扰》自 2010 年 1 月 15 日开播以来,一度成为国内收视率最高的国产综艺节目之一。而进入 2015 年,有超过 200 档新节目疯狂上档,电视综艺的题材更加丰富多样,尤其是各类明星真人秀节目强势来袭,《非诚勿扰》随之进入发展瓶颈期,不得不由一周双播改为单播模式。到了 2017 年 4 月,曾经获得极高收视率与关注度的《非诚勿扰》,终于走到了停播改版的这一天。节目官方微博发声表示将对节目进行"蝶变式改版"。

总之,地域上的流动,职业和社会地位的流动,政治、经济和文化上的流动等都会导致受众心理和需要的变化,从而造成广播电视受众在结构上的变化。更宏观地说,生老病死、新旧更替、环境变迁、社会发展,时时处处都在改变着作为社会成员的受众,使得广播电视的传播者不得不在相对稳定中调整和更新自己的传播。

(五)地域性

目前,包括从中央到地方、从卫星到有线等各种类型、各种规模的广播电视台在内,我国大约有 1150 家电视台、1500 家广播电台。中央各台所具有的全国性影响力和一些区域性电台、电视台对本地受众的影响力是相互补充的。便于了解本地信息,人们习惯于接受本地台,考虑到这样的因素,各地方台应使其更具有地域性,为当地受众所喜闻乐见,从而提高节目的地域性,以及最终的收听率和收视率。这种地域色彩是通过节目所选择的特定内容和形式表现出来的。从内容来看,要求节目的内容较多选用本地的题材。所谓本地题材,是指具有本地特点的现实生活和历史沿革、历史事件、历史人物、名胜古迹、地理特征、物产资源、文化传统等。各地方台由于所处的地域不同,都可以选出具有本地特点的题材。

二、受众的构成

广播电视的受众由于具有上文所述的广泛性及复杂性等特点,因此其构成也较为复杂。然而大众传媒必须了解受众的构成并对其进行详细深入的分析,才能有的放矢地生产出受众喜闻乐见的节目。

(一)广播的受众构成

广播是听觉媒介,伴随性较强。这一特性使其受众可以随时随地、见缝插针地收听广播节目,加上广播接收器外形小巧、携带方便、价格低廉等因素,广播已经成为人们生活中的忠实伙伴。

在当今传播领域竞争激烈甚至残酷的媒介环境中,广播收视市场并没有因此走入寒冬,相反整体发展稳定。十多年来,广播的接触率一直维持在59%~60%,只有2020年的全年广播接触率略有下滑,同比下滑1.8个百分点。广播主体听众是25~44岁的中青年听众,占比超过四成;从性别比例上看,男性居多;且广播听众的受教育程度颇高,超过77%的广播听众都具有高中及以上学历。

(二)广播受众的收听行为

2021年中国广视索福瑞媒介研究(CSM)9个测量仪城市调查数据显示,音频受众每人每天收听直播和点播音频节目的时长合计达到103分钟,其中收听电台直播节目时长为56分钟,利用手机App收听非电台直播节目时长为47分钟,分别占比为约54%和约46%。对于音频收听市场来说,无论是直播节目的传输,还是点播内容的分发,移动应用已经是一类举足轻重且不可回避的通道和平台。

近年来,广播媒体在随着私家车普及红利快速增长后,进入了稳健发展时期,广播听众规模不再扩大。调查数据显示,2021年,17个连续调查城市市场全天时段电台直播收听率为3.79%,持平于2020年收听率水平。从各收听场所来看,2021年车上收听率为1.41%,较2020年微升0.18个百分点;在家收听率为1.85%,较2020年同期微降0.14个百分点。随着私家车拥有率的日益饱和,车上收听率趋于平稳,在家收听率也难以大幅度增长,音频受众对广播媒介的消费时间正在向非传统的音频媒介转移,听众有了更多广播App的选择,会花更多的时间使用其他音视频设备或者音视频服务客户端。

从收听时长方面看,全国不同片区的广播人均收听时长存在差异。人均日收听分钟数较高的市场有乌鲁木齐(75分钟)、广州(73分钟)和哈尔滨(72分钟),均在70分钟以上。相对而言,收听量较低的城市有深圳(37分钟)、杭州(35分钟)、重庆(33分钟)和长沙(33分钟),不足40分钟。数据显示,人口特征也影响着收听时长,从性别上看,男性听众的广播人均收听时长高于女性听众;从年龄上看,年龄越大,广播人均收听时长越长,65岁及以上人群人均收听时间超过95分钟,而15~24岁人群人均收听时间只有35分钟。

从全国广播收听时段分布曲线来看,听众的收听需求高峰主要集中在早上7:00—10:00和傍晚17:00—19:00,这两个时段是出行高峰,听众资源最丰富,收听需求最强烈。

地方广播电台节目内容具有贴近本地的地域优势,可以更好地满足听众对于本地资讯和民生的收听需求,因而在本地市场占据较高份额。国家级电台在全国各地的落地情况极不均匀,实际参与当地广播市场竞争的频率较少,所以,广播收听市场的竞争格局主要表现为:本地电台竞争优势明显,省级电台多在其省会城市市场领先,而市级电台多在本地城市引领竞争的格局。在绝大部分市场,本地的省级和市级电台市场份额合计超过80%,凸现了广播媒体的地域性和贴近性。

此外，按照直播电台频率的名称及其播出的主要节目内容分类，2021年各城市所有直播电台频率可以划分为新闻综合、交通、音乐、文艺、都市生活和经济等主要类别。调查数据显示，新闻综合、交通和音乐类广播竞争力名列前茅。具体来说，新闻综合类广播频率的收听份额最高，达到29.26%，较2020年同期增长1个百分点；交通类广播频率的收听份额从2020年的27.03%增长到2021年的27.55%；音乐类广播的收听份额从2020年的24.09%降低到2020年的23.32%。市场份额增长相对明显的还有都市生活类频率，其市场份额从2020年的5.52%增长到2021年的7.60%。①

（三）电视的受众构成

作为一种视听媒体，电视能够直观地再现现实生活，具有强烈的现场感与感染力，受众群体数量庞大。一般来说，电视节目主要以家庭为单位的群体形式收看，看电视是家庭文化的重要组成部分。

继2008年国家提前实现农村中央广播电视节目无线覆盖目标后，国家又推出家电下乡、以旧换新等政策，并大力推进数字电视转换，在多项政策的共同推动下，全国电视观众规模连续多年呈现增长态势。但由于受到新媒体的冲击及其他因素的影响，受众使用的媒介工具发生了较大变化，电视观众规模在2013年首次出现下滑，但是截至目前，电视媒体的地位依然不可忽视。

从全国电视观众整体来看，在年龄分布方面，2020年，65岁及以上、45～54岁、55～64岁这三个群体在所有电视观众中所占的比例较大，分别为22.3%、20.7%和17.7%，三者之和占据了超过60%的份额。在文化程度构成方面，近年来的显著变化是观众的文化程度从以中低学历为主变为以中高学历为主。2015年，初中文化程度观众比例高达35.9%，小学文化程度观众比例为25.8%，高中文化程度的观众占据了18.1%的比例，大学及以上文化程度的观众只占比10.3%。而在2020年，大学及以上文化程度的观众占比上升为20.3%，高中文化程度的观众占比上涨为27%，初中文化程度观众的比例下降为31.8%，小学文化程度观众的比例下降至16.7%。

（四）电视受众的收视行为

从2010年开始，全国电视观众人均每日收视时长基本呈现持续下滑的态势，尤其是近几年，受新媒体、互联网进一步发展的影响，受众对媒体的接收形式和接收方式发生了翻天覆地的变化，一家人围坐在电视机前收看节目的传统几乎被打破，继而被碎片化、个性化的收视行为所替代。据CSM调查数据显示，2010年人均收视时间为171分钟，而2019年仅为124分钟。2020年人均收视分钟数回升至132分钟，但这主要是受到了该年第一季度居家隔离的防疫政策的影响，随着5月份复工复产，电视收视总量又开始逐渐下降。

从近几年的数据来看，女性观众收视时间长于男性观众是一个规律性现象，而伴随着互联网等新媒体的发展，男性观众对电视的注意力出现了更明显的游离。老年观众除了在人数上

---

① 《2021广播市场：直播电台听众价值持续提升 省市竞争此消彼长》，https://m.163.com/dy/article/H318EB680517CM0B.html?spss=adap_pc，2023年2月5日。

是中国电视观众的一个重要群体之外,还因其较长的人均收视时长而成为电视收视率的主要支撑。2020年55~64岁和65岁及以上老年人群体的人均每日收视分钟数分别为224分钟和288分钟,其中65岁及以上老年人的人均收视时长保持了连续四年稳定增长的态势。此外,中低学历人群对传统电视的收视热情继续保持。2020年,小学文化程度人群的人均收视时长为165分钟,位居各文化程度人群之首,其次是初中文化程度人群,而大学及以上文化程度人群每日收看电视的时间最短,仅为94分钟。整体而言,收看电视时长与学历成反比,学历越高,收看电视的时间越短。

从全天收视走势来看,呈现双峰形,最突出的一个高峰出现在晚间19:00—22:00,第二个收视高峰出现在午间12:30前后。总体来说,观众全天收视率走势由于与观众日常工作和生活习惯相符,将长期保持基本稳定态势。

从节目竞争格局上看,电视剧、新闻时事节目和综艺节目稳坐全国收视第一阵营,其中电视剧的收视比重最高且保持逐年上升的态势,2020年达到34.8%,新闻时事节目的收视比重从2018年的13.3%上涨为16.8%,而伴随着近年来国家广播电视总局对卫视综合频道综艺节目播出的调控和管理,综艺节目收视比重有所下降,截至2020年占比仅为10.1%。生活服务和专题节目构成全国节目收视的第二梯队,两类节目共占12%的收视比重。处于第三梯队的是青少节目、电影和体育节目,而音乐、法制、财经、戏剧、教学和外语节目仍保持较低的收视比重,均低于1.3%。

第二节 电视媒介的收视率测量

围绕电视展开的受众调查多种多样,可以根据想要了解的内容将其划分为三类:了解观众收视行为的调查、了解观众收视态度的调查、了解观众收视需求的调查。这其中,了解观众收视行为的调查最成规模,也最常被提及。

一、收视率调查

所谓收视率调查,就是采用连续性调查方式,通过组建能够代表整体电视人群的固定样组,借助日记卡或测量仪等数据采集手段,长期持续记录样本观众在每个测量单位时间内的收视行为。由于收视率调查数据能够让使用者更为深入和详尽地了解观众的收视行为、习惯和动向,因此,收视率数据在各种受众调查中最受重视,并得到了最广泛的应用。

(一)收视率调查的历史沿革

英国是最先进行受众调查的国家。1936年,BBC就开始对国内听众进行调查研究,了解听众对电台节目的偏爱情况。1952年,BBC增加了对电视观众收看电视节目情况的调查,并用反应指数来度量电视节目质量,用欣赏指数来评定电台节目。

我国的收视率调查起源于20世纪80年代中期。1986年,按照国际上普遍采用的随机抽样原则,中央电视台率先在北京地区组织了观众收视抽样调查,这次调查被认为是中国收视率调查的起源。1992年,中央电视台与地方台联合成立全国电视观众调查网,到1995年,该调查网已经建立起51个调查站,形成了一个全国性的调查网络和29个区域调查网络,样本户达一万多户。

在随后十几年中,央视索福瑞和尼尔森成为中国收视率调查的主要供应商。1998年,英国调查集团TNS完成对索福瑞集团的收购,央视索福瑞成为世界第二大市场调查公司的分支机构之一。2006年WPP旗下的电视收视调查机构AGB与尼尔森成立合资公司AGB尼尔森,整合其在30多个国家的收视率调查业务,中国业务包含在内。2008年,尼尔森根据自身经营调整,暂停AGB尼尔森在中国的收视率调查业务。

2010年,尼尔森借助与杭州华数在回路数据调查方面的合作,回归中国市场。在这一时期,还涌现出一批科技调查公司,借助对新传播环境下收视率调查技术的探索,进驻收视率调查市场。中国收视率调查由此进入新一轮竞争期。

而随着"多屏"时代的到来,受众观看节目的渠道呈现多元化,不再局限于电视终端,而是向互联网及手机等移动新媒体平台迁移,在这种媒介生态环境下,单一的以传统电视屏幕进行收视调查已经无法全面准确地反映收视效果,新的调查体系亟待建立。尼尔森早在2006年就携手NetRatings公司推出A2M2(Anytime Anywhere Media Measurement)计划,这一计划的目的是将传统收视率调查与网络视频、移动视频的收视数据相匹配,形成三屏合一的数据报告。阿比壮(Arbitron)公司研发了一种叫作便携式个人测量仪的设备,能够记录受众在多种媒体上的收视情况。在我国,CSM、国双科技、酷云互动等公司已在北京、上海等地进行整合各终端媒体收视率的尝试[①]。

(二)收视率及相关概念

收视率是收视调查中最基础、最核心的指标,也是节目和广告交易中的通行货币。《全球电视受众测量指南》(Global Guidelines for Television Audience Measurement)中,收视率被定义为:某一特定的时段里,收看某一特定频道或某一特定节目的人口占所有电视渗透人口的平均百分比。其中电视渗透人口是指拥有电视收视手段或工具的人口(通常具有年龄下限)。

假设在某一分钟,数量为200人的调查电视群体,有100人收看电视,共有五个频道A、B、C、D、E,其中收看频道A的观众有10名,收看频道B的观众有20名,那么:

$$频道 A 的收视率 = 10/200 \times 100\% = 5\%$$
$$频道 B 的收视率 = 20/200 \times 100\% = 10\%$$

在电视收视率调查的指标体系中还有一个概念被常常提及,甚至被常常与收视率相混淆,那就是收视份额。收视份额是指在某一特定的时段,收看某特定频道或者某一特定节目的人数占所有收看电视的人数的百分比。

还以上文的数字举例。

---

① 谷征:《多屏时代的收视调查:历史、现状与趋势》,《编辑之友》,2017年第8期,第44-48页。

频道 A 的收视份额＝10/100×100％＝10％

频道 B 的收视份额＝20/100×100％＝20％

通过对比可以看出，收视率与收视份额既有区别，也有联系。就同一市场同一时段而言，二者最主要的差异在于百分比的分母部分。收视率的分母是该市场的总体推及人口，既包括看电视的观众群体，也包括没在看电视的观众群体；而收视份额的分母则只包括在该时段收看电视的观众群体。因此，从数值上看，收视份额的值大于或等于收视率的值。

此外，二者反映的内容和意义也不同。收视率反映观众的收视总量，表明"蛋糕有多大"，而收视份额反映的是相同时段不同频道（节目）之间的竞争状况，表明"蛋糕怎样分"。

总之，收视率和收视份额作为收视效果的表征，从不同角度刻画节目表现，使得节目评估更加全面，节目发展战术更加多元化。例如，如果节目以获取收视量和市场影响力为首要目标，评估更看中收视总量，那么收视率作为主要评估指标恰如其分，节目在总收视量高的黄金时段争取高收视率责无旁贷，但同时需要充分考虑处于不同时段的节目在先天收视条件方面的差异。如果节目以争夺市场为首要目标，评估更着眼于竞争能力，那么收视份额就是更为重要的指标，节目有的放矢地在竞争相对缓和的非黄金时间段争取高收视份额，同时还需注意不同时段竞争环境的差异。

（三）收视率调查方法

收视率的调查对象，一般被界定为目标区域内 4 岁及以上的电视家庭人口。收视率数据的调查流程大致可分为以下四个步骤。

1.第一步：基础研究

收视率调查是一种抽样调查，因而如何根据电视人口的总体特征，科学合理地设计抽样方案，以获得具有代表性的样本，就成为收视数据是否准确的决定性因素。而基础研究的目的正是要取得有关收视行为的影响因素，如电视机及相关设备的拥有情况，电视频道的覆盖情况，电视观众的年龄、性别、用户规模以及收入等方面的信息，为调查样本的抽取提供一个基础。同时基础研究的结果也为样本的调整及轮换提供了一个决策的依据。央视索福瑞不仅在新建站点时要进行基础研究，而且对已建站点每年也要进行一次基础研究，以把握调查总体结构特征的变化，确保调查样本对总体样本的代表性。

2.第二步：固定样本的抽取及维护

在基础研究的大样本中，按照随机原则抽取若干家庭作为固定样本，参与收视率的调查。调查公司在现场抽取固定样本时，坚持样本户的各个重要特征（如用户规模、电视机数目、收入水平、日用品购买者年龄、有小孩家庭比例以及有线用户比例）与基础研究的结果尽可能一致，以保证固定样本的代表性。

样本维护对于保持固定样本的代表性，从而确保收视率数据的准确与可靠有十分重要的意义，央视索福瑞一般采用以下几种措施维护固定样本。

（1）样本轮换。日记卡平均每周轮换 2％的样本户，城市测量仪平均每月轮换 1％的样本户,以防止被调查户由于长期填写日记卡产生疲劳而导致填写质量不稳或下降。

(2)样本结构的监测与调整。利用日记卡每周对样本的控制目标进行监测,利用城市测量仪做到对样本每天的监控,检查样本结构特征与总体结构特征是否一致,如果样本结构与总体结构发生了偏离,则马上对固定样本进行调整。

(3)大规模的基础研究。每年进行一次基础研究,以便为样本轮换与调整提供最新的总体结构特征。

3. 第三步:数据采集

当前采集收视率数据最被普遍采用的是日记卡法和测量仪法。

在日记卡法调查中,最重要的两个部分是收视率调查日记卡和日记卡专用夹。在收视率调查日记卡上有记录样本人员所收看的电视频道代码和收视时段的地方,一张日记卡可以记录一名样本人员一周七天的收视情况。日记卡法的记录时段设定为 15 分钟,即以 15 分钟为一个记录单位,当记录样本人员在 15 分钟收看某一频道的累计时间超过 8 分钟时才记录。日记卡专用夹的封面及封底上均标明"请将专用夹放在最常使用的电视机旁""打开专用夹,根据台标提示卡确认频道代码",专用夹中还附有对该项调查的简要说明、日记卡填写方法细则及范例。为帮助记录样本人员准确区分所收看的电视频道,在日记卡专用夹中还有频道名称、代码及台标提示卡。访问员每周一次上门收取已经填写好的日记卡,并给记录样本人员留下下一周的空白日记卡,以记录下一周的收视情况。

日记卡法从调查时间的精确性来看,只能提供最短时间间隔为 15 分钟的收视率数据,不能精确反映广告时段的收视状况。从准确性上来看,整个调查过程基本上都是人工进行的,因而使用日记卡法发生错误的可能性也较大。有的样本户未按要求随时记录,往往凭回忆来填写日记卡,带有一定的主观印象成分。从提供数据的及时性来看,日记卡法由于每周收集一次日记卡,再加上用几天的时间对日记卡数据进行录入、检查及处理,则需要十天左右的时间才能提供收视率数据。

而另一种调查方法,即测量仪法则比日记卡法先进得多。使用测量仪法,首先要在样本户家中安装测量仪。测量仪主要包括三个部分:电视机内的探测器和探头;电视机外的显示仪、手控器;与电视线相连的存储盒。探测器和探头能够准确检测电视机的工作状态,在电视开机时能够自动跟踪电视频道的变化。频道变化的时间可以精确到秒,收视时间的测定精度极高。在电视机开机后,通过样本户成员按手控器上的编号确定谁在看电视,并且直接在显示仪上显示出来,频道和收视人员变化的信息通过存储盒保存。每天凌晨,由总部计算中心通过电话线或 GPRS 将所有样本户前一天收看电视的数据取回,经过数据处理,便可计算出前一天的收视率。

无论是调查时间的精确性、调查数据的准确性,还是及时性,测量仪法都远胜于日记卡法,但是从调查成本的角度来看,测量仪由于其昂贵的造价及维护费用,成本远高于日记卡。所以总体来说,使用测量仪法得到的数据相对客观可靠,日记卡法在调查成本上较有优势。

除了以上两种传统的数据采集方法,还有一种回路数据技术,它从数字机顶盒中提取海量数据流。该数据流记录了电视用户收看的频道及广告收视、电视互动服务情况,是数字新媒体环境下重要的受众调查解决方法。

回路数据研究是大数据研究,但与对样本户的研究相比,也存在一些问题,比如:只能测量户收视率,测不到个人收视率;具备双向传输功能的机顶盒在各个市场分布很不均衡,对各个收视市场的代表性不够;国内每个城市或省份都有当地运营商,几百个有线运营商,每个都有自己的技术和机顶盒,且处在数字电视的不同发展阶段,不同的技术标准使测量变得复杂。所以,回路数据技术是革新性的数据收集方法,但是目前受各地复杂的数字电视技术标准的限制,要想完全取代传统的测量方法还有待进一步的技术完善。

4. 第四步:数据处理

收视调查的原始数据输入计算机之后,首先要进行数据净化,以确保原始数据的完整及合理。经净化后的数据与样本背景资料库及节目资料库合并形成一个更全面的收视率资料库。在这个收视率资料库的基础上,对收视调查的原始数据进行各种加权计算,便产生各种收视率结果,最终以收视产品的形式提供给客户。

(四)对收视率数据的应用

在竞争日益激烈的收视市场中,正确理解、熟练掌握并灵活应用收视率数据,对于挖掘收视率数据的价值,充分发挥收视率数据在节目编排、节目创作以及广告投放决策中的作用具有重要意义。

美国学者苏珊·泰勒·伊斯特曼(Susan Tyler Eastman)等人基于对节目编排的理解,将节目编排界定为一个由"选择适合目标人群收视的节目内容""根据观众收视习惯对节目内容进行合理排期""对编排好的内容进行有效的整体宣传和营销",以及"对编排的收视效果进行评估"四个连续、相互关联、往复循环的步骤所组成的过程。可以说,充分了解目标观众的收视习惯、实现观众时间资源与频道综合资源的对位是编排策略选择和优化的核心,因此,收视率分析在节目编排优化上发挥着重要的作用。

收视率分析还对于节目创新具有非常重要的重义。利用收视率数据,可以了解观众的收视习惯,寻找节目创新的突破点;可以对特定市场观众收视时间的分布、收视频道的选择、不同节目类型的收视率等进行分析,从而确定创新节目的观众定位,选择与创新节目目标观众适位的播出环境;还可以了解创新节目中节目元素的流行趋势,这是创新节目赢得市场支持的关键环节。

收视率数据还可以帮助延长节目的生命周期。作为一种文化产品,电视节目在电视市场中的发展变化过程也呈现出类似于其他市场流通产品的生命周期过程。一般而言,完整的节目生命周期包括四个阶段,即导入期、成长期、成熟期、衰退期,每个不同阶段都伴随着相应的收视率变化及特点。对二者之间的关联分析,有助于我们了解节目发展所处的阶段,并针对具体情况开展相应调整,以缩短导入期,延长成熟期。

在广告投放过程中,电视媒介与广告运营者都亟须了解电视节目或广告的受众规模、结构、收视行为,以理性确定节目与广告的购买及平台选择。而以收视率为基础指标的观众收视指标体系则被认为是可以客观度量、评估电视节目与电视广告效果的量化指标,因此,收视率被称为节目和广告交易的"通用货币",其重要性可见一斑。

二、收视态度调查

收视率在电视运营中得到了充分的重视,但是片面强调收视率,把追求收视率作为电视运营的目标,会给电视业的健康发展带来负面影响。"唯收视率论"极端放大了电视媒体的商业性,偏离了收视率作为一种分析工具的本质,这也是收视率一度被称作"万恶之源"的由来。因此,我们需要建立另一种调查体系,针对观众的收视态度进行调查,例如满意度调查。

所谓满意度调查,又称为欣赏指数调查,是反映观众对电视频道或节目态度与评价的一个指标。满意度被认为是一个心理指标,这一指标被认为是收听/收视率这个"量"的指标之外的另一个"品质导向"的指标。英国是最早进行这类调查的国家,我国电视业也已经建立了一套观众满意度调查体系。

在调查方法上,采用入户问卷的方法,通过与受访对象面对面交谈取得调查结果。主要采取打分制,让观众对自己经常看的愿意为其进行打分的节目进行有选择的打分。不过,目前我国满意度调查的区域比较小,大多对中心城市的人群进行入户调查。

满意度调查在很大程度上可以弥补收视率调查的不足,它可以避免纯粹追求收视率而导致的节目质量低下、社会风气败坏等弊端,实现经济效益和社会效益双赢的局面。满意度调查目前已成为继收视率调查之后各广播电视媒体的一种较为通行的做法,然而,相比较现下流行的收视率调查,受众满意度调查应该进一步得到强化。

第三节 广播电视的效果研究

可以说,对广播电视的受众进行受众调查、收视率/收听率调查、满意度调查的终极目标是为了解传播的效果如何。不过,这种受众分析只是站在一个微观的层面,了解某一具体频道或节目在实际收视(收听)方面的传播效果。而事实上,还有大量的关于广播电视传播效果的宏观研究和理论研究,这些针对广播电视传播效果的研究也成为传播学效果研究中非常重要的组成部分。

传播效果研究是以大众传播媒体的传播效果和效果发生的过程为主要研究对象的一个学术领域,它在一定程度上代表了大众传播研究的主流与核心,是大众传播研究中最受重视、开拓最深、成果最丰硕的传播研究领域之一,历来被认为是大众传播研究的基石。人们关于广播电视传播效果的认识和所有大众媒介传播效果一样,经历了一个"强—弱—强"的变化。

一、魔弹论:广播剧《星际战争》研究

1938年10月30日,美国哥伦比亚广播公司(CBS)播出了科幻广播剧《星际战争》,为了吸引听众,该剧以半纪实的形式,在播出时模仿现场新闻播报,不断穿插播放关于入侵者侵略进

程的要闻简报。谁知这个小小的"噱头"竟使得100多万听众误以为"火星人"大军真的在当地登陆,从而争相出逃,公路和桥梁被逃难的车队挤得水泄不通,以至于政府不得不调动警力把他们追回来。这一现象,震惊了当时不少研究者,拉扎斯菲尔德领导的普林斯顿大学广播研究所,就对这部广播剧进行了研究,主要目的是为了了解广播节目在制造大众的歇斯底里方面为什么会有如此引人注目的效果。最终的研究结论认为,信息在一定时间、地点和条件下,对某一类特定受众有很强的影响,研究者相信传媒能轻而易举地引导或误导民众,令他们转变自己的价值观、态度、信念和行为。这些结论为大众传播效果"魔弹论"提供了有力的支撑。

魔弹论认为,大众传媒对每个受众都有着强大的、即时的、直接的和无差别的效果,受众就像射击场里一个固定不动的靶子或医生面前一位昏迷的病人,完全处于消极被动的地位,只要枪口对准靶子,针头扎准人体部位,子弹和注射液就会迅速地产生神奇效果。它不经任何中间环节,可以把"各种各样的思想、感情、知识或动机从一个人的头脑里几乎不知不觉地灌输到另一个人的头脑里","几乎可以随传播者所欲而左右大众的任何观点"。因此,受众的性格并不重要,重要的是信息①。

二、使用与满足论:我们为什么听广播、看电视?

20世纪40年代,赫佐格(Herta Herzog)对广播听众进行调查,主题是电台白天的连续剧节目为什么会吸引那么多的妇女。赫佐格对100名听众做了长期采访,对2500名听众做了短期采访。研究结果发现,妇女们之所以喜欢这些连续剧或是因为在听他人遇到困难和问题时可以发泄自己的感情,或是因为听众似乎会进行愿望想象——也就是说,听众收听他人经历的同时会获得一种感同身受的满足,抑或是因为想从中获得处世的指导,因为"如果你听到的节目中的事情将来发生在你身上,你就会知道如何应对"。赫佐格的研究成果发表在《我们对白天连续节目的听众究竟知道什么》一文中,它被称为"历史性的论文"②。

赫佐格深入地了解了听众从广播中所获得的满足的特点,以及他们如何使用剧中的信息,并提出了三种主要的使用与满足形式:感情释放、主观幻想和获取建议。这一研究被看作是"使用与满足"理论最早的开端。

20世纪五六十年代,对"使用与满足"的研究开始进入了新时期,研究者开始对这一时期盛行的电视媒体的使用情况进行调查。60年代初,施拉姆、莱尔和帕克公布了关于美国儿童使用电视情况的首次大规模的调研报告《我国儿童生活中的电视》,研究者希望厘清儿童如何利用在电视上看到的东西这一问题。他们的结论是:和某些成年人观看电视是为了逃避现实、获得谈话资料、了解世界或者纯粹是为了消磨时间不同,儿童使用电视的目的主要是幻想、消遣和指导。此外,施拉姆等人还发现,儿童对电视的使用情况与其家庭等社会关系有关。比如说,子女与父母冲突越厉害,寻衅的次数越多,也就越喜欢看电视上的幻想节目,以达到逃避现实的目的③。

---

① 邵培仁:《传播学》,高等教育出版社,2007年版,第337页。
② 殷晓蓉:《美国传播学受众研究的一个重要转折:关于"使用与满足"说的深层探讨》,《中州学刊》,1999年第5期,第58-61页。
③ 段鹏:《传播效果研究:起源、发展与应用》,中国传媒大学出版社,2008年版,第61页。

1972年,麦奎尔(McOuail)、布卢姆勒(Blumler)和布朗(Brown)在对英国大量广播电视节目进行研究之后,提出了"媒介-个人互动说",来反映媒介使用的基本情况。研究认为,人们使用媒介的主要目的包括转移注意力、建立人际关系、重塑或确认个人身份或个人心理、进行监督。

三、知识沟理论:儿童教育节目《芝麻街》研究

《芝麻街》(Sesame Street)是美国一档专门针对学龄前儿童的电视节目,开播于1969年。该节目由美国政府出资,目的在于为学龄前儿童提供广泛的教育与保健服务。当时的时代背景是,贫富家庭的儿童在学习能力和学习成绩上的明显差距引起了美国社会的广泛关注。家庭经济条件较好的儿童常常在进入小学之前就接受了良好的学前教育,而那些家庭贫困的儿童在学前没有钱请家庭教师,没有钱购买启蒙读物,进入小学后,二者自然会产生明显的差距。面对这种情况,一股要求实现受教育机会平等的社会呼声不断高涨,美国政府因此出台了一项"补充教育计划",试图通过大众传播和其他手段来改善贫困家庭儿童接受学前教育的条件,于是《芝麻街》电视系列片应运而生。

《芝麻街》作为政府学前启蒙项目的一个尝试,其主要目的是为了缩小贫富家庭儿童学前教育的差距。然而,在对该节目观众测试结果进行研究时,预设结论却受到了质疑。学者库克及其同事在对《芝麻街》制片人收集的节目评估数据做了充分的分析之后,提出了具有挑战性的反驳意见。他们认为,尽管《芝麻街》播出后对贫富家庭儿童都产生了良好的教育效果,但对节目接触和利用最多的还是那些富裕家庭的儿童,以缓解教育条件不平等为目的的这部电视系列片,实际结果却是扩大了两者之间的差距。

1970年,美国传播学者蒂奇纳(P. J. Tichenor)等人在一系列实证研究的基础上,提出了这样一种理论假说:"由于社会经济地位高者通常能比社会经济地位低者更快地获得信息,因此,大众媒介传送的信息越多,这两者之间的知识鸿沟也就越有扩大的趋势。"这实际上是对大众传播时代信息流通的均衡性,公众在知识获得取方面的平等性、公平性提出了质疑。蒂奇纳认为,除了接触媒介和学习知识的经济条件以外,传播技能上的差异,已有知识储量的差异,社交范围的差异,信息的选择性接触、理解和记忆,大众媒介的性质都是造成"知识鸿沟"扩大的原因[①]。

四、培养理论:电视暴力问题研究

"培养理论"(Cultivation Theory),又称"涵化理论"或"教化分析""涵化分析"等,起源于20世纪60年代。当时,美国社会正处在暴力和犯罪问题相当严重的时期,美国政府专门成立了一个"暴力起因与防范委员会",为这些问题的解决提供相应对策,格布纳(Gerbner)主持的"培养分析"便在该委员会的支持和赞助下开展起来。

---

① 斯坦利·巴兰、丹尼斯·戴维斯:《大众传播理论:基础、争鸣与未来》,曹书乐译,清华大学出版社,2014年版,第304页。

培养理论最初的着眼点有两个:一是分析电视画面上的暴力内容与社会犯罪之间的关系;二是考察这些内容对人们认识社会现实的影响。格布纳领导的研究小组的分析样本为1967年和1968年10月1日至7日在电视台黄金时间(下午16:00—22:00)和周六上午(8:00—11:00)的娱乐节目,编码员观看由电视台提供的录像带,并使用一种标准的记录工具进行分析。

研究结果发现,除了在一些事例研究中发现电视暴力内容对青少年犯罪有"诱发效果"外,在整体上没有发现两者之间的必然联系。但是,在第二个层面,调查显示,尽管在现实生活中人们遭遇暴力事件的概率在1%以下,但是许多人却认为这种可能性在10%以上,这一估计大大超过客观现实的可能性而更接近于电视画面中的"社会景象"。而且,无论人们的社会属性如何,属于什么性别、学历或年龄层,电视接触量越大,这种倾向也就越明显①。这说明,电视所传达的"象征性现实"与客观现实之间是有很大差距的,而"象征性现实"对人们认识和理解现实世界发挥着巨大影响。同时,这种影响不是短期的,而是一个长期的、潜移默化的、"培养"的过程。对于大量看电视的观众来说,电视实际主宰和包容了其他信息、观念和意识的来源,所有接触这些相同消息所产生的效果,便是格布纳所称的培养作用,或者说构成了共同的世界观、共同的角色和共同的价值观。

格布纳提出了一系列创新概念。"重度观众"是指每天看电视时间超过一般人平均每天4小时的电视观众。他们养成了过度依赖电视的习惯,并通过电视构造的环境来了解社会,因而特别容易受到偏离真实的"电视世界"的影响。"电视暴力的吓退作用"是指电视最主要的负面影响是对社会,特别是对社会中容易遭受暴力伤害的弱势群体的精神恐吓作用,它使人们感到生活在一个"邪恶的世界"里,周围的环境极不安全。"冷酷世界症候群"是指长时间观看暴力电视节目的人,不仅会变得没有安全感,而且会对暴力及暴力受害人渐渐失去敏感和同情心。由于习惯了一般的暴力内容,这类人要看更激烈的暴力内容才觉得刺激。于是在长期的电视暴力浸淫下,他们变得自私、冷酷、缺乏同情心及爱心,难以与人愉快相处。

此外,培养理论还认为,社会要作为一个统一的整体存在和发展下去,需要社会成员对社会有一种"共识",提供这种"共识"是社会传播的一项重要任务。格布纳认为,大众传播不仅是现代社会的"讲解员",而且是缓和社会各异质部分矛盾与冲突的"熔炉",在这个意义上,它还是维护现存制度的"文化武器"。因此,培养理论一方面肯定大众传播在形成"共识"过程中的巨大作用,另一方面又指出大众传媒所提供的"象征性现实"与客观现实之间的距离,以及传媒的某些倾向所带来的社会后果。这在另一方面也就要求公民要具备一定的媒介素养,尤其是接触和使用媒介较为频繁的社会群体②。

---

① 周庆山:《传播学概论》,北京大学出版社,2004年版,第235页。
② 参见陈相雨:《大学生媒介素养教育的转型》,《青年记者》,2014年第11期,第97-98页。

推荐阅读

1. 陈若愚:《收视率100问》,中国传媒大学出版社,2014年版。
2. 虢亚冰:《以受众为本 强化广播电视传播效果》,《中国广播电视学刊》,2004年第6期,第56-57页。
3. 蒋宁平、欧阳宏生:《认知抑或娱乐?——认知传播视域下纪录片观看的使用与满足》,《西南民族大学学报(人文社会科学版)》,2022年第2期,第154-159页。
4. 李钢、李宁:《历史沿革与观念流变:收视率及其问题研究述评》,《中国广播电视学刊》,2021年第5期,第72-74页。
5. 李宾:《中央广播电视总台高质量发展传播效果分析》,《中国广播电视学刊》,2020年第3期,第112-115页。
6. 王锦慧、郭美彤:《中国电视剧收视率预测模型研究:基于版权价值评估视角》,《现代传播(中国传媒大学学报)》,2019年第8期,第126-132页。
7. 王兰柱:《收视率调查&应用手册》(第二版),中国传媒大学出版社,2012年版。
8. 杨林:《收视率造假行为的规制研究》,《中国广播电视学刊》,2019年第1期,第38-40页。
9. 丹尼斯·麦奎尔:《受众分析》,刘燕南、李颖、杨振荣译,中国人民大学出版社,2006年版。
10. 斯坦利·巴兰、丹尼斯·戴维斯:《大众传播理论:基础、争鸣与未来》,曹书乐译,清华大学出版社,2014年版。

思考题

1. 为什么要进行受众调查?
2. 如何理解"收视率是万恶之源"这句话?
3. 收视率调查有什么作用?
4. 请用培养理论分析负面题材视频传播效果问题。

» 第八章

广播电视体制论：
从西方到中国

第一节　多体制并存的西方广播电视体制

体制是特定社会制度下组织对社会资源进行配置和管理的制度性安排。鉴于广播电视对社会具有巨大影响力,世界各国对广播电视媒体和行业的管理也是极为重视的。由于各国的历史文化和具体国情不甚相同,形成的广播电视体制也不甚相同。目前,较有影响的是西方国家的广播电视管理体制。

一、西方国家广播电视管理体制的理想类型

(一)国有/国营型广播电视体制

国有/国营型广播电视体制,是指广播电视机构由政府或执政党直接建立、管理和控制的管理和运行体制,它在本质上为全体国民所有。在这种体制下,广播电视机构代表政府立场,宣传政府及执政党的方针政策,对负面社会舆论进行引导,以达到维护社会稳定、巩固执政党执政地位的目的。因而,这种体制下的广播电视机构所需要的维持和运行经费,主要来自政府拨款,同时小部分经费来自它们的广告经营[①]。

虽然美国的广播电视机构大多奉行商业管理体制,但是像美国政府新闻署下属的国际广播电台"美国之音"(Voice of American, VOA),以及"美国之音"的姊妹台"自由亚洲之声""马蒂之声"(专门针对古巴的广播)等机构,都属于美国国有/国营的广播电视机构。它们代表美国政府的立场,是美国对外宣传的重要机构。尤其是"美国之音",它的很多政论类节目指向中国,其中有很多有失公允的观点。更令人惊讶的是,美国相关法律规定,"美国之音"是不可以向美国本土受众播送节目的,这在相当程度上说明了,"美国之音"肩负的"特殊使命"。而且,负责"美国之音"新闻采编和制作的工作人员,在美国并不被视为新闻从业人员,而是被视为政府雇员。

(二)公共型广播电视体制

公共型广播电视体制,是指不以营利为目的,并完全服务于社会公共利益的管理体制。在这种体制下,广播电视单位作为公共机构,通常由国家委托和特许公共机构负责运营管理,主要经费来源于广播电视视听费或执照费,或是由政府和社会团体捐款以维持运行。由于广播电视占用公共资源,而且这些公共资源通常又是有限的,在这种情况下,西方很多国家都强调广播电视具有面向公众的一面,其运行应按照公众利益原则予以安排。例如,英国广播公司(BBC)、德国电视二台(ZDF)等广播电视机构就是典型代表。在公共型广播电视体制下,广播电视机构必须以为公众提供公共服务为己任,不能以赚钱为目的,但这并不意味着它们不能做少量的商业广告,前提是商业广告的数量以及内容不能影响到节目内容的独立性和公共性。

---

① 参见陆晔、赵民:《当代广播电视概论》,复旦大学出版社,2014年版,第97页。

这里需要说明的是,由于"公共型"本身在理解和界定上就存在一定的复杂性,甚至有时候不少人会对"公共型"和"国有型"两种体制产生混淆。在理论上,"公共型"应包含独立、平等、不迎合等原则。具体在操作层面上,广播电视应全面呈现各方观点,不能偏袒其中的任何一方,同时平等对待受众,拒绝以立场差异区分服务的对象,更重要的是,要以传递信息为基本功能,而不是以传递观点和信仰为主①。只有以此为准绳,才可视为真正的"公共型"。

但实际上,情况远比理想类型复杂。可以说,在当代西方广播电视体制基本模式中,公共型广播电视体制是最为错综复杂的。基于此,有研究者认为:"当代西方诸国公共广播电视经营机构一方面依法独立运行,普遍地有一系列共同的基本特征;另一方面由于同社会众多基本政治力量结成不同的政治调控关系,而形成彼此相异的体制类型,主要有国有公营型、国有国会主导型、社会联合公营型和国有政府主导型等。"②

(三)商业型广播电视体制

商业型广播电视体制是指由财团和个人出资运行和维护,并以赚钱为目的,特定主体使用相关法律规范对其进行管理调控的体制。在这种体制下,广播电视机构并无为公众服务的要求,它们以商业广告、节目版权销售及其他经营性收入为主要经济来源,美国广播公司(ABC)、全国广播公司(NBC)、哥伦比亚广播公司(CBS)等为典型代表。

广播机构在诞生之初,都为私人资本所有,例如 BBC 起初就是一家私营电台,但后来由于其影响力越来越大,以及本身还占据一定的公共资源,因此逐渐被纳入国家和委托的公共机构管理框架之内。但是,在市场经济的驱动之下,私营的广播电视机构并未停止建立,而是得到了迅速的发展。它们作为企业实体,所有的新闻采编和信息业务都是围绕挣钱而进行的,而且按照市场竞争的法则从事广电产品的生产和流通,而这也在相当程度上造就了全球广播电视行业的繁荣。

二、以商业为主的美国广播电视体制

美国目前是世界上经济总量最高的国家,同时也是广播电视技术应用最早、广播电视行业发展最成熟的国家。迄今为止,无论是在广播电视技术发展水平,还是在广播电视的市场管理以及全球的影响力上,都走在了世界的前列。因此,探讨美国广播电视体制有着重要的价值。

美国的广播电视体制,主要是以商业型为主,以国有型和公共型为辅,这意味着美国大部分广播电视机构以广告收入、节目销售以及其他经营性收入为主,政府对广播电视的管理,主要是通过法律实现的。负责管理美国广播电视行业的是联邦通信委员会(FCC),它的主要任务是反垄断和维护公正原则,即从公共利益的角度,限制私人资本对广播电视行业的过分侵

---

① 参见张春华:《传媒体制、媒体社会责任与公共利益:基于美国广播电视体制变迁的反思》,《国际新闻界》,2011年第3期,第58-64页。

② 金冠军、郑涵:《当代西方公共广播电视体制的基本类型》,《国际新闻界》,2002年第2期,第36-41页。

蚀。美国《1934年通信法》确立了商业型的广播电视体制,同时规定政府代表公众对广播频率资源进行管理,实际上意味着广播电视机构必须以公共利益为运行准则,商业利益不能损害公共利益。但是,从20世纪80年代开始,美国政府就开始逐步放开为确保公共利益而对广播电视行业所做的种种限制。尤其是《1996年电信法》的出台,彻底打破了财团对媒介垄断的限制,从根本上解除了存在60年之久的对广播电视所有权的管制,使以商业型为主导的美国广播电视体制,在市场化的道路上越走越远。

截至2022年,美国拥有商业电台6000多座、商业电视台1300多座,美国广播公司(ABC)、全国广播公司(NBC)、哥伦比亚广播公司(CBS)、福克斯广播公司(FOX)分别拥有200座左右的直属台或附属台,形成了覆盖全国的广播电视网;在直播卫星方面,直播电视公司(DIRECTV)、回声星公司(EchoStar)等运营商提供卫星直播服务广受用户欢迎;在有线电视方面,美国有线电视新闻网(CNN)、探索频道(Discovery Channel)、家庭影院频道(HBO)等200多家有线电视节目提供商,以及时代华纳有线电视公司、康卡斯特公司、考克斯通信公司等200多家大型的拥有多个有线电视系统的运营商,均有较高的市场占有率[1]。美国商业广播电视机构以广告费为主要收入来源,以致其完全根据媒介市场和受众市场的变化细分和锁定目标受众。美国商业型广播电视机构的频道和节目生产的专业化程度也相当高,其原因表面上是由于受众分层和广播电视"窄播化"现象的出现,更深层的原因还是商业广播电视机构为获得更多的广告投放。因而,这就不难理解美国广播电视节目为什么会以娱乐内容为主体(新闻报道也是其重要的内容)。而且,商业型广播电视机构为了高收听率和高收视率,在一定程度上牺牲了节目的质量,迎合听众、观众的媚俗倾向也比较严重,尤其娱乐节目中格调低下的甚多,犯罪、色情和暴力内容不容忽视,这些都在相当程度上污染了美国的社会风气,给青少年的成长带来了负面影响。

美国广播电视体制的变迁和美国的社会环境紧密关联。广播电视在美国诞生初期,正值美国经济在"罗斯福新政"干预下开始焕发生机。在这种情况下,国家也自然而然地对广播电视行业进行干预,而且由于国家垄断资本主义经济模式的成功,国家代表公众管理广播电视的"公众委托模式"几乎没有遭到任何的质疑和抵抗。加之战后盛行的凯恩斯主义以及美国传媒界出现的"社会责任论"都使得商业型广播电视机构受制于公共利益。但是,到20世纪80年代,新自由主义思潮登上历史舞台,自由化、私有化等成为美国政府及执政者的主体意识,为广播电视"去规制化"也就成为必然选项。

而这带来的结果就是巨型媒介集团的出现,它们不但控制着大部分受众市场,而且信息传播日益娱乐化和软性化。正如《纽约时报》一篇社论所言:"看着一个被少数传媒巨人所支配的世界,而没有想到这些传媒公司是由恶意的极端利己主义者所经营,这相当令人不安。"[2]有理由相信,以商业为主的美国广播电视体制还会重现"国家"的身影。

---

[1] 梁山:《中美广播电视宏观管理体制比较》,《现代电视技术》,2003年第7期,第18-23页。

[2] 转引自展江:《〈1996年电信法〉给美国带来了什么?》,《国际新闻界》,1997年第4期,第5-8页。

三、多元化发展的英国广播电视体制

不得不承认英国是公共广播电视体制的发源地,它的为公众提供服务的理念影响了世界其他国家的公共型广播电视体制的建立。的确,英国广播电视体制,是根据宪法精神和相关要求建立的,旨在履行为公共服务的社会责任,具有独立于政治和商业力量的特点。但是,倘若将英国广播电视体制定位于以"公共型"为主,未免有失偏颇。事实上,目前英国的广播电视体制已呈现出多元发展的格局。

1. 以英国广播公司(BBC)为垄断的初创时期

成立于1922年的BBC原本是一家由无线电制造商和财团投资的商业性公司,其目的和其他商业公司没有任何区别,即实现资本的增值,因而它最初的英文名字是British Broadcasting Company。鉴于频率资源作为公共资源的稀缺性,1927年BBC被改组成为具有垄断性质的公共公司,即英国广播公司,其英文名为British Broadcasting Corporation,虽然前后英文名字只有一词之差,但两者却有本质的区别,前者是商业公司,后者是公共机构。理事会是BBC的最高权力机构,它接受公民委托并直接听命于皇家,运行和管理力求独立于政府;公司的资金来源于公民缴纳的执照费,以保证其不受商业力量的左右,其宗旨是最大限度地为所有公民提供信息、教育和娱乐服务①。

可以说,BBC的改制,是世界广播电视史上的创举。在这一阶段,BBC是秉承精英主义立场的,它试图将人类最优秀的知识传递给尽可能多的英国公民。尤其是在第二次世界大战中,BBC卓越的表现,使其在全球的社会声誉得到了巩固,这更加让英国人坚信以BBC为垄断的英国公共型广播电视体制是完善的。但是,长期的垄断地位也使得BBC沾染了官僚作风,以致其工作效率大为下降,招致了不少公民和政治势力的不满。

2. 以双头垄断为特征的历史阶段

尽管当时的工党仍然支持BBC的垄断地位,但是1951年劳埃德(Selwyn Lloyd)发表了少数派报告(Minority Report),明确反对BBC继续垄断英国广播电视业。之后,保守党政府于1951年和1952年发布了两份白皮书,旨在结束BBC的垄断地位,而成立商业电视台。在保守党的推动下,《独立电视法案》在1954年出台,英国首家商业电视台——独立电视台(ITV)正式建立,并于1955年9月开播②,至此由BBC垄断英国广播电视业的格局被打破了。ITV虽然有公共传播的责任,但它以赚钱为旨归,生产和制作的节目均以制造广告受众为目的,以致BBC在激烈竞争中收视率在1957年下降到历史最低点的27%。随着娱乐性较强的BBC2开播,双方竞争进入了平稳期,但也导致了同质化、娱乐化、低俗化的节目内容大量出现,最终导致广播电视的公共服务功能的弱化。

为终结BBC的垄断地位,依据《独立电视法案》而建立的广播电视体系,是由独立电视局

---

① 李继东:《论英国公共广播电视理念的缘起与嬗变》,《现代传播》,2007年第3期,第58-61页。
② 洪丽:《论英国广播电视的多元化发展体制》,《新闻界》,2012年第6期,第18-21页。

(Independent Television Authority,ITA)实施管理职能,该机构下辖15个独立电视公司。后来,ITA兼管收音机广播业务,下辖若干独立地方广播电台,并于1972年改名为独立广播管理局(Independent Broadcasting Authority,IBA)。由此,英国广播电视体制进入了由BBC与IBA双头垄断的历史阶段。

3. 以多元发展为特征的发展阶段

BBC和IBA双峰对峙、相安无事的广播电视发展格局,进入到20世纪70年代,遭到了越来越多的英国公民和政治势力的不满,原因有三个方面:①虽然市场和社会环境已经发生了变化,但由于两家都处于垄断地位,以致在发展过程中表现得越来越故步自封,而且还为了谋求和巩固自身利益,缺乏改革的勇气和力度,严重阻碍英国文化要求创新发展的步伐;②两家机构社会责任淡薄、公共服务能力下降,以致内容生产过分追求娱乐化、浅表化,加之英国的研究机构、政治人物及学者,对电视节目中出现的传播伦理缺失问题进行了严厉的批评,形成了打破双头垄断格局的社会舆论氛围;③专注于节目制作的电视公司的出现和发展,要求独立性制作节目的声音越加强烈,打破双头垄断成为新兴电视公司的有力的期待。

通过长达三年的调研,安南委员会(Annan Committee)于1977年2月发表了《关于英国广播电视业未来发展的报告》,其主旨就是要打破双头垄断的格局,促进英国广播电视业的多样性和多元化,同时建议成立一个实行商业化运营模式的公共服务电视频道,即英国电视四台(Channel 4)。该报告强调在为全体公民提供广播电视服务的同时,也要考虑到少数群体的需求,而这在相当程度上深化了英国广播电视的公共服务的理念,即不再仅仅是将公民作为一种同质性的大众来看待,而是要满足不同群体和个人的多种文化需求,为此在政策安排上就要促使产业结构和竞争主体的多元化,同时加强对内容的规制①。

1979年玛格丽特·希尔达·撒切尔(Margaret Hilda Thatcher)执政,大力推行私有化和市场化改革,其后的执政者又多继承这种新自由主义的政策理念。这在广播电视领域表现出来的则是80年代中期皮考克报告(Peacock Report)的出台。该报告认为,英国广播电视行业应尊重消费者至上的市场原则,理想的广播电视市场应为所有的节目制作商提供自由进入的机会。也就是因为这样,英国广播电视业进入了相互竞争、多元制衡的发展新阶段。

四、公私并举的德国广播电视体制

德国的广播电视体制与周边国家有着显著的不同,这是德国历史条件及当时各种力量平衡的产物。德国广播业始于1923年,但到1934年,随着纳粹党的上台执政,包括1935年开播的电视媒介,也逐渐成为纳粹发动侵略战争的宣传工具,以致这一时期成为德国媒介发展历史中挥之不去的阴影。

第二次世界大战结束之后,德国作为战败国被分为4个占领区,重建工作在美、英、法、苏四国占领军的严格监督之下进行。在建立什么样的广播电视体制这一问题上,美、英、法等国

---

① 李继东:《论英国公共广播电视理念的缘起与嬗变》,《现代传播》,2007年第3期,第58-61页。

认为,为了防止广播电视媒介再次成为执政党宣传的工具,必须使得广播电视媒介独立于政府及党派力量,同时广播电视也不能受到商业力量的制约,否则就会成为美国式的商业型广播电视机构了。因此,原德国的国家垄断性质的广播电视体制被废除。美、英、法参照英国的公共型广播电视模式在他们的占领区内以公共法人的形式设立广播电视机构,同时规定广播电视机构的收入来源是收听收视费用,所有的节目制作、播出设备和发射设备都归广播电视机构所有,避免广播电视机构的独立性受制于国家力量的影响[1]。1949年德意志联邦共和国(西德)成立,西方占领军移交了对广播电视的控制权。与此同时,苏联占领军依照苏联模式,将广播电视机构纳入执政党和政府的社会治理体制之中,成为政治宣传动员的重要组成部分,经费由政府财政拨款,但节目制作必须与执政党和政府理念保持一致。

其一,由分散走向联合的公共型广播电视体制。虽然,联邦德国的广播电视体制是以英国公共型广播电视模式为参照重建的,但它与英国广播电视体制相比,存在一个显著的特征:英国实行自上而下的经营管理方式,而联邦德国则由各州根据广播法设立运行。因此,联邦德国的大部分州都有自己的广播电视机构,当然也会有几个州合办一家广播电视机构的情况,各州的广播电视机构在州广播法和国家法规框架之内制作节目和运行管理。而联邦政府仅有两个从事国际广播业务的电台"德国之声"(DW)和德意志广播电台(DLF),联邦政府也试图建立国家层面的电视台,但都被联邦法院以违宪驳回。

不管是联邦政府,还是各州政府,都没有专门管理广播电视的行政部门,各州的广播电视机构主要有广播理事会、管理委员会,并由台长领导管理。广播理事会对电台和电视台进行监督指导,并负责一般性的决策工作,如批准预算和年度报告等;管理委员会则是广播电视机构本身的管理机构,负责节目、人事、内部机构设置等;台长由广播理事会选出,负责日常事务[2]。表面上看,联邦德国广播电视机构的组成人员主要由议会推选,并由社会团体成员担任,不直接来源于党派,但由于联邦德国的党派政治无处不在,党派利益对广播理事会的影响很大。不过,需要注意的是,德国议会和社会团体推举的理事会组成人员,会适当考虑不同党派的力量对比,以此避免广播电视被一党所掌控。

随着社会形势的发展,各州广播电视机构为了维护共同的利益,呈现聚合取暖的发展趋向。1950年各州广播电视机构联合成立了"联邦德国广播联盟"。1954年,联邦德国广播联盟各成员开始交换电视节目,共同制作的"全德电视节目"中有40%开始向联邦德国全国播出,在此基础上后来发展为联邦德国第一家全国性的电视台,即电视一台。1961年,又出现了电视二台,该台是根据各州协议设立的,于1963年正式向全国播出,采用中央运营的方式,制作的节目全部面向联邦德国全国播出。电视二台的收入主要来自收视费用和广告。

其二,私营广播电视机构的崛起和挑战。早在20世纪70年代,就有党派不满公共广播电视机构的垄断地位,主张广播电视领域向私营资本开放,一直到20世纪80年代,各方达成妥

---

[1] 参见姜红:《德国广播电视体制:双轨并存》,《电视研究》,1998年第9期,第40—43页。
[2] 参见姜红:《德国广播电视体制:双轨并存》,《电视研究》,1998年第9期,第40—43页。

协,准备尝试建设私营广播电视网。1984 年,设在路德维希港市的私营有线电视台试验播出,这标志着商业广播电视正式在德国诞生。之后,西柏林、慕尼黑、多特蒙德等地相继出现类似的私营有线电视台。商业广播电视机构以广告费为主要收入来源,相关的法律也允许其在晚上 8 点以后播放商业广告。虽然对待商业广播电视机构的管理没有公共广播电视机构严格,但是政府对它们的节目仍然有一定的要求,即播放的节目中必须有一定比例的教育、文化等公共内容,而且还应反映德语地区和欧洲地区文化的多样性和言论的多元性。

德国商业广播电视机构的诞生,给公共广播电视机构带来了挑战,导致公共广播电视机构的节目生产越来越趋于市场化,以致公共性特征耗损严重,同时商业广播电视机构之间的竞争也愈加激烈,出现了私营广播电视日趋集中和垄断的迹象。统治德国商业广播电视领域的主要有两大集团:一家为德国出版商贝塔斯曼集团和卢森堡广播电视公司组成的企业集团,另一家为由德国电影发行商基希集团和报业巨头施普林格集团所组成的企业集团。分属两家企业集团的卢森堡广播电视台和卫星一台是目前最成功的商业电视台,它们的收视率已超过了德国电视一台和德国电视二台两个公共电视台。商业广播电视机构的崛起及对公共广播电视机构的挑战,已经引起了很多人的担忧。

不过值得关注的是,德国广播电视公私并举的格局,是经广泛讨论和辩论后由联邦宪法和传媒法所确立的。虽然商业广播电视机构崛起并产生了深刻而广泛的影响,但是公共广播电视机构的地位是极其重要的,这种重要性是以法律的方式予以明确的。例如,德国宪法认为为了商业广播电视机构的合法性存在,必须先保证公共广播电视机构的地位,靠收视费生存的公共广播电视机构不必为广告商的喜好而左右。当然,面对商业广播电视机构的冲击,公共广播电视机构也在积极寻求突围的方法和策略,例如提高新闻和专题纪录片节目的生产水平,因为这是商业广播电视机构所不具备的优势。

五、广播电视体制的西方启示及局限性

他山之石,可以攻玉。西方国家的广播电视体制是基于它们所处的历史条件和社会背景逐渐形成发展的,但其长期发展所积累的经验,对我国广播电视体制的改革有着一定的借鉴意义。归结而言,大致分为如下若干方面。

其一,依国情构建广播电视体制。从上述分析中,我们可以看出,即便是英美两个老牌资本主义国家,在广播电视体制方面也有着很大的差异。英国选择了以公共型广播电视为主的体制,而美国却确立了与之完全不同的商业型广播电视体制。虽然新自由主义思潮对英国政治经济制度的影响极为深刻,甚至使英国在规制上放松对商业广播电视的限制,允许商业广播电视与公共广播电视进行竞争,可仍然无法撼动以公共广播电视为主导的体制。美国虽然也重视公共广播电视的建设,但它一直处于边缘化的位置,商业广播电视始终处于主导地位[1]。正如郭镇之教授所认为的那样:除了政治和意识形态影响广播电视体制之外,一个国家的自然

---

[1] 刘建明:《英美广播电视制度差异探源》,《新闻与传播评论》,2007 年第 Z1 期,第 51-57,209,216 页。

条件和社会因素,例如幅员、人口、地形地貌、经济、语言、地区、文化传统等因素,也会对其产生影响,而且它们之间相互作用、叠合发力①。在这个意义上,改革和完善我国的广播电视体制,不能完全照搬照抄西方国家的模式,而是要根据中国的国情,因地制宜、有的放矢,否则不但无法构建一个相对完善的符合我国国情的广播电视体制,而且还会使这些年我们所积累的体制改革成果毁于一旦。

其二,警惕"私有化"对广播电视公共性的侵蚀。不管是英国,还是德国,或者美国这样注重商业广播电视的西方国家,都对汹涌而来的私有化浪潮保持着警惕。正如我们所知,新自由主义反对国家和政府对经济的不必要干预,强调自由市场的重要性,认为私有化是保证市场机制得以充分发挥作用的基础,私营企业是最有效率的企业,要求对现有公共资源进行私有化改革。在很多方面,"私有化"的确释放了活力,使得经营管理效率得到了很大的提高,也正是基于此,西方国家才在广播电视领域逐步放开对"私有化"的限制,这使得公共广播电视发展面临巨大的压力。在欧洲,广播电视"私有化"的初衷是弥补公共广播电视在节目生产和管理上的效率低下,给公众提供更为多样的媒介产品选择,但它是一把双刃剑,在促进媒介产品多样化和效率优先的同时,也使得广播电视产品的生产逐渐走向"媚俗"和"平庸",以致公共利益在相当程度受到了削弱。以商业广播电视为主导的美国,似乎对这一现象"见怪不怪",或者说美国是在一边进行"私有化",而一边又在守护公共广播电视的地位,以致它虽处边缘地带,但一直未消失,并且发挥着商业广播电视无法起到的作用。例如,成立于1970年的美国全国公共广播电台(NPR),取代了美国全国教育广播网,目前拥有800多个成员台,每周制作和发行约130个小时的原创节目,是英语学习者最好的素材"来源地"之一。

其三,广播电视体制的法治化程度较高。西方国家广播电视体制的确立和演变,一般而言,是在利益攸关各方充分讨论和辩论之后,以立法的形式予以明确进而实施的。例如,为打破BBC的垄断地位,经过广泛的辩论和投票通过的《独立电视法案》在1954年获得通过,以致英国首家商业电视台——独立电视台(ITV)正式建立。美国更是这样。例如,《1934年通信法》的颁布,标志着美国广播走向商营,之后美国商营广播电视体制进入大发展时期,但是负面影响也日益显现;为发挥广播电视在传播知识、普及教育等方面的作用,同时也为了削弱商业广播电视的负面影响,美国1935年成立全国广播教育委员会,1967年又颁布《公共广播电视法》,这标志着美国公共广播电视体制的确立。可以说,西方国家广播电视体制的调整,都是通过法案的制定和颁布实现的,这种做法的益处在于保证广播电视体制的平稳转型,而且法案的制定过程也充满着各方力量的博弈,而一旦以法的形式确立下来,它的效能的显现则是有力而空前的。

当然,西方国家的广播电视体制也有着内在的局限性。具体表现在以下两方面。第一,西方公共型广播电视体制有阶级局限性。从理论上讲,经济基础决定上层建筑,上层建筑服务于经济基础。西方广播电视体制是资本主义社会的上层建筑,服务于资本主义经济基础。不管

---

① 参见郭镇之:《电视传播史》,北京师范大学出版社,2000年版,第91页。

是欧洲,还是美国,西方公共型广播电视体制的形成和建立都受到党派政治的影响,他们所宣称"公共",其实是党派政治相互平衡的结果,是由平衡带来的"公共",造成了公众也可自由接受和使用的假象,而事实上这种"自由"最终带来的只是资产阶级政党和利益集团的自由。在这个意义上,西方广播电视体制的"公共",只是资产阶级政党遮蔽自身阶级局限性的伪善工具。第二,欧美广播电视体制向"私有化"方向整体平移。新自由主义思潮在西方国家获得了决定性的胜利,表现在广播电视领域就是政府放松对媒体的规制,允许媒体最大程度地兼并,由此产生的是媒体的集中与垄断,而垄断可以保护、扩散偏见,而偏见比无知距离真相更远[1]。而且,由于受到商业广播电视的冲击,公共广播电视媒介产品生产也在降低品格迎合受众需要,从而获得生存空间。这样一连串的影响,最终使广播电视成为资产阶级巩固和强化自身统治的工具。

总之,不管是以商业为主的美国广播电视体制,还是多元化发展的英国广播电视体制,或是公私并举的德国广播电视体制,都有一些值得学习和借鉴的地方。但是,由于各国政治、经济、文化制度的不同,前文所述的三种广播电视体制仅仅是三种适合于所在国的类型,在具体实践中并不能全盘照抄,而应根据不同的条件,走出一条适合我国国情的广播电视体制改革之路。

第二节 我国广播电视体制的历史变迁及动因

我国广播电视体制的变迁始终与我国政治经济制度发展相联系,体现了不同时期我国政治经济发展对广播电视发展的客观要求。我国广播电视体制的根本性质是由中国特色的社会主义制度决定,与西方国家的广播电视体制有着根本的区别。

一、我国广播电视体制的理论基础

西方广播电视体制的理论基础是资本主义上升时期的自由主义思想以及后来勃兴一时的凯恩斯主义。近年来西方广播电视表现出不可阻挡的私有化浪潮,甚至公共型广播电视体制也遭遇了一定的冲击,这在根源上是新自由主义思想在西方社会大行其道的结果。而我国的广播电视体制的理论基础是马克思主义,指导思想是习近平新时代中国特色社会主义思想,这显然和西方国家有着本质的区别。

马克思主义新闻观是马克思主义思想宝库中的重要构成部分,不仅包含着马克思、恩格斯、列宁等对新闻和相关问题的精辟见解及论述,而且包括中国共产党历代领导人在继承、发展马克思主义新闻观过程中所提供的思想理论成果[2]。马克思主义新闻观内容丰富,从与广播电视体制关系的密切性而言,其主要内容大致分为如下若干方面。

---

[1] 郭小平:《新自由主义思潮对当代西方广播电视业的影响》,《新闻大学》,2008年第1期,第119-123,148页。

[2] 丁柏铨、双传学:《马克思主义新闻观:理论与实践》,江苏人民出版社,2016年版,第1页。

其一,党、政府和人民的喉舌。19世纪40年代末,马克思就《新莱茵报》被控案指出:"报刊按其使命来说,是社会的捍卫者,是针对当权者的孜孜不倦的揭露者,是无处不在的耳目,是热情维护自己自由的人民精神的千呼万应的喉舌。"①刘少奇1948年在《对华北记者团的谈话》中说:"你们的笔,是人民的笔,你们是党和人民的耳目喉舌。"②2016年11月7日,习近平在会见中华全国新闻工作者协会代表时指出,党的新闻舆论工作是党的工作的重要组成部分。在革命建设改革各个历史时期,新闻舆论战线与党和人民同呼吸、与时代共进步,积极宣传党的主张、深入反映群众呼声、主动开展决策调研,发挥了十分重要的作用③。

人类进入媒介化社会以后,以广播电视媒体为代表的大众传媒对社会生活的影响越发广泛而深入,它不但是社会必不可少的信息传播工具,更是不同社会阶层和群体利益和民意表达的重要渠道④。广播电视媒体是党、政府和人民的喉舌,要坚持正确政治方向,同党中央保持高度一致,坚持马克思主义新闻观,坚守党和人民立场,坚持中国特色社会主义,做政治坚定的新闻工作者。因为,中国共产党代表最广大人民的利益,我国各级政府在党的领导下为人民谋福利,广电媒体坚持做党和政府的喉舌,在根本上也是做最广大人民的喉舌,因为党、政府和人民的利益在根本上是一致的。

其二,党管媒体原则。中国共产党是我国各族人民利益的忠实代表,是社会主义建设的领导力量,历史一再证明,我国经济建设和社会进步离不开中国共产党的领导。我国广播电视事业是在中国共产党领导下创办的,它是中国共产党领导人民建设社会主义的舆论宣传工具,理应在政治上、思想上、组织上全面接受中国共产党的领导⑤。中央宣传部及各级党委宣传部是我国广播电视事业的领导机关,党的各项方针、政策和决定的宣传是通过党的宣传部门贯彻下去的。2015年12月,习近平视察解放军报社时指出:"要坚持党管媒体原则,严格落实政治家办报要求,确保新闻宣传工作的领导权始终掌握在对党忠诚可靠的人手中。"⑥可见,党管媒体在我国广播电视体制中的极端重要性。

其三,为人民服务、为社会主义服务的原则。《中华人民共和国宪法》第二十二条规定:"国家发展为人民服务、为社会主义服务的文学艺术事业、新闻广播电视事业、出版发行事业、图书馆博物馆文化馆和其他文化事业,开展群众性的文化活动。"为人民服务和为社会主义服务是有机统一的,走社会主义道路最终也是为人民服务。因此,我国的广播电视体制应坚持为人民

---

① 《马克思恩格斯全集》(第6卷),人民出版社,1956年版,第275页。
② 《刘少奇选集》(上),人民出版社,1981年版,第404页。
③ 《习近平会见中国记协第九届理事会全体代表和中国新闻奖、长江韬奋奖获奖者代表》,https://tv.cctv.com/2016/11/07/VIDEQnK05Hlm9xwfBMRNm17E161107.shtml,2022年12月30日。
④ 陈相雨:《新时代我国广电体制变革的现实动因和框架要求》,《今传媒》,2018年第3期,第12-14页。
⑤ 欧阳宏生:《广播电视学导论》,四川大学出版社,2004年版,第52页。
⑥ 《把握重点 深刻领会习近平同志新闻宣传论述的核心内涵》,http://www.xinhuanet.com//politics/2016-02/04/c_128701827.htm?from=groupmessage&isappinstalled=0,2022年2月1日。

服务、为社会主义服务的"两为"原则。《广播电视管理条例》第三条规定:"广播电视事业应当坚持为人民服务、为社会主义服务的方向,坚持正确的舆论导向。"为人民服务、为社会主义服务,是我国广播电视体制建设和改革的宗旨,它与西方标榜的为社会公众利益服务的虚伪宣称有着本质的区别。

其四,尊重媒体规律的原则。马克思、恩格斯、列宁等都有着丰富的媒体实践经历,他们深知新闻报道和媒体发展都需要遵循一定的规律。1843年1月,马克思作为《莱茵报》的主编,论述人民报刊的发展,他写道:"要使报刊完成自己的使命,首先必须不从外部为它规定任何使命,必须承认它具有连植物也具有的那种通常为人们所承认的东西,即承认它具有自己的内在规律,这些规律是它所不应该而且也不可能任意摆脱的。"[①]2014年8月18日,习近平主持召开中央全面深化改革领导小组第四次会议并发表重要讲话,会议审议通过了《关于推动传统媒体和新兴媒体融合发展的指导意见》。可见,马克思主义新闻观中媒体规律问题是极为重要的。对于广播电视而言,它既有意识形态传播的规律,又有产业经营的规律,还有媒体融合发展的规律,因此广播电视体制的建设和改革也必然要遵循上述规律。

其五,社会效益最高准则。作为社会主义国家的中国,广播电视活动应以人民利益为重。尽管,广播电视行业的产业属性越来越明显,而且业已成为国民经济的重要组成部分,1993年中共中央、国务院在《关于加快发展第三产业的决定》中将广播电视等媒体正式列入第三产业,但这并不意味着经济效益是广播电视活动的最高准则。早在1985年,邓小平就指出:"思想文化教育部门,都要以社会效益为一切活动的唯一原则,它们所属的企业也要以社会效益为最高准则。思想文化界要出好的精神产品,要坚决制止坏产品的生产、进口和流传。"[②]习近平则以更为简洁的方式概括出在新的时代条件下,党的新闻舆论工作的职责和使命,即高举旗帜、引领导向、围绕中心、服务大局、团结人民、鼓舞士气、成风化人、凝心聚力、澄清谬误、明辨是非、联接中外、沟通世界。由此可看出,社会效益至上仍然是我国广播电视媒体必须遵循的准则。

而且,西方国家广播电视的"私有化",使得广播电视越来越多地成为资本家赚钱的工具,由此带来的负面社会影响已经引起了西方民众的广泛不满。我国是社会主义国家,绝不能照搬照抄西方国家的模式。

二、新中国成立后我国广播电视体制的改革探索

(一)新中国成立后第一个30年的艰难创业

中华人民共和国成立以后,我国广播电视业进入了新的历史时期。党和国家第一代领导集体对广播电视的发展极为重视,不仅支持选派优秀大学生赴苏联和捷克斯洛伐克学习广播电视理论与实务,还将创立广播电视体系提上了日程。1952年,在第一次全国广播工作会议上确立了"先中央台,后地方台"的建设方针,而到1956年则调整为"中央和地方并举(地方主

---

① 《马克思恩格斯全集》(第1卷),人民出版社,1995年版,第397页。
② 《邓小平文选》(第三卷),人民出版社,1993年版,第145页。

要指省、自治区、直辖市)",有力促进了中央和地方广播电视事业的发展,同时也奠定了我国广播电视"二级体制"框架。1954年毛泽东主席提出中国要办电视。1955年中央广播事业局提出在北京建立一座中等规模电视台的计划,得到了周恩来总理的批示,并建议列入文教五年计划讨论。1956年5月28日,刘少奇同志听取中央广播事业局的工作汇报后,代表中共中央针对当时中国广播事业的发展方向做了一个谈话,这段谈话可被视为中共中央关于发展电视的相关问题做出的首次系统论述①。而此次谈话的重点,就是发展电视②。1964年,毛泽东为北京电视台(中央电视台前身)题写台名,周恩来、刘少奇、朱德等曾到北京电视台视察;周恩来对电视的关心几乎到了无微不至的地步,从鲜花的摆放到乐队的安置,从拍摄的角度到新闻单位的分工,都作过详尽的指示③。

可以说,我国广播电视在草创时期的发展离不开党和国家领导人对于广播电视事业的支持和重视。其中有两个重要的原因。一是广播电视的重要性得到了第一代领导集体的科学认知。广播电视是20世纪伟大的发明,它们对世界的影响是空前的,特别是在舆论传播和宣传动员方面有着报纸媒介无可取代的优势。这一点不仅在西方国家的媒介实践中得以验证,而且在新中国成立之前中国共产党创办的广播电台的应用中也充分得到了证明。作为有着丰富新闻宣传工作经验和对这项工作有着深刻理论认知的第一代领导集体,自然不会轻视广播电视,所以支持发展广播电视当属必然之举。二是国际形势发展提出的要求。1949年时,还只有美国、英国、法国、苏联、荷兰、意大利六个国家有较为成形的电视业;至1958年底,拥有电视系统的国家增至67个;在社会主义阵营里,除苏联早在1939年便开始建设电视台外,民主德国、捷克斯洛伐克、匈牙利、波兰、罗马尼亚和保加利亚等经济基础较好的东欧国家也相继在50年代创办了电视台④。以苏联为首的社会主义阵营,在与以美国为首的资本主义阵营的竞争中取得了相对优势,尤其是1957年发射了世界第一颗人造地球卫星,极大鼓舞了社会主义阵营的士气。而刚刚成立不久的社会主义新中国,作为社会主义阵营的重要力量,为了以崭新的面貌出现在世界舞台上,同时也为了在新兴领域赢得一席之地,对于广播电视这样的新生事物自然要大力发展。

但是,当时的中国毕竟是百废待兴,发展广播电视的经济基础、科技基础以及社会基础都相当薄弱。

1958年4月7日至18日,中央广播事业局在北京召开第五次全国广播工作会议,中央及地方广播业负责人出席,强调"政治是广播工作大跃进的统帅",明确"广播是阶级斗争的工具",提出要"多、快、好、省办节目、办事业,为教育和团结广大人民,为保卫祖国、灭资兴无、促进社会生

---

① 常江:《"大跃进"与电视:浅析中国电视诞生的政治语境》,《现代传播》,2014年第5期,第52-56页。
② 梅益:《少奇同志和广播事业》,载中华人民共和国广播电视编辑部编《当代中国广播电视回忆录(第一辑)》,中国广播电视出版社,1995年版,第13页。
③ 郭镇之:《中国电视史略(1958—1978)》,《现代传播》,1989年第2期,第88-93页。
④ 郭镇之:《中国电视史》,中国人民大学出版社,1991年版,第5页。

产力的发展服务"的广播工作"大跃进"方针；之后，全国各地广播局（台）纷纷制定各自的"大跃进"计划。而且，1959 年 2 月 23 日至 3 月 3 日召开的第六次全国广播工作会议，仍然遗憾地延续着此前的思路①。以致在很短的时间内国内出现了"狂飙突进"的建台高潮，但是这些广播电视台的建立是在人力、物力、财力极度匮乏的条件下完成的。更令人揪心的是，当时作为电视节目接收终端的电视机极其稀少，而且仅有的电视机大都在机关单位，普通百姓因电视机的缺乏无法成为电视媒介的观众。1958 年北京电视台试验播出时，全市仅有 50 多台电视机；1959 年天津电视台试验播出时，全市也只有 100 多台电视机②。这与西方发达国家存在明显的差距。1962 年，国务院批准了中央广播事业局提出的"紧缩规模、合理布局、精简人员、提高质量"方针（其中关键一点是"保留部分电视台，其余停办"），我国广播电视业开始结构大调整。

总之，新中国成立后的第一个 30 年，尤其是从 1958 年中国电视业的诞生，到 1978 年中国电视系统的建立，我国广播电视体制是由意识形态主导的举国体制，党和国家领导人的高瞻远瞩决定着广播电视及其体制变迁。这一阶段，创办广播电视除了履行政治宣传功能之外，就是要在大国关系中起到呈现政治象征的意义③。但是，由于客观条件的限制以及当时一些错误的政策，以致我国广播电视业走入了盲目建设的误区，一度停下了发展的脚步。

（二）新中国成立后第二个 30 年的改革探索

进入改革开放时期，经济建设成为中心任务，制度改革创新也成为重要主题，广播电视体制的改革也在党的领导下逐步展开。具体言之，大致分为如下三个阶段。

1. 潜力释放（1978—1991 年）

十一届三中全会以后，"经济建设"成为中心工作，我国各项改革事业在党的领导下稳步推进。在"文革"中，广播电视行业受到了很大的冲击。为了适应改革发展大势和剧烈的社会条件变化，1983 年，当时的广播电视部经中央同意，决定准许地（市）级和县级政府部门也可以开办广播电视机构，以适应人民不断增长的物质文化生活的需要，这样也就形成了中央、省、地（市）和县四级开办广播电视的事业建设体制，即"四级办广播，四级办电视，四级混合覆盖"。

广播电视机构在性质上既是新闻宣传机关，又是事业管理机关，在内部管理上施行"企业管理"，但在行业管理上实行"条块结合，以块为主"，即实行省、市、县三级行政管理部门和网络建设管理受同级政府和上一级广电行政管理部门的双重领导，以同级党委、政府领导为主，宣传业务由同级党委领导和上一级广电行政部门指导④。

---

① 赵玉明：《中国广播电视通史》，北京广播学院出版社，2004 年版，第 248 页。
② 参见常江：《"大跃进"与电视：浅析中国电视诞生的政治语境》，《现代传播》，2014 年第 5 期，第 52 - 56 页。
③ 参见金冠军、易旭明：《电视制度变迁中的政治宣传和团体利益》，《东岳论丛》，2010 年第 5 期，第 133 - 138 页。
④ 史敬：《我国广播电视体制改革回顾与创新设想》，《中国有线电视》，2014 年第 12 期，第 16 - 20 页。

在这一段时间,我国广播电视迅速恢复了发展活力,体制框架也随着经济社会的发展日益完善,不仅有效地完成了新闻宣传工作的任务,而且广告经营业绩也迅速增长,整个行业显示出巨大发展潜能。

2. 产业创新(1992—2002年)

随着经济社会的发展,人民对文化产品的需求与日俱增,"四级办台"体制的优势在一定程度上能够缓解这一供需矛盾。但是,广播电视机构是事业单位,这一行业亦是垄断行业,其他社会单位难有机会参与广播电视节目制作生产的关键环节。而且,有的广播电台、电视台,为了应付节目源不足的问题,还出现了侵权、滥播等违规现象。对此,广电部门为确保舆论导向正确和防止侵权现象发生,开始限制地区级电视台播放文艺节目,同时禁止县级电视台自办文艺节目,而且采取"统一供片"的措施来缓解节目播出矛盾。但是,年1000多万个小时的电视播出需要的节目量是巨大的,制播一体和大量的前期资金投入严重制约了广播电视的正常运转。在这种情况下,广电部门在20世纪90年代以后开始准许民营的节目制作机构为电视台提供节目,"制播分离"开始被提上日程①。

"制播分离"是广播电视产业化的起点。"制播分离"最初起源于英国。在20世纪80年代末,英国政府要求广播电视机构如BBC等实施委托制片制度,这些广播电视公司委托独立制片人或社会专业公司制作一定数量的广播电视节目②。可以说,"制播分离"制度的实施,促使社会上出现了众多节目制作公司,广播电视机构也可从中挑选"价廉物美"的节目。在英国是这样,在我国也同样如此。

1992年邓小平同志南方谈话和同年10月召开的党的十四大,明确了要全面实行社会主义市场经济体制改革的目标,并决定将改革向纵深方向推进。在这一重大背景下,广播电视的产业化改革开始启动。这一阶段,广播电视行业不仅被明确定位为第三产业,而且开始向集团化、股份制、公司制运作的模式转变。例如,1999年3月,电广传媒在深圳证券交易所上市,后被称为"传媒第一股";自此之后,中视传媒、东方明珠、歌华有线等广播电视行业公司相继上市。在保证以宣传为中心的前提下,广播电视机构还可拓展经营卫星转发、地上有线网络传输等业务。1994年山东、浙江、四川三家卫视横空出世,1996年起,各省级电视台纷纷赶潮,广电媒体开启了从行政格局向市场格局、从地方市场向全国市场转变的征程③。

为了适应迅速开始的产业化改革,1996年广电部门提出了"三台合一、局台合一"的广播电视机构合并模式;1999年再次推进广电体制"四级变两级",即在"三台合一"的基础上,推进地(市)、省级无线电视台和有线电视台的合并,同时提出在省、自治区、直辖市内组建包括广播

---

① 王敬松:《我国广播电视管理体制及其改革》,《中国行政管理》,2007年第3期,第87-90页。
② 王莉:《制播分离与深化 我国广播电视体制改革》,《新闻采编》,2012年第2期,第42-43页。
③ 郭战江:《新媒体:角色和路径——从互联网的迅猛发展思考传统广播电视台的转型》,《中国广播》,2015年第1期,第32-34页。

电台、电视台在内的广播电视集团①。2001年8月中共中央宣传部、国家广播电视电影总局、新闻出版总署联合下发《关于深化新闻出版广播影视业改革的若干意见》,明确以资本和业务为纽带进行媒介结构调整,尝试引进适应市场经济的政策和规制。

可以说,在这一时期,广播电视行业的内部融资限制放宽,系统外部资金也有了一定的进入机会,即在确保国有控股的情况下允许国外和国内非国有资金参与广播电视传输网络公司的股份制改造、电视剧的制作、图书发行机构运行,同时允许经营性资产上市。政策上的调整,在一定程度上促进了广电集团产业化进程,相对缓解了由行政捏合带来的媒介集团的组建矛盾。

3. 改革深化(2003年至今)

2003年国家广播电视总局、新闻出版总署分别下发的《关于促进广播影视产业发展的意见》《新闻出版体制改革试点工作实施方案》等一系列文件,开启了全面深化新闻出版广电体制改革的新局面。

在这一阶段,构建起了以公共服务、市场运营、政府监管、广播影视国际传播等体系为基本框架的广播电视新体制,公益性事业与经营性产业得到了分离,非公有资本和外资进入广播电视文化领域得到了进一步规范;在市场监管体制方面,广电部门在传统的广播电视监管基础上,增加了对网络广播电视、视听节目(包括影视类音像制品)、手机视听节目、播客、IP电视等网络视听媒体的审批和管理②。在上一阶段,组建的广播电视集团,由于市场化程度不高,一些以失败告终,2004年底,广电总局叫停该模式的集团化改革。只有江苏广播电视总台的"矩阵式"管理模式(内部契约制)较为成功,以事业体制之名实行较为彻底的企业化管理,并实现了跨越式发展③。

随着新兴技术和互联网的飞速发展,媒体格局和舆论生态正发生深刻的变化,广播电视体制机制、利益调整等深层次问题需要新的变革。按照《国务院机构改革和职能转变方案》,广播电影电视总局与新闻出版总署于2013年合并。为加快广播电视体制改革的力度,加快推动传统媒体与新兴媒体融合发展,新成立的国家新闻出版广电总局,完成了省级新闻出版、广播电影电视部门的整合,依法减少和规范文化行政审批,破除制约融合发展的体制机制壁垒,推动媒体资源整合和媒体融合发展,对网上网下、不同业态进行科学管理、有效管理,建设报刊、广播、电视、网络、手机等多种媒体形态的全媒体,进一步解放广播电视的文化产品生产效能。

2013年,习近平在全国宣传思想工作会议上指出:"今天,宣传思想工作的社会条件已大不一样了,我们有些做法过去有效,现在未必有效;有些过去不合时宜,现在却势在必行;有些

---

① 胡正荣、李继东:《我国媒介规制变迁的制度困境及其意识形态根源》,《新闻大学》,2005年第1期,第3-8页。

② 史敬:《我国广播电视体制改革回顾与创新设想》,《中国有线电视》,2014年第12期,第1357-1361页。

③ 邓文卿、郎劲松:《新形势下深化中国广播电视体制改革的三个关键》,《中国广播电视学刊》,2014年第8期,第24-26页。

过去不可逾越,现在则需要突破。做好宣传思想工作,比以往任何时候都更加需要创新。"①2016年2月19日,习近平在北京主持召开党的新闻舆论工作座谈会上指出,随着形势发展,党的新闻舆论工作必须创新理念、内容、体裁、形式、方法、手段、业态、体制、机制,增强针对性和实效性。要适应分众化、差异化传播趋势,加快构建舆论引导新格局。要推动融合发展,主动借助新媒体传播优势。要抓住时机、把握节奏、讲究策略,从时度效着力,体现时度效要求②。

随着媒介环境的变化,也为更好增强广播电视媒体整体实力和竞争力,2018年3月,中央电视台(中国国际电视台)、中央人民广播电台、中国国际广播电台合并组建中央广播电视总台,作为国务院直属事业单位,归口中央宣传部领导。

面对媒体融合带来的挑战,彻底解决我国广播电视体制的深层次矛盾还需要时间,解放思想、深化改革仍是未来一段时间内我国广播电视行业必须贯彻的重要主题。

三、我国广播电视体制的变迁动因

具体言之,我国广播电视体制的变迁动因包括如下若干方面。

其一,执政党自我革新。在我国社会主义制度语境中,作为大众媒介的一种,广播电视是党、政府和人民的喉舌,其主要任务就是发挥新闻宣传和舆论引导的作用。为我国经济社会建设凝心聚力,是其不可推卸的历史使命。我们今天所取得的各项成就,离不开中国共产党的领导,历史已经并将继续证明,没有中国共产党的领导,民族复兴必然是空想,而中国共产党要始终成为时代先锋、民族脊梁,始终成为马克思主义政党,自身必须始终过硬③,而有效使用大众传媒则是"自身始终过硬"的重要组成部分。在新的历史条件下,中国共产党作为执政党必须面对新问题、新挑战,必须保持与时俱进、自我革新的品质,否则就不能领导全国各族人民取得改革开放的伟大胜利。广播电视要发挥好喉舌作用,也必须在体制上不断变革,这样才能适应中国共产党不断自我革新的内在要求。党管媒体,坚持政治家办媒体,是社会主义中国不可动摇的原则,作为执政党的自我革新,也要求广播电视体制与时俱进。

其二,经济社会发展。经济社会发展不仅是广播电视体制改革的发生背景,同时也是广播电视体制改革的动力原因。在理论层面,表现为经济基础发生了变化,必然要求上层建筑发生相应的变化,广播电视体制是上层建筑的重要组成部分,发生相应的变化是一种不证自明的必然;在实践层面,经济社会的发展对信息服务提出了更高的要求,原有的广播电视体制无法有效地满足这一需求,必须进行改革,否则就会被时代抛弃和淘汰,同时经济社会的发展,也为广

---

① 《习近平:胸怀大局把握大势着眼大事 努力把宣传思想工作做得更好》,《人民日报》,2013年8月21日,第1版。
② 《习近平在党的新闻舆论工作座谈会上强调 坚持正确方向 创新方法手段 提高新闻舆论传播力引导力》,https://media.people.com.cn/n1/2016/0314/c40606-28195601.html,2020年02月20日。
③ 习近平:《决胜全面建成小康社会 夺取新时代中国特色社会主义伟大胜利——在中国共产党第十九次全国代表大会上的报告》,人民出版社,2017年版,第16页。

播电视行业的变革提供了充足的资金和必要的市场,广播电视拥有了体制改革的先决条件。总之,我国广播电视体制的变迁,在根本上是由我国经济社会的结构变迁所决定的,是作为上层建筑的广播电视体制对经济基础的再度适应的结果,也是广播电视行业为更好地服务于经济基础而进行的具有明确自主意识的改革选择。

其三,外部竞争压力。不管是新中国成立之后的前30年,还是改革开放后,我国的广播电视行业都面临着巨大的外部竞争压力。改革开放后,我国广电行业得到了巨大的发展,取得了不少成就,但在全球化背景下,欧美国家的广电行业利用资本优势同样取得了巨大的成功,出现了若干有实力的跨国传媒集团。进入社会主义新时代,中国作为崛起中的大国,逐渐显示出不可替代的发展后劲,在这个意义上,广电媒体应具有与之相匹配的国际地位,否则就是不进则退[①]。显然这种来自国际社会的巨大压力,也促使中国的广播电视体制在改革中获得发展。

其四,新媒体技术对广电媒体的影响。很长时间以来,广播电视一直是传统媒体大家庭中的翘楚,还占据着多项指标排行榜的霸主地位,即便是在当下的互联网时代,也不能轻视广播电视在媒体产业中所占的巨大分量;但是,从趋势发展而言,深谙互联网传播规律的自媒体平台,正在改写媒体生存和发展的规则,尤其是人工智能技术在自媒体传播中的应用,使得传统意义上的广播电视正在遭受前所未有的生存危机,从现实表现而言,广播电视的经营和影响力也正在被自媒体步步蚕食。新媒体技术的到来,使媒体融合成为必然选择,而要很好地融入这一发展潮流之中,广播电视体制必须要按照媒体融合的要求进行改革,这在相当程度上,可视为媒介技术变革倒逼广播电视带来的结果。

总之,我国广播电视体制的变迁是政治、经济、文化等多种方面原因共同作用的结果,而在这些诸多因素中,作为执政党的中国共产党的领导推动,是广播电视体制改革变迁的关键变量。以前是这样,今后仍然是这样。

第三节 我国广播电视体制的价值研判及改革面向

当前情况下,我国广播电视体制的确存在不足之处,但从历史发展的角度而言,我国广播电视体制的存在,又与当时的历史条件紧密联系,具有合理性。改革广播电视体制已成为当前广电部门的重要议题,但在改革之前,应对我国的广播电视体制给予客观公正的价值评判,这是保证改革得以成功的前提条件。

一、我国广播电视体制的优势

我国当前的广播电视体制是几十年来逐步形成的,在我国广播电视事业发展过程中起到了极其重要的体制保障作用,各级各类广播电台、电视台均以实现社会效益为首要目标,适合中国国情、适合中国社会制度[②]。主要体现在如下若干方面。

---

① 陈相雨:《新时代我国广电体制变革的现实动因和框架要求》,《今传媒》,2018年第3期,第12-14页。
② 黄勇:《中国广播电视事业发展和体制改革》,《中国广播》,2006年第5期,第5-7页。

其一，使意识形态领导权始终掌握在党和人民的手中。广播电视媒介诞生以后，就对社会产生了广泛而深刻的影响，成为人们日常生活中必不可少的大众媒介之一。由于它的接收几乎没有门槛要求，哪怕一个人不识字，只要他能听会看，都能成为广播电视媒介的受众。因此，广播电视媒介也成为意识形态传播的重要工具。我国的广播电视机构，虽然实行企业管理，但它是由国家主管和主办的事业单位，由中国共产党领导，是党、政府和人民的喉舌，进行意识形态宣传是其无可推卸的重要职责。众所周知，意识形态是维护现存社会秩序的思想体系，涉及人心向背，如果我们丢失了意识形态领导权，就意味着有可能丢掉党的执政地位，这是广大人民所不愿意看到的。习近平指出："意识形态决定文化前进方向和发展道路。必须推进马克思主义中国化时代化大众化，建设具有强大凝聚力和引领力的社会主义意识形态，使全体人民在理想信念、价值理念、道德观念上紧紧团结在一起。"[1]当下源于西方国家的社会思潮多种多样，虽然它们有一些可取之处，但总体上并不适合我国国情，我们一旦丧失意识形态领导权，也就意味着这些西方社会思潮有了可乘之机，这会给中国社会带来难以估算的负面影响。从这个意义上讲，当前我国的广播电视体制，有利于意识形态领导权牢牢掌握在党和人民的手中。

其二，能够保证人民利益最大化。我国广播电视体制能够充分保证"党管媒体"的根本原则得到彻底践行，能够保证广播电视媒体真正掌握在对党忠诚的可靠的政治家手中，而我们的党，是从人民群众中来，是全心全意为人民服务的，党性与人民性保持着本质上的一致。在这个意义上，由中国共产党领导的广播电视体制，能够切实解决好"为了谁、依靠谁、我是谁"这一根本问题，能够充分保证人民利益的最大化。

需要说明的是，西方公共型广播电视体制虽然宣称为了公共利益，但在实际运行过程中往往受到各个党派的影响，而这些党派又有不同的利益集团支持，尽管在特定条件下，西方的公共型广播电视体制在一定程度上能起到捍卫公众利益的作用，但在总体上受到资本和政党派别的钳制，在根本上很难实现人民利益的最大化。与之相比，我国的广播电视体制虽然也存在一定的不足，但领导它的政党是中国共产党。中国共产党是工人阶级的先锋队，党除了始终代表最广大人民的根本利益外，没有自己的特殊利益。

其三，有利于资源整合做大做强。传媒产业在国民经济中的作用越发明显，它不仅是国民经济得以发展的重要推动力量，而且也是国民经济的重要组成部分，甚至已成为支柱产业。广播电视产业在传媒产业中具有相当的活力，在媒体融合背景下，整个行业的发展显示出强劲的势头。统计数据显示，2017年以来，我国广播电视行业总收入规模呈现高速增长的发展态势，到2021年，全国广播电视行业总收入11488.81亿元，同比增长24.68%；从收入构成来看，以传统广播电视广告收入、有线电视网络业务收入以及网络视听收入等为核心构成的广播电视和网络视听业务实际创收是我国广播电视行业主要收入来源；在广播电视覆盖率方面，近年来，我国持续推进广播电视重点惠民工程，广播电视节目综合人口覆盖率稳步提升，截至2021

---

[1] 习近平：《决胜全面建成小康社会 夺取新时代中国特色社会主义伟大胜利——在中国共产党第十九次全国代表大会上的报告》，人民出版社，2017年版，第41页。

年底,全国广播节目综合人口覆盖率 99.48%,电视节目综合人口覆盖率 99.66%,分别比 2020 年提高了 0.10 和 0.07 个百分点[①]。

显然,在这样的形势下,散兵游勇式的广播电视产业发展,并不利于整个产业的做大做强。而今,西方广电传媒集团在世界各地攻城拔寨,发展已呈垄断化走向,对我国市场的渗透也越加明显。我国广播电视集团做大做强也成为必须完成的使命。虽然,我国广播电视体制条块分割明显,但是它最终属于国家所有,由中国共产党领导,在根本利益上是一致的,因而可以通过自上而下的行政力量整合资源,将广播电视产业做大做强(不可忽视由行政捏合导致的大而不强)。例如,目前成立的上海东方传媒集团有限公司、湖南广播影视集团、江苏省广播电视总台、厦门广播电视集团、浙江广播电视集团等就是这方面的典型。因为,成立集团可以将钱花在刀刃上,做精品节目、优秀节目,而且这有利于进行多元化经营,并能在激烈的媒介传播竞争中取得优势。这些都是西方广播电视体制所不具备的。

当然,我们也不应忽视我国广播电视体制所存在的不足。

二、我国广播电视管理体制的不足

其一,事企混杂影响效率和公平。我国广播电视机构的设立和管理有严格的规定:国务院广播电视行政部门负责全国的广播电视管理工作,广播电台、电视台由县、不设区的市以上人民政府广播电视行政部门设立,其中教育电视台可以由设区的市、自治州以上人民政府教育行政部门设立,其他任何单位和个人不得设立广播电台、电视台;国家禁止设立外资经营、中外合资经营和中外合作经营的广播电台、电视台。可见,我国的广播电视是由国家和政府机构主管主办的事业单位,而非具有企业法人的资本实体。这种规定的益处在于确保广播电视机构牢牢掌握在党和国家的手中,起到真正为人民服务的作用,但广播电视机构又不单纯是宣传和事业单位,它具有产业属性,进行产业经营又是其不可推卸的责任和使命,追求经济效益仍然很重要,而且在特定条件下,如果没有很好的经济效益,其社会效益也很难取得。亦如所知,产业经营必须面向市场,奉行资本逻辑,以此才能保证经营的效率和公平,但事企不分,不但广播电视机构缺乏充分参与市场竞争的自主权,而且由于对广电资源的垄断,使得它们难以提升经营效益。虽然,我国使用"事业单位、企业管理"对其定位,并在实践中予以调和政治逻辑和资本逻辑之间的矛盾,在广播电视发展的初期具有效果,但随着竞争的加剧以及产业经营要求的提高,调和两者之间的关系变得越发困难。

其二,条块分割不利于资源的整合优化。我国广播电视体制推行"条块分割、以块为主"的双重领导体制。虽然各级广播电视机构都属于国家所有,都是党、政府和人民的喉舌,且在根本利益上始终具有一致性,但是,由于我们国家存在地区发展不平衡,中央、省、市、县广播电视

---

① 《2022 年中国广播电视行业发展现状及市场规模分析:广播电视行业总收入破万亿》,https://ml.mbd.baidu.com/r/YnvV7NFywg? f=cp&rs=3270148251&ruk=JCaiW1VF99y9rFKdP2RX6Q&u=a02f8fa7496cfe54&urlext=%7B%22cuid%22%3A%22gavb8_89Sigqiv8OY826fg8C2i_WuHakgaSM80OHStKu0qqSB%22%7D,2022 年 8 月 9 日。

机构也都有自身的发展目标和利益诉求,资源的整合优化存在着巨大的阻力,事实上这种"条块分割、以块为主"的管理体制,在一定程度上是限制广播电视产业做大做强的。目前,我国成立的广播电视集团也大都是地区直属的各类广播电视机构,而不是跨地区的广播电视集团。在当前条件下,传媒产业竞争层次越来越高,跨地区、跨媒介、跨行业的资源整合成为广播电视产业未来发展的必然要求,而现行的广播电视体制显示出了自身的局限性,而这有赖于我国广播电视体制乃至传媒管理体制的改革。《中共中央关于全面深化改革若干重大问题的决定》提出的完善文化管理体制、建立健全现代文化市场体系等,是我国广播电视机构及其主管部门的改革方向。在这一背景之下,不利于广播电视产业资源优化整合的管理体制也必然会改变。正如有研究者认为的那样:"在社会主义市场经济条件下,中国传媒业从行政事业型(工具化的事业)到宣传经营型(产业化的事业)再到特殊产业型(文化信息产业组织)的演进是一种不可逆转的发展规律。"[①]

其三,职责分配粗放,较难促进经济效益和社会效益的统一。我国的广播电视媒体,既要做好新闻宣传和社会舆论引导,又要搞好产业经营取得经济效益,在职能上负有新闻宣传和产业经营的双重使命。而且,我国的广播电视媒体一直以来是将新闻宣传的使命置于首位。在改革开放初期,对于广播电视媒体使命的粗放型要求,适应了当时的社会环境,绝大部分广播电视媒体都取得了社会效益和经济效益的双丰收。随着社会条件的剧烈变迁,受众的层次和区隔逐渐清晰,这就要求广播电视媒体应根据自身定位和受众分层践行双重使命,但是,有的广播电视媒体不顾肩负实现经济效益和社会效益统一的要求,甚至还将经济效益置于首位,造成了一定的社会负面影响。这其中原因固然是多方面的,但是如果能对不同类型的广播电视媒体的功能职责做精确化分配,即按照广播电视媒体政治坐标和市场定位进行不同比例的职责分配,此种现象在一定程度上可以减少。

三、我国广播电视体制改革的现实面向

在全球化时代,媒介技术变革日新月异,各国广播电视体制都面临着改革调整的问题。正如前文所述,我国广播电视体制是特定历史条件的产物,它的发展变迁也和我国社会变迁紧密相连。虽然我国广播电视体制具有明显的优势,但是随着社会条件和形势的变化,也逐渐暴露出一些弊端,改革调整成为我国广播电视体制发展的必然选择。笔者以为我国广播电视体制改革大致有三个面向。

其一,面向媒介融合。"媒介融合"这一概念来源于美国,是指由数字技术引发的各类媒体之间在内容、渠道、管理等多方面的渗透和合作,涉及广播、电视、电影产业,信息通信产业,电子制造产业,出版产业等多个产业。在表现形式上,不但是在内容上的集约化生产,还包括传媒组织的合作以及内容生产的全民化。当以互联网为代表的新媒体出现之后,各类传统媒体面临着巨大的压力,很多研究者认为"媒介融合"将是未来传媒产业发展的必然趋势。而今,

---

① 朱剑飞、胡玮:《广电改革基因再造》,《视听界》,2014年第4期,第20-25页。

"媒介融合"已经从趋势演变成为一种必须面对的客观存在。2014年8月18日,习近平主持召开中央全面深化改革领导小组第四次会议并发表重要讲话,指出:"推动传统媒体和新兴媒体融合发展,要遵循新闻传播规律和新兴媒体发展规律,强化互联网思维,坚持传统媒体和新兴媒体优势互补、一体发展,坚持先进技术为支撑、内容建设为根本,推动传统媒体和新兴媒体在内容、渠道、平台、经营、管理等方面的深度融合,着力打造一批形态多样、手段先进、具有竞争力的新型主流媒体,建成几家拥有强大实力和传播力、公信力、影响力的新型媒体集团,形成立体多样、融合发展的现代传播体系。"①可见,"媒介融合"已经上升到国家决策层面。事实上,我国报纸、广播、电视等传统主流媒体已经在按照中央要求,大力推动媒介融合,甚至有不少传媒机构在媒介融合方面取得了实质性进步,但也有一些传媒机构的尝试不是特别理想。但不管怎么说,媒介融合是必由之路,我国的广播电视体制改革必须直视这一现实,并努力找准改革发力点。

其二,面向产业升级。传媒产业是内容产业,奉行注意力逻辑,是典型的注意力经济。在传统媒体时代,各类传媒先是卖内容,而后卖广告,基本上是二次销售的产业经营模式,甚至在相当程度上,广告经营是传统媒体最为重要的经济来源。但是,进入新媒体时代,传统媒体的广告经营业绩开始萎缩。据相关数据显示,我国传统媒体的广告收入从2013年开始出现下滑,之后就很难止住这一下滑势头。2017—2020年,传统媒体广告市场呈现严重负增长,2020年增长率为-20.90%,而同一时期,互联网广告市场增速均在10%以上,2020年增长率稍有下降,但增长率也为13.85%②。需要说明的是,传统媒体广告经营业绩下跌,很重要的原因在于新媒体对广告市场的瓜分,以致传统媒体必须进行产业升级和转型。广播电视是典型的传统媒体,广告经营业绩的下滑近年来比较明显,而且这种下滑的趋势还会继续下去。虽然各类广播电视媒体机构也都在积极应对这种不利的局面,但收效并不明显,因此,有必要从体制改革入手推动广播电视媒体的产业升级。

另外,联系前文所述,媒介融合已经改变了传媒产业的存在状态和发展方式,传媒产业整体上也必须在各方面进行升级,因此,我国广播电视体制改革必须面对这一现实存在。

其三,面向先进文化。广播电视具有意识形态和产业经营的双重属性。虽然,广播电视机构能够像生产普通商品一样生产媒介产品,但媒介产品会对受众的精神世界和文化价值观产生影响,这是媒介产品和普通产品的不同之处。广播电视行业是文化行业的重要组成部分,广播电视产品在本质上是文化产品。因此,长期以来我国广播电视机构注重媒介产品双重属性的平衡,强调社会效益和经济效益的统一,将社会效益置于首位,要求媒介产品要传递先进文

---

① 《习近平:推动传统媒体和新兴媒体融合发展》,http://media.people.com.cn/n/2014/0818/c120837-25489622.html,2022年9月20日。
② 《一文带你看2022年互联网广告与传统媒体广告发展现状对比 两者市场规模增长率差距逐步扩大》,https://mo.mbd.baidu.com/r/Yntq5z7aiA?f=cp&rs=1599633530&ruk=JCaiW1VF99y9rFKdP2RX6Q&u=d03ec668ce5f1ba1&urlext=%7B%22cuid%22%3A%22gavb8_89Sigqiv8OY826fg8C2i_WuHakgaSM80OHStKu0qqSB%22%7D,2023年1月5日。

化。2013年8月19日,习近平深刻指出:"关于文化体制改革,我只强调一点,就是要在继续大胆推进改革、推动文化事业全面繁荣和文化产业快速发展、建设社会主义文化强国的同时,把握好意识形态属性和产业属性、社会效益和经济效益的关系,始终坚持社会主义先进文化前进方向,始终把社会效益放在首位。"①在党的十九大报告中,习近平更是鲜明指出:"满足人民过上美好生活的新期待,必须提供丰富的精神食粮。要深化文化体制改革,完善文化管理体制,加快构建把社会效益放在首位、社会效益和经济效益相统一的体制机制。"②在当前社会环境中,文化形态多元化,文化产品复杂化,有些文化是先进文化,而有些是糟粕文化、庸俗文化、落后文化。作为由中国共产党领导的广播电视机构,奉行为人民服务、为社会主义服务的"两为"方针,理应对各类文化进行选择性传播,即对先进文化要进行大力弘扬,对糟粕文化、庸俗文化、落后文化要进行无情的鞭挞,以此才能起到党、政府和人民喉舌的作用。因此,我国的广播电视体制改革必须以传播先进文化为基本现实面向。

此外,需要注意的是,我国的广播电视体制改革表面上看,是应对数字技术变革带来的产业影响,或者说通过体制改革做大做强我国的广播电视业,但在本质上是为传播先进文化,服务我国最广大人民。

推荐阅读

1. 艾红红:《新中国广播电视业的体制确立与体系革新》,《西南民族大学学报(人文社会科学版)》,2021年第10期,第171-177页。

2. 黄洪珍、吴杰:《中国广播电视管理体制的嬗变及其规律探究》,《编辑之友》,2019年第1期,第50-54页。

3. 覃榕、覃信刚:《新中国70年广播电视管理体制的演进轨迹》,《现代传播(中国传媒大学学报)》,2020年第1期,第7-12页。

4. 覃倩、覃信刚:《改革开放以来中国广播电视体制的五轮改革》,《中国广播电视学刊》,2019年第1期,第93-97页。

5. 田香凝、赵淑萍:《广电媒体体制机制改革现状与未来趋势》,《电视研究》,2022年第1期,第13-15页。

6. 易前良:《技术、市场与规制:我国视听新媒体产业发展整体回顾》,《声屏世界》,2015年第5期,第8-11页。

7. 俞虹、王帆:《欧洲公共广播电视发展趋势与变革启示:从瑞士"取消收听收视费"公投说起》,《现代传播(中国传媒大学学报)》,2018年第6期,第1-8页。

---

① 《习近平:一个博物馆就是一所大学校》,http://cpc.people.com.cn/xuexi/n1/2019/0107/c385474-30507333.html,2022年10月22日。

② 习近平:《决胜全面建成小康社会 夺取新时代中国特色社会主义伟大胜利——在中国共产党第十九次全国代表大会上的报告》,人民出版社,2017年版,第44页。

8. 张琛:《我国广电体制变革的路径探析:对德国广播电视制度的借鉴与思考》,《青年记者》,2020年第21期,第67-70页。

9. 张殿元、张殿宫:《政治体制 产业技术 文化传统:广播电视新媒体法治基础要素建设刍议》,《新闻爱好者》,2018年第10期,第53-55页。

10. 张喜杰、李倩:《署局合并背景下广电行政管理创新研究》,《中国行政管理》,2015年第7期,第37-42页。

思考题

1. 分析公共型广播电视体制的优势是什么?
2. 简述我国广播电视体制改革变迁的动力。
3. 思考融媒体时代我国广播电视体制的改革方向。

» 第九章

广播电视新媒体论：
从数字技术应用到媒体融合

第一节　数字互动技术对广播电视的影响

虽然我们无意将技术对社会的重大影响,提升到"技术决定论"的层面,但是某种技术的诞生,的确在相当程度上对人类社会产生了重要而深刻的影响,这样的事实俯拾皆是。作为技术革命重要成果的广播电视,不但解决了人类远距离传播的问题,而且和其他媒介一起创造了一个独特的拟态世界,并以自身特有的方式形塑着我们的现实世界。数字互动技术在当代得到了革命性的发展,它不但催生了以互联网为代表的新型媒介平台,而且对长期处于优势地位的广播电视产生了颠覆性的影响,主要表现在如下若干方面。

一、传播维度的影响

与报纸、杂志等平面媒介相比,广播电视以生动逼真的视听形式、及时有效的传播效果等特点赢得了广大受众的青睐,在传统媒体环境中可谓长期处于优势地位,在特定阶段还处于霸主地位。以数字互动为基本特征的新媒介技术,正在创造一个新的传播环境,广播电视深处其中,同时也在顺势而为,不断进行媒体融合,应该说当下的广播电视,在传播的各个环节都发生了重要改变。

(一)传受角色模糊化

美国政治学家、社会学家哈罗德·拉斯韦尔(Harold Lasswell),是奠定传播学发展基础的四大先驱之一,他在 1948 年发表《社会传播的结构与功能》一文,提出著名的"5W"传播模式,即谁(Who)、说什么(Says What)、通过什么渠道(In Which Channel)、对谁(To Whom)、取得什么效果(With What Effects)。哈罗德·拉斯韦尔的贡献,不仅在于将以前混沌的传播现象用"5W"模式揭示出来,而且后人就此引申出控制分析、内容分析、媒介分析、受众分析和效果分析的传播学五大研究领域,并长期左右着美国传播学的研究方向,甚至有人认为,后来的传播学研究在相当程度上是对拉斯韦尔的注解。

在拉斯韦尔的"5W"模式中,"传播者"和"受传者"之间的边界是清晰而明确的。事实上,在之后的漫长岁月里,这种泾渭分明的"传受"关系一直在被以报纸、广播、电视为代表的传统媒体所证明。即便是没有"传播者"和"受传者"定义的奥斯古德-施拉姆模式(Osgood-Schramm Model),也只是在对人际传播解释时,才会得到更多的承认,但由于它淡化了"传受"双方不对等的关系而又饱受批评。显然,当时的传播实践和社会条件限制了人们对传播模式的理解和想象。在新媒体环境下,数字互动技术使得传受角色日渐模糊,之前较多发生于人际传播中的社会互动,在当下的广播电视新媒体平台则成为一种新常态。或许,可能有人会发出这样的疑问:在传统媒体环境下,受众也是可以与传者进行互动的,例如很多电视栏目都有热线电话和读者来信环节,甚至有些广播电视机构还进行大型的受众调查,受众完全可以通过这些渠道完成自身向传者的转变。这种说法有些道理,但严格意义上说,上述方式只能算是一种受众反馈,因为受众既不能改变自身原子化的状态,也不能成为传播有价值内容的真正意义上的传播者。

在新媒体环境下,广播电视新媒体不仅能够进行实时互动,而且受众完全可以成为真正意义上的传播者。简要言之,大致有三个层次:其一,对广播电视新媒体直播的节目,受众可以随时表达收听观看意见,直言之,就是传播者不但能够得到适时反馈,而且在特定条件下受众由于共享反馈信息,还可能形成对内容发布者产生影响的集群力量,而这在相当程度上改变了传统媒体环境下受众的原子化状态;其二,受众不必受限于传统媒体环境下固定时间接收广电信息的要求,相反,可以根据自身的需要和生活节奏,选择节目观看或收听,而这在传统媒体环境下是不可想象的;其三,受众可以通过广电新媒体平台自己上传原创节目,而这是"受者"完成向"传者"转变的最有价值的行为,因为它彻底打破传统媒体环境下广电媒体对内容的垄断,受众成为真正意义上的传播者,这一点已为众多的广电新媒体所证明。因而,在媒体融合的新媒体环境下,数字互动技术使得广电媒体中的"传受"角色变得日渐模糊。

(二)接收设备智能化

以收音机、电视机等为代表的广电媒体,是 20 世纪两件伟大的发明,它们的出现不仅打破了报纸媒体独大的局面,而且还创造了一个视听传播的辉煌时代。不管是收音机,还是后来的电视机,都曾经是普通家庭所必须购置的物件,甚至在特定阶段还是家庭富裕、生活幸福的标志。即便在今天,仍然有很多家庭会在有限的空间内给电视留以足够放置的空间。因为没有这些基本的终端设备,受众就无法接收节目。

但是,在新媒体环境下,广播电视节目的接收设备正在向数字化、智能化方向阔步前进,而且由于互联网平台的出现,电脑、手机等设备成为新的节目接收终端。这里有两个层面的意思。其一,曾经独领风骚的传统意义上的收音机、电视机等设备正在成为"古董",取而代之的将是数字智能化的接收终端。其二,受众在当下环境中完全可以通过电脑、手机等数字智能设备来接收节目,事实上越来越多的受众开始选择这种形式。例如,电视剧《龙门镖局》在 2013 年 8 月中旬的网络点击量已超 3 亿,而根据某调查公司在 7 月 30 日对该剧收视率的统计,上海某电视台播出该剧第三集的收视率仅有 0.3%[1],尽管这种比较的科学性还有待提高,但媒体普遍认为通过网络看电视剧正在成为趋势。

由于接收终端的数字化和智能化,电视节目的多屏互动也正在成为现实。根据尼尔森(Nielsen)的调查数据:88%的美国人"在看电视时会使用第二种数字设备";其中 71%的美国人"查找与他们正在观看的内容相关的内容",而 41%的美国人则忙于向"朋友/家人"发送有关他们正在观看的内容的信息[2]。另外一项调研也证明了这一点。市场调查机构 TECHnalysis Research 对中国、美国、英国、德国以及巴西五国超过 3000 名的受访者进行了关于电视使用行为习惯的调查,结果显示,在看电视的同时使用智能手机、平板电脑、笔记本等

---

[1] 《你在哪里看电视,电视剧收视率为何低于网络点击量》,https://news.sina.com.cn/c/2013-08-25/152328042794.shtml?source=1,2022 年 8 月 10 日。

[2] 《报告:88%美国人会一边看电视一边玩手机等数字设备》,https://baijiahao.baidu.com/s?id=1654042424954880067&wfr=spider&for=pc,2022 年 12 月 5 日。

设备的人数比率高达75%～80%①。

(三)传播信息海量化

在传统认知范畴之内,广电媒体是偏重时间的媒介,追求时效性和现场感,这是其与平面媒体进行竞争并获得优势的关键,而通过大量信息的传播,来到达思想的深刻性,则是平面媒体的特长。但是,以数字互动技术为代表的新媒介技术的崛起,正在改变广电媒体,使得广电媒体的信息传播呈现海量化特征,不仅广电新媒体拥有海量化的视听信息,而且由于媒体融合,传统广电媒体进入互联网平台,从而获得海量信息。

主要原因有三个方面。其一,广电信息的生产主体越来越多。我们知道传统意义上的广电节目生产是需要专业技能和专业设备的,不经过严格的培训和学习很难进行广电信息的制作生产;而当下,只要拥有一部智能手机,就可以进行广电节目的生产,甚至有不少人没有专业的设备,仅仅使用普通的智能手机就能制作出很出色的广电节目。其二,广电信息的储存能力得到提高。广电媒体经过了数字化改造之后,不仅广电节目的生产效率得到提高,而且视听信息的储存能力也得到提高,从一定程度上说,这种储存能力是无限的。其三,广电节目的传播机会越来越多。在新媒体环境下,由于"人人都拥有麦克风",只要你制作的广电节目不挑战社会道德和法律底线,就可以在互联网平台上播出,如果质量很好,还会带来巨大的点击量。所以,从这个意义上说,广电节目的传播机会增多,也在相当程度上刺激了广电节目信息的生产,而这在客观上造就了广电信息的海量化。

(四)传播内容微型化

追求效率和快节奏,是现代社会的典型特点。今天的中国已经和世界对接,而且以西方国家所不能想象的速度在往前奔跑。正如我们所感受的那样,中国是一列高速行驶的火车,我们每个人都在火车上。而且,快速变迁的世界正在逼迫每一个人以很快的节奏工作和生活。

因为,每个人的精力都是有限的,甚至没有时间去做工作以外的事情,但是为迅速适应快速变迁的世界,又必须了解这个世界的最新变化,否则就会被时代所抛弃。对于大众媒体而言,传媒内容的微型化,正是应时代所需。广电媒体的传播内容自然也要适应这种形势。因此,那些"短""平""快"的有用信息,则成为当下受众的急需。广电媒体为生存求发展,不断在新媒体终端上播出经过切割的短视频,同时推出短视频手机客户端等产品,有的还直接根据用户需求生产品类多样的短视频②。此外,数量众多的草根组织和民间个体,由于资金、技术等方面的限制,也生产了大量的微型化视听内容,从而进一步推动了广电新媒体内容生产的微型化趋势。当然,其中的原因不仅有前文所论及的快节奏的生活规律,还有就是使用手机终端接收广电信息的受众越来越多,而这种移动式接收方式自然会对广电内容提出微型化要求。

---

① 《多屏互动:家庭娱乐时代的大势所趋》,http://www.diankeji.com/guandian/26444.html,2023年2月5日。

② 刘旸:《跨屏、转型、融合:广电业态变革的三大关系重构》,《传媒》,2015年第3期,第22-24页。

不过，需要注意的是，这里所讲的传播内容的微型化，更多是从受众的接收特点，针对一般性内容而言的，它与精品化并没有本质上的冲突，相反，如果广电内容具有足够的吸引力，即使不是微型化的套路，受众仍然会趋之若鹜。但是，如果内容有足够的吸引力，同时又符合受众的接收特点，这样的广电节目会有更好的前途。

（五）效果管控复杂化

传播效果，一般是指信息在传播之后实现传播目标的程度，涉及微观、中观、宏观等不同的层面。传播效果研究一直是传播学研究的重要领域，历来受到学界，尤其是业界的重视。我国媒体进行市场化改革以来，对传播效果的研究越来越重视，准确地说，主要是对发行量、收视率等指标的重视，因为它们直接关系到媒体的广告经营，很多媒体将这些指标置于"生死存亡"的地位。当然，发行量、收视率、收听率等指标只是传播效果某个层面的表现，而不是全部。仅仅是因为这些指标事关媒体广告业绩，因而在很多情况下，以致媒体将这些指标视为衡量传播效果的重要依据。在传统媒体环境下，很多广电媒体出于急功近利之需要，以收视率或收听率高低来评价和衡量传播效果之好坏，以致收视率、收听率调查成为广电媒体必做的功课。不过，需要说明的是，仍然有不少广电媒体不放弃对社会效益的守望，并力图使经济效益和社会效益达到统一。

我们此处所说的传播效果，是政治、社会、文化等多个层面的，而不仅仅指一般意义上的收视率和收听率等具体指标。应当承认，传播效果受到各种因素的影响，其本身就是复杂的，不管是传统媒体环境，还是新媒体环境，都是这样。我们之所以认为新媒体环境下广电传播效果的达成和管控正在复杂化，是相对于传统媒体环境而言的。原因在于，新媒体环境中的受众不再是原子化的，他们可以在互动中形成价值共同体[①]，这种共同体既可以帮助传播者扩大传播效果，又可以形成逆向作用，对原先的传播效果进行抵消，这种不确定性直接增加了传播主体对效果管控的难度。

二、社会维度的影响

任何技术都不能绝对中立，它或多或少都会带有某种文化承诺，因为发明和使用它的人是社会的人，是处于各种复杂关系中的人。在传统媒体时代，广电媒体就对社会产生了各种复杂的影响，广播媒体被誉为"脑海中的剧院"，美国前总统富兰克林·罗斯福曾使用广播进行了著名的"炉边谈话"，坚定了处于经济大萧条中的美国人民对未来的信心。后来出现的电视，以其独有的魅力对社会产生了深远影响。目下，建立在新媒体技术上的广电媒体也正在社会层面发生深刻的影响。下面，我们主要针对电视新媒体来分析其社会影响。

（一）以家庭为单位的集体收看活动正在减少

家庭是组成我们社会系统的基本细胞，没有家庭的存在，社会将因失去支点而陷入崩溃。

---

① 参见陈相雨、丁柏铨：《抗争性网络集群行为的情感逻辑及其治理》，《中州学刊》，2018年第2期，第166-172页。

从功能主义的角度而言,家庭具有生育功能、赡养功能、文化教育功能、情感功能、政治功能等多个方面。当电视诞生之后,迅速嵌入家庭结构关系之中,不仅帮助家庭实现诸多社会功能,而且其自身也通过视听信息的传递和共享,俨然成为一个以家庭为收看单位的大众媒体,这一点明显区别于广播和报纸等其他大众媒体。正如有研究者所言:"电视观赏是这样一种家庭活动,它随着电视机里播放的错综复杂、不断变化的节目安排,不断改变个人活动安排,改变个人情绪,改变每一个家庭成员的感情重心。"①

但是,在新媒体环境下,这种情况发生了改变:不仅越来越多的人受到新媒体的吸引,开始告别传统意义上的电视,而且广电机构生产的视听节目,也有越来越多的人选择使用新媒体终端收看,而这显然使那种以家庭为接收单位的收看模式发生了改变。尽管我们可以说,经过数字化改造的传统电视,一样会存在界面互动、信息互动以及某种形式的体验互动,似乎凭这一点,就可以留住受众,延续以家庭为接收单位的收看模式,但是这种互动并不适合以家庭形式展开,因而我们可以做出这样的判断:那种一家人在客厅集体观看电视节目的时代正在远离我们,以家庭为接收单位的收看模式正在弱化。

(二)日常生活仪式被破坏

仪式是一种人类生活固定化、程式化的表达形式和呈现方式,是包括了参与主体关于周遭世界的象征性信息,其根本目的在于满足人生存和发展的基本欲求。正如有研究者所言,"我们最高的仪式仍然是为了满足我们动物性的功能——饮食、活动、繁殖、死亡、交配和战斗","仪式化行为是自然秩序和我们身体法则的自然流露"②。不管何种形式的仪式,在根源上都和人的最基本的欲求紧密相关。在法国社会学家迪尔凯姆那里,仪式被分为"神圣仪式"和"世俗仪式"两种类型。彰显宏大理念、强化权力认同、充满集体荣誉感的典礼、演说、表演等仪式类型,都应属于"神圣仪式"的范畴;而围绕"吃""喝""玩""乐"而展开的程式化活动,都可以视作"世俗仪式"。我们在此处所论及的日常生活仪式便是属于后者。

电视具有强大的议程设置能力,它不但左右了人们关心问题的顺序,而且还以自己的逻辑安排了人们的生活,人们在不知不觉中按照电视设计的方式生活。例如,中央广播电视总台的春节联欢晚会,几十年如一日,而今已经成为多数中国人过年的一种生活仪式,对不少人而言,倘若没有看春节晚会,就会产生没有过年的感觉。可以说,在传统媒体环境下,一家人聚在一起看电视几乎成为一种日常生活仪式。然而,在新媒体环境下,不仅电视观众的流失对电视收看仪式起到削弱作用,而且受众也完全可以根据自己的时间观看电视节目,根本不会理会电视节目的时间安排。以电视剧为例,在传统媒体环境下,受众必须在固定的时间观看,但现在受众不但可以选择"回看",而且完全可以通过视频网站一口气看完。因此,从这一点来说,电视原先所创造的日常生活仪式正在遭到破坏。

---

① 詹姆斯·鲁尔:《世界文化中的家庭和电视》,姚平、王建刚译,《国际新闻界》,1990年第2期,第6页。
② 转引自张兵娟:《日常生活的仪式与共同体的价值建构:从〈舌尖上的中国〉谈饮食文化的传播意义》,《新闻爱好者》,2013年第10期,第15-18页。

(三) 新的社会空间关系的诞生

在传统媒体时代,电视是每个家庭不可缺少的物件,甚至在特定条件下还会变得比其他东西更重要。我们知道,中国的家庭在装修房子的时候,不仅会给电视预留空间,而且还会根据其收看习惯摆放家具。观察中国家庭的客厅,尽管风格多样,但必须得有电视,而且还要针对电视摆放沙发,这种样式几乎一成不变。可以说,就是因为电视的存在,中国人的家居空间发生了改变。与此同时,一家人集体看电视,并围绕电视节目话题进行闲聊,又形成了有别于传统社会的独特社会空间关系。

而这一切在新媒体时代发生了改变。在传统媒体时代,看电视是以家庭为单位的,是建立在血缘伦理基础之上的,人际互动也主要是在家庭成员中进行;但是,在新媒体时代,数字互动技术将个体从家庭关系中抽离,并通过话题的分享和讨论,实现在虚拟空间中的重新聚合,而这种聚合完全是陌生人之间的社会互动。例如,受众可以围绕某部电视剧或某档节目在虚拟空间中形成想象的共同体,在这个共同体内人人平等而又互不相识,他们可以自由加入和退出,而且成员数量众多。可以说,数字互动技术在解构电视原先创造出的社会空间关系的同时,又在创造一个基于陌生人的新的社会空间关系。

三、产业维度的影响

(一) 广告经营形势严峻

以互联网为代表的新媒体崛起以后,报纸是传统媒体中第一个受到冲击的。当报纸媒体在寒冬中苦苦挣扎之时,广电媒体不但未感受到凄凉,而且经营业绩还在继续增长。但是,在2010—2014年期间,全国广播电视广告的增幅连续减少,特别是2014年,广电广告收入增长率首次低于GDP的增幅①。而在一线城市上海,在2013年就感受到了这种下滑压力。据上海市工商局发布的《2013年度上海广告市场状况报告》显示:自有报告以来,电视和广播媒体广告营收在2013年首次出现下降。其中,上海东方传媒集团有限公司实现电视广告营收54.9亿元,同比减少近4亿元,降幅6.8%;上海东方广播有限公司实现广播广告营收5.4亿元,同比减少0.2亿元,降幅3.1%,而互联网广告媒介经营单位营收同比增长117.6%,所占份额升至31.5%,展现出强劲增长势头②。另据权威数据显示,2021年全国传统广播电视广告收入786.46亿元,同比下降0.40%,广播电视和网络视听机构通过互联网取得的新媒体广告收入2001.46亿元,同比增长124.89%,传统广电广告营收仍未止住下行势头,新媒体广告营收增长则更加抢眼。

首先,应该知道,广告的投放是奔着受众去的,受众远离广电媒体,广告商自然也会远离广

---

① 李岚、莫桦、黄田园:《革新图存:加快广电媒体融合发展的"四个转变"》,《传媒》,2015年第23期,第35-37页。
② 《沪广电广告营收首次下滑 互联网媒体广告营收增长》,http://ku.m.chinanews.com/wapapp/cns/cj/zw/5999331.shtml? target=_self,2022年11月10日。

电媒体。据中国广视索福瑞媒介研究的数据显示:2015年上半年人均每日收视时长为156分钟,比2011年上半年的168分钟已下降了12分钟;其次是忠实受众的收视时长减少,不仅年轻受众在持续流失,45~54岁的受众收视时长也明显萎缩;此外,有线电视用户流失情况严峻,2015年上半年,全国有线电视网络用户减少了515万户,"剪线族"中,很大一部分比例的人群直接转向了互联网等新兴媒体①。截至2021年末,全国有线电视实际用户降至2.01亿户,其中有线数字电视实际用户1.95亿户②,而工业和信息化部的统计表明,截至2022年5月末,移动互联网用户数达14.4亿户③。新媒体对广电受众抢夺能力尚未释放干净,因而传统媒体的广告经营业绩在今后一段时间内还会持续下降。

(二)媒体融合势在必行

从全世界范围来看,数字媒介技术的革命性发展,在不断创造新的媒介类型和业态形式的同时,也在不断打破和拆除不同媒体之间阻碍互联互通的技术壁垒,进而使得媒体产业格局发生了全面而深刻的改变。西方发达国家在这方面走在了世界的前列,一些媒体开始依靠大数据、云计算等信息技术深层挖掘信息内容,将不同媒介形态集中到一个多媒体数字平台上,实现报纸、广播、电视、电脑、手机等信息终端的功能一体化,这是较高水平的全媒体融合。

我国的媒体融合近年来也取得了不错的成绩,以电信网、广播电视网、互联网为主的"三网融合"逐步推进,诸如广电互动电视、互联网电视、电视服务跨屏转移、电视线上交易、社交电视、网络广播等业态形式不断创新,但由于受到"条块分割""多头管理"等体制弊端的影响,深度融合还面临不少困难。需要注意的是,数字媒介技术的迅猛发展,给媒体产业带来的影响是深刻而致命的,它所催生的媒体融合潮流是无法阻挡的,那些不能够适应这一发展大势的广电媒体机构终将会被市场淘汰。事实上,当下很多广电媒体已经感觉到了这种压力,纷纷推进媒体融合。例如,湖北广电媒体融合的基础性和功能性产品"长江云"App和微信公众号,除汇聚了湖北广电已有受众外,还通过湖北移动网络公共服务平台汇聚用户,并通过大数据、云计算等先进的信息技术,对用户数据进行挖掘,在内容上实现新闻、娱乐及其他信息产品生产的变革,在经营上实现传统广告向精确商业信息传播的转型④。尽管我国的媒体融合水平与西方发达国家存在不小差距,但可以相信随着我国媒体对数字媒介技术发展的不断适应,媒体深度融合必将取得明显进步。

---

① 转引自李岚、莫桦、黄田园:《革新图存:加快广电媒体融合发展的"四个转变"》,《传媒》,2015年第23期,第35-37页。
② 《统计局数据:2021年有线电视实际用户降至2.01亿户,有线数字电视再度跌破2亿户》,http://www.dvbcn.com/p/130179.html,2022年9月15日。
③ 《工信部:我国移动互联网用户数累计达到14.4亿户》,https://m.c114.com.cn/w16-1200096.html,2022年7月8日。
④ 张海明:《广电媒体与新兴媒体融合路径》,《报刊管理》,2015年第8期,第43-44页。

(三) 产业融合成为趋势

由数字互动技术催生的媒体融合，旨在将不同类型的媒体有效整合在一起，实现媒体功能的一体化，具体包括内容融合、渠道融合、平台融合、经营融合、管理融合等多个方面。我们知道，以数字互动技术为基础形成的互联网，并不是一种简单的媒介或媒体，而是一种重新聚合社会资源、市场资源的结构性力量，它不但使得媒体融合成为传统媒体的必要选择，而且正在打破产业之间的界限，实现不同产业的相互融合。例如，传媒业、通信业和IT业开始融合成信息服务业，文化业、旅游业和地产业高度融合成文化休闲旅游业。可以说，媒体融合只是产业融合进程中的重要篇章，它最终带来的将是传媒产业和其他产业的相互融合以及在此基础上衍生出新的产业。广电行业深处此潮流之中，势必依靠互联网平台与其他产业融合。

另外，需要关注的是，媒体融合不仅需要大量的资金支持，而且还需要一定的时间才能取得实质性进展，也需要产业融合给予相应的支持。正如有学者认为："媒体融合作为一个长期、系统而又复杂的重大工程，既需要大量的资本投入，又需要较长的融合期，这就更需要通过产业融合来赚取大量的真金白银支持媒体融合。"[①]因此，广电行业与其他产业的融合成为趋势。

第二节 广播电视新媒体：概念、形态及特征

国内最早开始涉足新媒体领域的广电机构当属中央电视台。早在1996年12月，中央电视台就建立了国际互联网站，到2009年12月，中国网络电视台（CNTV）正式开播。央视已将CNTV打造成集新闻、信息、娱乐、服务为一体的综合性、有特色的网络媒体[②]，未来，CNTV有可能成为真正意义上的平台型媒体。在各省级广电媒体中，有不少在21世纪初就成立了新媒体的运营部门，并对广电新媒体进行了积极大胆的探索。可以说，以视听为基本特征的广电媒体，在传播形态、传播方式上更接近以数字互动技术为基础的新媒体，因而相对于其他传统媒体，基于数字互动技术的广电新媒体更容易得到迅速发展。

那么，究竟什么是广播电视新媒体呢？它有怎样的特征？其具体形态又有哪些呢？

一、广播电视新媒体的概念

欲清晰理解广播电视新媒体，则首先得弄清楚何为"新媒体"。顾名思义，新媒体（new media）是个相对宽泛的概念，凡是在报刊、广播、电视等传统媒体之后诞生的媒体形态，均可以称为"新媒体"，其类型包括网络媒体、手机报、数字杂志、数字电视、车载移动电视、楼宇电视、户外高清视频等。但是，以时间节点来划分新旧媒体，似乎不能揭示新媒体的本质特征。有学者认为："新媒体必须同时具备三个特征：基于数字技术、可以互联互通、非线性传播，而楼宇电

---

① 郭全中：《以产业融合促媒体融合》，《西部学刊》，2015年第13期，第13-15页。
② 张建敏：《广电媒体的新媒体发展之路：现状、困境与路径》，《当代电视》，2015年第4期，第20-21页。

视、车载电视等,尽管拥有一定的新技术成分,但由于它们只能单向线性传播,因此只能算作'新载体'而非新媒体,并不包括在内。"①笔者在此基础上认为,广播电视新媒体,是建立在数字互动技术基础之上,并以视听传播为基本特征,具备互动功能的媒体样态。

广电新媒体的内涵有两个层面。其一,建立在数字互动技术之上,具有互通互联之功能,受众可以据此进行不同程度的社会互动,它应该是双向传播,而非单向传播。这就意味着有些媒体尽管出现在传统媒体之后,但是由于不具有互动功能,而不能称为广电新媒体。其二,以视听传播为基本特征,主要是指以动态的图像、声音为传播手段,而不是以静态的文字为主要传播手段。这就意味着有些具有即时互动功能,但不是以动态图像和声音为传播手段的数字杂志、报纸手机客户端等新媒体不能称为广电新媒体。

当然,我们有必要注意的是,随着媒体融合程度的加深,广播电视新媒体的边界会逐渐消失,这也就意味着类似于报纸手机客户端这样的非广电类新媒体也会出现声音和动态的图像元素。最后,基于电子媒介发展出来的新媒体和基于平面媒介发展出来的新媒体之间,仅有风格特色的差异,而无传播手段的差异。

二、广播电视新媒体的形态

当下我们所论及的广播电视新媒体,不仅仅是指经过数字化改造的广电媒体,还包括传统媒体环境中未曾出现过的广播电视新媒体形态,例如 IPTV 等形态。从接收终端来看,广播电视新媒体是多屏传播的,即包括电视屏、电脑屏及手机屏等多种样式。有学者将广播电视新媒体的存在形式分为三大族群:互联网族群、手机族群和电视族群;而且,与之相对应的广播电视新媒体形态,即网络视频/网络广播、手机电视/手机广播和数字电视/IPTV②。

(一) 网络视频/网络广播

网络视频,是指由网络视频服务商提供的、以流媒体为播放格式的、可以在线直播或点播的声像文件。网络视频一般需要独立的播放器,文件格式主要是基于 P2P 技术占用客户端资源较少的 WMV、RM、RMVB、FLV 等流媒体格式。代表性的网络视频网站主要有爱奇艺、优酷、腾讯视频、搜狐视频、凤凰视频等。网络视频的节目类型,既有网络视频服务商播出的传统的电影、电视剧、综艺节目、新闻、广告等视频节目,也有能够体现互联网特征的自拍娱乐短片、恶搞短片、公民视频新闻、广告微电影以及服务商自制视频等多种形式。

我国网络视频发展迅速。2006 年 10 月,谷歌以 16.5 亿美元的天价收购了 YouTube,在当年创造了视频网站交易的神话,而这间接刺激了中国网络视频产业,全国一下涌现了 200 多家视频网站,而且都在不同程度上获得了市场投资,以致 2006 年成为中国网络视频产业元年。

---

① 周小普、韩娜:《我国广播电视新媒体发展现状及未来趋势》,《国际新闻界》,2012 年第 12 期,第 83 - 91 页。

② 周小普、韩娜:《我国广播电视新媒体发展现状及未来趋势》,《国际新闻界》,2012 年第 12 期,第 83 - 91 页。

今天,网络视频行业已经进入了一个相对稳定发展的阶段。

网络广播是数字化音频信息通过互联网平台传播的形态,既是传统广播媒体在互联网平台发展的重要体现,也是网络媒体多媒体形态的重要表现。网络广播大致有两种类型。其一是传统广播的网络应用,大都是传统广播媒体为应对互联网挑战,在互联网空间打造的网络广播媒体新形态,如中国国际广播电台、上海东方广播电台等。其二是由互联网直接催生成长的网络广播,如青檬电台、猫扑电台、豆瓣电台等。

不过需要注意的是,在互联网平台上那些基于"看"的网络视频和基于"听"的网络广播,在某些节目类型中,它们的界限是模糊的。例如,基于网络社群的网络直播聊天,既有网络视频的面貌,又有网络广播的特征,很难说是网络视频,还是网络广播。而这正恰恰反映出在互联网平台不同媒体类型相互融合的本质逻辑。

(二)手机电视/手机广播

手机电视,就是以手机作为终端设备,接收视听内容的媒体形态,它具有电视媒体的直观性、广播媒体的便携性、报纸媒体的滞留性以及网络媒体的交互性。但是,由于受手机屏幕较小、接收环境不确定等因素影响,手机电视的视听效果会打折扣。

手机电视节目,广义上是指在手机媒体上播出的所有类型的电视节目,狭义上是指根据手机媒体的传播特征而设计制作的电视节目。由于手机媒体作为一种接收终端有着自身的特征,以致它的节目编排、画面镜头、音效、字幕等方面,都与传统电视节目具有明显的差异。正如前文所述,选择手机媒体接收视听节目的受众越来越多,那些符合手机媒介传播特点和接收规律的新型视频节目在全球范围内越发得到重视。

手机广播,就是使用具有收音和上网功能的手机终端,接收以音频为传播手段的节目。这里有两层含义:其一,使用基于移动通信和互联网的手机终端实时收听或点播网络广播节目;其二,手机设备中内置了FM广播调谐器,打开即可直接收听广播电台的节目。手机广播对于传统的广播电台而言,增加了节目开发的新机遇,同时也带来了与其他部门的利益冲突。

(三)数字电视/IPTV

数字电视,又称为数位电视或数码电视,其含义并不是指普通的电视机,而是指电视节目在发射、传输、接收的所有环节中都使用数字电视信号和相关系统或设备。其具体传输过程是:由电视台发送的图像及声音信号,被数字压缩和数字调制后,形成数字电视信号,经过卫星、地面无线广播或有线电缆等方式传送,由数字电视接收后,通过数字解调和数字音视频解码处理还原出原来的图像及伴音。它的特点是信号损失小、接收效果好。

与数字电视紧密相关的一个概念就是IPTV(interactive personality TV),即交互式网络电视,它集互联网、多媒体、通信等技术于一体,向家庭用户提供包括数字电视在内的多种交互式服务,它以家用电视机作为主要终端电器,通过互联网络协议来提供多种数字媒体服务。用户在家中可以通过计算机、网络机顶盒,加上普通电视机以及移动终端等设备接收内容。IPTV既有别于传统的模拟电视,又不同于一般意义上的数字电视。不管是传统的,还是一般意义上的数字电视都具有频分制、定时、单向广播等特点,虽然一般意义上的数字电视较之模拟电视已有不少技术革新,但这仅是信号形式上的改变,而对传播模式的改变较少。

IPTV适应互联网发展趋势,并充分利用互联网资源,目前其互动内容可分为"人机互动"与"人际互动"两大类。目前,我国现阶段IPTV与主要以人机互动为主,以电视机为中介的人际互动也正在增多。

三、广播电视新媒体的特征

(一)内容更加丰富

正如前文所言,数字互动技术不但打破了传受主体之间的边界,而且使得广播电视内容生产的门槛降低,越来越多的普通受众参与到广电节目的生产制作中来,以致广播电视新媒体的传播内容较之以前更加丰富多彩。可以说,以前只有专业化的从业人员才可生产制作广播电视节目,而今普通的受众就可进行生产,内容越发丰富。事实上,草根制作已经成为一种不可忽视的文化力量,它在很多方面形塑着社会的走向。当然,我们也要看到,广播电视新媒体节目生产的大众化,必然产生的一个后果就是节目质量良莠不齐:有一些节目虽然出自草根之手,但其质量却相当高,可谓"高手在民间";而另一些节目,不仅思想层次恶俗,而且制作水准低劣,但这种情况要被完全杜绝,难度很大。

(二)终端无处不在

广播电视新媒体接收终端大致分为数字电视、个人电脑、智能手机等设备,尤其是手机接收终端的发展,几乎已经让广电内容的接收实现了无处不在。譬如,我们现在只要拥有一部智能手机,就可以在任何时间、任何地点接收广播电视节目。目前来看,由于电信流量资费和接收速度等因素的影响,使用手机媒体接收视听内容在缺乏WiFi的情况下并不普遍,但是随着上述问题的逐次解决,随时随地接收视听内容应为时不远。需要关注的是,不只是手机新媒体,随着数字科技的持续深入发展,如眼镜、手套、手表、服饰及鞋等可穿戴智能设备的发展和普及,接收终端无处不在将真正成为事实。

(三)节目差异明显

数字互动技术使得视听内容实现了不同媒体之间的跨屏传播,也就是说,受众可以通过不同的接收终端观看同样内容的节目,尽管这在相当程度上提升了受众的观看便利性,但是,不同的接收终端有着不同的特点,适合大屏传播的节目在小屏上传播,其效果就会受到影响,因此需要根据接收终端的不同及其受众的接收规律来安排节目的生产和播出。

这里包含两层意思:其一,形式编排的差异化,即同样的节目应根据不同的接收终端来剪辑编排,例如在电视屏播放的电视剧放到手机屏播出,在形式编排上最好能符合手机媒体的特点;其二,内容编写的差异化,即针对主要接收终端的特征来编写内容,而不是仅仅在形式上体现这一特征。这两个特征会随着广播电视新媒体的深入发展而变得更加明显。

(四)互动成为常态

数字互动技术是广播电视新媒体得以形成的根本依据,随着广播电视新媒体的发展,互动将成为广播电视新媒体传播的常态。互动不但有人机互动,更多是人与人之间的互动。任何技术都不是中立的,它或多或少都带有某种文化上的承诺。数字互动技术的文化意义在于,既提供了人际互动的可能,又在实践上以一种较为隐蔽的方式培养了受众互动的意识和习惯,而且它还帮助受众建构了想象的共同体,并演变成为一种可以改变社会的结构性力量。而当这种意识和习惯以社会事实的形式沉淀下来之后,会进一步推动数字互动技术的发展和应用。换言之,就是彼此互动成为受众的渴求以及一项不可剥夺的权利。在这个意义上,互动则成为广播电视新媒体的传播常态。

第三节 新媒介环境下广播电视的发展突围

当前,以数字互动技术为代表的新媒体技术得到了迅猛发展,媒体融合已经成为当下媒体行业面临的重要课题。传统的广播电视目前虽然拥有巨大的影响力,但是面临着进一步发展的困境。基于数字互动技术的互联网,并不是一种简单的媒介类型,而是一种改变行业发展逻辑和规则的结构性力量。传统广播电视只有适应这一形势,才能获得实质性的发展成果。

一、新媒介环境下传统广播电视的发展困境

(一)经营困境

虽然近年来传统广播电视媒体的经营业绩保持着较高的发展速度,并且在各种媒体类型中占据老大的地位,但是由于以互联网为代表的新媒体的崛起,不断蚕食广播电视媒体的广告收入,以致2013年传统广播电视媒体广告收入的增幅大幅下降。据统计,全国广播电视行业2013年的广告收入约为1302亿元,比2012年的1270亿元增加32亿元,增幅仅为2.52%,较2012年13%的增幅降低了近11%。之后,广播电视广告从增长期进入平台期,并呈衰落态势。2021年,虽然广电行业总盘子增加了,但传统广播电视广告收入增势依然乏力,仅实现786.46亿元,同比还略微有所下降①。

广电媒体遭遇经营困境,并出现衰退态势,其原因除我国经济整体下行因素的影响之外,更重要的就是新媒体竞争和广告主自办媒体的分流,而且后者的影响则更为长久和深远。换言之,这种经营困境并非暂时的,甚至在相当程度上不会因为中国经济的整体向好而有根本改变,因为新媒体对整个行业的影响是结构性的。

---

① 《2022年中国广播电视行业发展现状及市场规模分析 广播电视行业总收入破万亿》,https://ml.mbd.baidu.com/r/YnvV7NFywg?f=cp&rs=3270148251&ruk=JCaiW1VF99y9rFKdP2RX6Q&u=a02f8fa7496cfe54&urlext=%7B%22cuid%22%3A%22gavb8_89Sigqiv8OY826fg8C2i_WuHakgaSM80OHStKu0qqSB%22%7D,2022年8月9日。

(二) 管理困境

正如前文所述，广电媒体进入了一个全新的时代，运作的方式和逻辑都在发生深刻变化，广电媒体若不能适应这一变化，即使有政府给予的各方面政策保护，也不能逃脱惨遭淘汰的命运。改革势在必行，但改革的关键在于管理机制和体制的创新。尽管广播电视媒体在项目运作、制播分离、主持人中心制等方面的改革取得了明显进展，但是总体而言，广电媒体在内容生产、技术支撑、版权保护、人才培养、客户服务等方面，还是沿袭传统媒体环境下的管理制度，面对新媒体带来的诸多冲击和挑战，还有很多不适应的地方。

以中央电视台为例，近年来，从黄健翔、刘建宏，再到李小萌、张泉灵、赵普等一大批著名主持人和制片人告别央视，他们的辞职行为被外界誉为是向体制告别、奔向新生，其中有不少是奔向了互联网等新媒体领域。虽然他们的"出走"原因各异，但这种"出走潮"的出现，从另外一个层面证明广电媒体的管理困境。

(三) 话语困境

广电媒体担负着舆论引导的重任。在传统媒体时代，广电媒体凭借其现场感强、传播形式生动、老少皆宜等特点，引领社会舆论的发展走向；但是，进入新媒体时代，出现了传统媒体和新媒体舆论不一致的现象，而且在很多舆论事件中，新媒体舆论占据上风，新华社前总编辑南振中将此称为"两个舆论场"问题。尽管以广电为代表的传统媒体尝试各种方式力图打通"两个舆论场"，虽然取得了一些成绩，但是总体上还不够好。这是在新媒体环境中广电媒体出现的话语困境。

就以中央广播电视总台的春节联欢晚会为例。央视的春节联欢晚会，这么多年来以传播正能量、弘扬主旋律、烘托过年味等特点，赢得了社会各界的高度认可，而且几乎已经成为中国老百姓过年的新民俗。但是在互联网崛起之后，网络吐槽央视春晚成为央视最为严重的话语困境之一。

二、新媒介环境下传统广播电视的发展突围

(一) 从技术应用到全媒体融合

广播电视本身就是技术革命的产物，不管从何种角度来说，都可谓是20世纪伟大的技术发明。仅从技术层面而言，广播电视媒体和其他媒体相比，与以数字互动技术为基础的新媒体关系最为密切。在数字电视技术诞生之前，广播电视采用的几乎都是模拟技术，从图像信号的产生、传输、处理到复原，整个过程几乎都是在模拟体制下完成的，其特点是采用时间轴取样，每帧在垂直方向取样，以幅度调制方式传送电视图像信号，缺点在于易受干扰、色度畸变、亮色串扰、行串扰、行蠕动、大面积闪烁、清晰度低和临场感弱等。而应用数字技术之后，电视机不仅可以接收高质量的画面，而且功能更加丰富，并且具备交互性和通信功能。因而，自20世纪80年代德国揭开了数字电视的帷幕之后，各国都在进行数字电视技术的应用，并为此制定了时间表。

我国从1999年开始倡导数字电视，之后大力推行由电视模拟信号向数字信号的转换，由于我国有线电视条块分割严重，因此在转换过程中争议不断，但也涌现出了具有不同特色的数字电视推广模式，例如青岛模式、佛山模式等。2003年至2004年已有北京、上海、青岛、杭州、佛山、深圳、广州、大连等地开通了数字电视。2005年，又有福州、厦门等地开通了数字电视。2007年，又在重庆掀开了数字电视转换热潮。

目前，我国广播电视经过多年建设，已经完成了数字化应用改造的任务，进入了一个以数字融合为主要特征的发展阶段。长期困扰数字电视发展的内容匮乏、产业链利益分配不均等问题，都会因为以互联网为代表的新媒体的迅猛崛起，而转变成影响广电媒体生死存亡的广电转型问题，而坚持走全媒体融合之道，则是取得转型成功的关键。

（二）从单终端传播到多终端协同互动传播

在传统媒体环境下，广播电视是基于电视机、收音机等单终端设备而进行传播的，虽然有受众的反馈渠道，但其传播基本上是从单点向外围进行辐射的单向性传播。而且，不管广播与电视之间，还是广播电视与其他媒介之间，都是泾渭分明、界限清晰的，这在相当程度上限制了多终端协调传播的实现。但是，在新媒体环境中，由于数字技术的普遍应用，各类媒体之间有了互通互融的基础，多终端协同传播不但有了技术支撑的基础，而且广电媒体在新媒体环境下为应对冲击和挑战也必须做这方面的工作。

多终端协同互动传播，分为两个层面。

其一，跨屏联动传播，是电影屏、电视屏、电脑屏、手机屏等屏与屏之间的协同联动传播。当下及未来的传播应是接触点传播，即凡是能够与受众接触的任何时空节点，都应该存在相应的媒体形式，也就意味着每一种媒体类型和传播形式都应有自己不可取代的传播生态位。对于同一主题或内容的视听节目，应根据电影屏、电视屏、电脑屏以及手机屏等传播要求和规律，调整传播和表达形式，以实现传播效果的最优化和经济效益的最大化。例如，《爸爸去哪儿》是湖南卫视从韩国MBC引进的亲子户外真人秀节目，由于节目抓住了都市父母渴求和孩子共享天伦之乐的社会心理特征，从2013年10月开播之后迅速走红，2014年的春节假期又推出《爸爸去哪儿》电影，实现了跨屏联动传播。在春节档七天假期里，《爸爸去哪儿》取得4.67亿元票房，创下了春节档七天2D电影单片票房新纪录，也刷新了华语2D电影首映七天票房纪录；而且，《爸爸去哪儿》凭借在中国的优异表现，以3400万美元的票房成绩获得全球亚军，也是2D电影全球票房冠军。这一现象还引起了BBC、《洛杉矶时报》、《好莱坞报道者》等国外主流媒体的关注。

其二，跨屏互动传播，是指为弥补广电媒体单向传播的短板，受众可以通过不同的屏幕实现"人机互动"和"人人互动"的传播。跨屏互动传播，是当前最为重要的广电传播现象之一，它充分尊重受众的主体性，打破了单向性传播的弊病，是广电媒体借助数字互动技术带给广大受众的现代性体验。例如，移动端用户可以通过扫一扫、摇一摇等手机应用，直接参与广播电视的节目之中，像抢红包、换礼券、赢积分、发弹幕等都是较为常见的跨屏互动形式。2015年羊年春晚,微信红包与央视合作互动,进行手机屏与电视屏的跨屏互动传播,微信成为当年春晚的最大赢家;2016年猴年春晚,微信的最大对手支付宝拿下了春晚独家互动合作权,"咻一咻"第一轮互动就达到677亿次(羊年春晚全场互动次数为110亿次),5分钟已超上年春晚全场互动次数,前两轮"咻一咻"累计互动1808亿次,达羊年春晚的约16倍。

不过,需要注意的问题是,跨屏互动本身成为最大"卖点",而节目本身则相对受到了削弱。因为,受众忙于跨屏互动,而对视听内容则过问不多。在2016年的猴年央视春晚中,数以亿计的观众忙着抢红包,而春晚节目则成为这一行为的背景画面和伴奏音乐。倘若内容创作不能适应形势的变化,数字互动技术的引入,对广电传播主体而言就得不偿失。跨屏互动传播已不可阻挡,广电节目的内容创作必须与时俱进,适应发展趋势提出的要求,这是传统广电媒体的生存之道。

(三)从受众接收到用户定位

受众,是指信息传播的接收者,包括报刊和书籍的读者、广播的听众、电影电视的观众以及网民。自从大众传播学作为一门学科诞生以来,受众不但是一个重要的学术概念,而且还成为一个重要的研究领域。在传者中心论那里,受众是被动和消极的,甚至是"靶子",只要被击中,就会应声而倒;但在受众中心论那里,媒介是被动者,受众是传播的主动者,受众并非是消极的,而是积极主动地寻求信息。受众中心论从20世纪60年代起逐渐取代传者中心论,到目前为止几乎为人们普遍接受。在我国,随着社会主义市场经济体制的建立,媒体的竞争加剧,受众中心论不但得到越来越多的认可,而且已经渗入到中国各个层次的媒体实践过程之中。

进入新媒体时代,受众的主体地位进一步得到了凸显,但是"受众"概念将自身锁定在信息的接收者和寻求者上,似乎无法满足传媒实践发展的需要,因为基于互联网平台的网民,已经不是单纯的信息接收者和寻求者,而是互联网用户,他们通过互联网学习和工作,在实际层面已经超越了信息的接收和寻求。因此,广电媒体在新媒体时代有必要视"受众"为"用户"。对此,我们可从如下三个方面进行理解。

其一,发展理念的转变。不管是被动的受众,还是主动的受众,都是以信息的接收和获取为基本特征的。在"受众"概念指导下,广播电视始终是传播信息的媒体,但在新媒体时代,广播电视不能单单成为媒体,而要成为为利益相关者提供视听服务的平台,显然原有的概念已经无法满足这样的需要。正如有研究者认为:"平台思维对观众来说,就是要打造一个能够激发用户交流的平台,邀请用户参与,实现真正互动。"[①]也只有这样,广电媒体才能适应社会发展和市场竞争的需要。

其二,概念边界的扩张。"用户"的概念边界显然比"受众"边界来得更为宽广。"受众"可以被"用户"取代,而"用户"无法被"受众"取代。在新媒体环境下,广电媒体已经成为互联网平

---

① 欧阳宏生、梁湘梓、徐书婕:《论互联网时代"广电媒体+"之融合创新模型的建构》,《西南民族大学学报(人文社会科学版)》,2016年第1期,第173-179页。

台的重要组成部分,广电媒体可以借助互联网平台与艺术、金融、物流、农业等相关产业结合,作为参与其中的大众而言,用"受众"概括他们,显然不太合适。

其三,精确定位的需要。作为一个概念,"受众"更多倾向于宏观,是众多信息接收个体的集合。针对受众的收视率、收听率等传播效果的调查,也在不同程度上强化"受众"作为一种宏观指涉的存在。但是,"用户"则更多倾向于微观,强调个体使用的满足。在传统媒体时代,由于技术所限,受众只能作为一种宏观的概念存在;而在新媒体时代,由于大数据技术的不断成熟,精确锁定"用户"已经不成问题。显然,"用户"概念在此更为合适。

(四)从科层管理到扁平化沟通

科层管理,是建立在马克斯·韦伯(Max Weber)的组织社会学基础之上的,它充分体现了现代工业资本主义的生产要求,是一个组织是否具有现代性的典型特征。根据一般理解,科层管理,是根据职能和职位进行分工和分层,同时赋予不同的权力,并以规则为管理主体的一种组织体系和管理方式。传统的广播电视媒体基本上是依据现代科层理论而进行管理的,从上到下呈现明显的金字塔结构,等级化、专业化、非人格化、规则化、技术化是其主要特征。

在传统媒体时代,信息主要是从上到下流动,领导层能够对信息资源实现有效管控,因而科层管理能够发挥很好的作用,提高广播电视媒体组织的运转效率。但是,科层管理的缺点在于滋生文牍主义,同时会限制被管理者创造力的发挥。进入新媒体时代,由于知识信息呈爆炸式增长,特别是数量众多的被管理者的潜能得到了充分释放,那种以贯彻领导层意志和决心而见长的科层管理越来越无法适应形势需要。而广电媒体的扁平化沟通,就是简化上下级之间的隶属关系层次,通过信息化手段,高层能够直接管理和指挥一线的员工,这种沟通是淡化等级、强调实效,能够调动一线员工的积极性和创造力的管理模式。在传统媒体环境下,领导层囿于管理成本无法直接管理和指挥一线员工,而在新媒体时代,数字互动技术使得扁平化沟通成为可能。也应相信,以科层管理为特征的大型组织,在新媒体时代如果不实现转型,将出现越来越多的管理危机。

另外,扁平化沟通不仅体现于领导层对一线员工的管理,还体现在对广大用户的管理之上。扁平化沟通由于精简了中间环节,使得信息流通的阻碍变少,以致用户信息在向上流动过程中变形失真的程度大为降低,而这在相当程度上有利于领导层对用户信息的精确掌握,最终对改善管理层决策起到重要作用。

(五)从单一投资到多元融资

我国广播电视媒体的融资运作起步较晚,其中很重要的原因在于我国传媒体制的特殊性。我国广播电视媒体担负着意识形态宣传的重要任务,绝不是资本主义意义上的赚钱工具。为了改革开放能拥有和谐的舆论氛围,同时也为保障我国的意识形态安全,政府一直是广播电视媒体最大的投资主体。随着我国政治经济改革的推进,广播电视媒体的双重属性得到进一步的确认以及认识上的深化,一些广播电视媒体为了获得更好的发展,将经营部分与具有意识形态特征的内容领域剥离,通过上市获得发展资金。例如,上海东方明珠(集团)股份有限公司为东方明珠广播电视塔筹集建设基金,于 1994 年在上海证券交易所挂牌上市,成为中国第一支文化股票,也是国内广播电视业真正开始进行资本运作的标志。

到目前为止,国内广播电视业的资本运作主要体现在上市、基金和引进战略投资者这三类①,但其规模和质量与当下广电行业的发展要求仍有很大距离。究其原因,除广播电视体制改革略显滞后之外,就是我国广播电视媒体近 20 年来处于发展黄金期,高速增长的广告收入使它们"衣食无忧",因而就缺少融资扩张的冲动。但是,在新媒体时代,广播电视媒体像其他传统媒体一样面临新媒体的挑战,而多元融资是舒缓压力、助推转型的有效之举。多元融资对广播电视媒体而言,具有以下三个层面的意义。

其一,获得充足的发展资金。新媒体的发展一开始就是多元融资的结果,在当下中国,几乎所有的融资手段都能在新媒体领域中找到。经过这么多年的发展,新媒体公司拥有充足的发展资金。截至 2022 年 5 月 30 日,BAT(百度、阿里巴巴、腾讯)三巨头之中,阿里巴巴市值约 2532.26 亿美元,腾讯市值约 4276.19 亿美元,百度市值约 497.13 亿美元②。与以 BAT 为代表的新媒体相比,广播电视媒体资金来源于国家投资和自身广告收入,尽管总盘子也不小,但是由于增长有限,无法满足与新媒体竞争的需要,但是通过大力推进多元融资,就能在相当程度上解决这一难题。

其二,与新媒体融合的需要。在全球化语境中,我国媒体曾经为应对国际媒体集团的挑战,纷纷组建了各种类型的媒体集团,但是与西方媒体集团相比,其经营效益仍然有待提高,而这里的关键原因在于组建方式是"行政捏合",而非"资本并购"。当下,广播电视媒体与新媒体融合,由于新媒体的市场化程度较高,它们的生存和发展逻辑就是资本运作,显然,"行政捏合"对于急欲与新媒体融合的广电媒体而言,已经失去了操作空间。在这种情况下,广电媒体可通过资本运作,实现与新媒体的融合,而且这也是一种极为有效的选择。

其三,倒逼广电媒体体制改革。体制局限性是阻碍广播电视媒体资本运作的重要因素。我们知道,广播电视媒体在新媒体时代必须彻底转型,否则就会惨遭淘汰,但转型也需要大量的资金,而这不应该完全由政府提供,在这种情况下,政府就应该给予相应的政策,让广电媒体能够通过资本运作获得发展资金。可见,市场化的融资要求和形势发展会对广播电视媒体的体制改革形成倒逼态势。

综上所述,广播电视媒体在新媒体环境中面临经营、管理及话语等多方面的困境,这是以互联网为代表的新媒体的迅猛崛起而带来的。广播电视媒体应该充分认识到这种形势的必然性,同时还应从技术、终端、用户、管理以及资本等方面,使自身在新媒体环境中发展突围。

---

① 《2016 年中国传媒资本运作发展报告》,http://media.people.com.cn/n1/2017/0926/c414362-29560535.html,2022 年 11 月 16 日。

② 《最新中国互联网公司市值排名来了 腾讯第二 阿里第三》,https://www.sohu.com/a/552459875_115831,2022 年 10 月 30 日。

推荐阅读

1. 陈虹、杨启飞:《生产与联动:我国广电媒体深度融合的空间建构逻辑》,《当代传播》,2021年第3期,第65-69页。
2. 陈丽君:《城市广电媒体 App 的融合路径探析》,《中国电视》,2020年第11期,第75-78页。
3. 陈佑荣:《重思公共领域:电视调解中的家庭政治与协商民主——以江西卫视〈金牌调解〉栏目为个案》,《国际新闻界》,2015年第4期,第115-128页。
4. 邓庭筠、李本乾:《从5G到元宇宙:广电媒体的技术逻辑变革》,《中国广播电视学刊》,2022年第6期,第26-29页。
5. 达彤:《广电媒体"MCN化"的底层逻辑和要素重组》,《传媒观察》,2021年第12期,第91-95页。
6. 冯莉:《新媒体语境下广播电视媒介生态研究》,《西南民族大学学报(人文社会科学版)》,2015年第3期,第178-183页。
7. 高慧敏:《智媒时代广电媒体建设性新闻话语实践逻辑与路径研究》,《中国广播电视学刊》,2022年第7期,第8-12页。
8. 高宪春:《智媒时代广电媒体的升维发展》,《新闻战线》,2021年第9期,第92-95页。
9. 莫桦:《广电媒体深度融合发展的态势与展望》,《中国广播电视学刊》,2022年第3期,第35-38页。
10. 吴梦婕:《广播电视与新媒体的融合发展》,《采写编》,2022年第7期,第108-109页。
11. 武怡华:《"供给侧改革"视角下广电媒体融合的动因、本质与路径研究》,《传媒》,2022年第11期,第45-47页。
12. 谢蓓:《大数据驱动:5G时代广电媒体的转型之路》,《当代传播》,2021年第3期,第70-72页。
13. 赵梅:《中国广电媒体融合发展的特点与趋势》,《传媒》,2022年第4期,第9-10页。
14. 赵忠仁、宋培义:《节目创新视角下广电新媒体营收路径》,《电视研究》,2022年第5期,第17-20页。
15. 邹举:《电视内容产业的版权战略》,社会科学文献出版社,2015年版。

思考题

1. 数字互动技术对广播电视的多维影响有哪些?
2. 广播电视新媒体的业态形式有哪些?有什么特征?
3. 简述广播电视在新媒体环境中所面临的困难及对策。

参考文献

中文期刊论文(按首字汉语拼音)

A

阿尔布雷希特·黑塞:《德国广播电视媒体的社会责任与法律规范》,《中国广播电视学刊》,2012年第7期。

B

白瀛:《让电视荧屏更加丰富多彩健康向上:国家广电总局新闻发言人就〈关于进一步加强电视上星综合频道节目管理的意见〉答新华社记者问》,《中国广播电视学刊》,2011年第11期。

鲍金虎:《国外广电产业保护的法律措施》,《电视研究》,2002年第10期。

C

常江:《"大跃进"与电视:浅析中国电视诞生的政治语境》,《现代传播》,2014年第5期。

常江:《〈新闻联播〉简史:中国电视新闻与政治的交互影响(1978—2013)》,《国际新闻界》,2014年第5期。

常颖、李晓波:《移动互联时代广电媒体的被颠覆与思维嬗变》,《传媒》,2015年第4期。

畅祎扬:《电视采访中记者提问策略探析》,《新闻传播》,2012年第7期。

陈波:《浅议广电新媒体平台融资模式》,《中国数字电视》,2010年第4期。

陈积银:《新媒体时代西部广播电视的发展:以甘肃为例》,《甘肃社会科学》,2014年第6期。

陈积银:《欧盟公共广播电视(新媒体)的国家资助监管研究》,《新闻大学》,2013年第2期。

陈疆平:《广播电视的视听监管探讨》,《科技风》,2014年第19期。

陈前、芦少鹏:《"互联网+"构建有线电视行业的多维融合》,《有线电视技术》,2015年第11期。

陈爽:《广播编辑素养的提升策略及把握和表达探讨》,《科技传播》,2015年第23期。

陈相雨:《网络集群行为动员:场域、策略及风险》,《江海学刊》,2016年第6期。

陈相雨:《香港"占中"运动生成的再认识:阐释与启发——基于资源动员理论的分析》,《世界经济与政治论坛》,2016年第2期。

陈相雨:《新加坡言论自由的边界:历史、现实与趋向》,《东南亚研究》,2017年第1期。

陈相雨:《社会结构紧张视阈下网络谣言的生成及其治理》,《新疆社会科学》,2013年第6期。

陈相雨:《社会转型矛盾多发期流言传播及治理》,《当代传播》,2013年第2期。

陈晓峰、云昭洁、陈维捷:《学术期刊微信公众平台定位与发展趋势研究》,《软件导刊》,2016年第15期。

陈沿儒:《关于广播电视推行全媒体的思考》,《西部广播电视》,2015年第17期。

陈佑荣:《重思公共领域:电视调解中的家庭政治与协商民主——以江西卫视〈金牌调解〉栏目为个案》,《国际新闻界》,2015年第4期。

陈玉霞:《广电新媒体商业模式的制约瓶颈》,《中国记者》,2009年第1期。

陈泽光:《"互联网＋"时代的广电之路探讨》,《广播电视信息》,2015年第12期。

程龙艺:《论电视采访的艺术与技巧》,《中国传媒》,2012年第18期。

崔珍:《"互联网＋"与广播业的融合变革》,《青年记者》,2015年第33期。

成倩:《治理展演:媒介学视角下的电视问政研究》,《新闻知识》,2022年第2期。

D

邓春:《借助微信公众平台提升科技期刊内容建设》,《科技与出版》,2016年第1期。

邓文卿、郎劲松:《新形势下深化中国广播电视体制改革的三个关键》,《中国广播电视学刊》,2014年第8期。

董年初、熊艳红、范洁:《视听新媒体与广电管理体制改革》,《中国广播电视学刊》,2007年第12期。

董倩:《以内容破局:三网融合背景下湖南广电集团新媒体战略研究》,《新闻知识》,2011年第8期。

董熠:《广播电视记者新闻写作技巧漫谈》,《西部广播电视》,2017年第5期。

F

樊娜:《新媒体对广电传播模式的影响》,《新闻爱好者》,2011年第5期。

方碧鹏:《广播电视台人事管理的困境与对策》,《现代经济信息》,2015年第24期。

方毅华:《广电离"看不见的宣传"有多远》,《中国广播电视学刊》,2015年第1期。

冯莉:《新媒体语境下广播电视媒介生态研究》,《西南民族大学学报(人文社科版)》,2015年第3期。

傅峰春:《"三网融合全国时间"系列报道之二 宽带为王:抓住"三网融合"契机,推动有线双向化、宽带化升级》,《中国数字电视》,2010年第4期。

傅娟:《地方广电新媒体部门人力资源管理的问题与对策》,《新闻传播》,2012年第9期。

G

盖会霞:《凤凰卫视全媒体新闻的实践与探索》,《传媒》,2015年第22期。

高传智、谢勤亮:《"第三条道路"与中国广播电视新闻体制改革:对现有广播体制缺陷的制度规避》,《新闻大学》,2006年第1期。

高南军:《国家应急广播体系建设的实践与思考》,《中国广播》,2015年第12期。

顾斌、刘新荣:《基于战略管理视域的广播电视体制创新研究》,《南京理工大学学报(社会科学版)》,2007年第3期。

顾芳:《德国广播电视监管和法律制度研究》,《新闻大学》,2007年第1期。

顾婷:《广播编辑如何提高自身修养》,《西部广播电视》,2014年第5期。

顾娴:《全媒体时代广电人才的培养》,《中国数字电视》,2010年第4期。

郭全中:《广电管理体制设计研究》,《南方电视学刊》,2015年第1期。

郭小平:《新自由主义思潮对当代西方广播电视业的影响》,《新闻大学》,2008年第1期。

郭战江:《新媒体:角色和路径——从互联网的迅猛发展思考传统广播电视台的转型》,《中国广播》,2015年第1期。

郭镇之:《中国电视史略(1958—1978)》,《现代传播》,1989年第2期。

郭镇之:《第二次中国广播电视史志研讨会综述》,《新闻研究资料》,1991年第2期。

H

何芳:《我国电视节目T2O模式发展的现状与路径》,《编辑之友》,2015年第12期。

何青梅:《广播电视的新闻写作技巧》,《新闻研究导刊》,2017年第3期。

何勇:《由德国模式看双重体制下公共广播电视体制的困境》,《四川理工学院学报(社会科学版)》,2008年第1期。

贺丽青、路宝君:《传统媒体与新兴媒体融合发展的探索研究:以城市台的台网融合为例》,《当代电视》,2014年第12期。

贺璐:《信息化技术对人力资源管理模式的影响:以广电传媒业为例》,《现代经济信息》,2015年第24期。

洪丽:《论英国广播电视的多元化发展体制》,《新闻界》,2012年第6期。

胡瑞庭、林勇毅、汪浩雷:《创新新时期省级广电行政部门宣传管理工作》,《中国广播学刊》,2014年第12期。

胡瑞庭:《广播电视对农节目服务工程建设考核(电视)情况综述》,《视听纵横》,2015年第6期。

胡占凡:《媒体融合:问题和趋势》,《中国广播电视学刊》,2015年第12期。

胡正荣、李继东:《我国媒介规制变迁的制度困境及其意识形态根源》,《新闻大学》,2005年第1期。

胡仲成、牟卿、黎丽娜:《浅析电视编辑思维》,《科技视界》,2012年第19期。

黄楚新:《媒体融合时代下的广播电视转型》,《中国广播电视学刊》,2015年第3期。

黄静:《广播记者的采访技巧》,《科技展望》,2017年第8期。

黄升民、周艳、王薇:《发展·冲突·创新(上):解析中国广电数字新媒体的发展演变》,《现代传播》,2008年第5期。

黄小雄、张雯宜、刘婧婷:《新媒体运用与新生产格局:广电传媒的机遇与挑战》,《新闻大学》,2012年第6期。

黄勇:《中国广播电视事业发展和体制改革》,《中国广播》,2006年第5期。

霍凤:《"互联网＋"战略下的OTT TV视频牌照制度》,《青年记者》,2015年第32期。

J

姜红:《德国广播电视体制:双轨并存》,《电视研究》,1998年第9期。

姜红:《英国公共广播电视体制:困境与变革(上)》,《电视研究》,1998年第5期。

姜红:《英国公共广播电视体制:困境与变革(下)》,《电视研究》,1998年第5期。

姜歆远:《为电视而写作:电视写作原生状态浅析》,《写作》,2001年第12期。

金冠军、郑涵:《当代西方公共广播电视体制的基本类型》,《国际新闻界》,2002年第2期。

金冠军、易旭明:《电视制度变迁中的政治宣传和团体利益》,《东岳论丛》,2010年第5期。

蒋宁平、易莎:《"谈话"的退隐与形态的多元:类型学视域中电视谈话节目的嬗变》,《中国电视》,2022年第2期。

K

Kim Gordon、钟新:《英国广播电视管理模式变革及其分析》,《电视研究》,2001年第4期。

Kim Gordon、钟新:《英国广播电视管理模式变革及其分析续》,《电视研究》,2001年第5期。

L

卢迪、邱子欣:《新闻"移动化"与直播"常态化":5G技术推动新闻与直播深度融合》,《现代传播》,2020年第4期。

乐四青:《广播电视媒体借手机App助力现代农业发展》,《今传媒》,2015年第11期。

李冰:《美国广电新媒体发展趋势研究》,《东南传播》,2011年第11期。

李继东:《论英国公共广播电视理念的缘起与嬗变》,《现代传播》,2007年第3期。

李建梅:《发挥电视在家庭生活中的积极作用》,《青年记者》,2015年第23期。

李捷思、韦聚彬、严汉钦:《电视"App"生存》,《南方电视学刊》,2014年第6期。

李声:《广电传媒目标管理体系建设的路径探析与策略思考:以江苏省广播电视总台(集团)为例》,《现代传播》,2013年第10期。

李鋆:《广电新媒体未来产业发展的七个关键点》,《电视研究》,2011年第8期。

李正国:《媒介融合环境下广播发展现状、趋势及对策》,《中国广播电视学刊》,2014年第5期。

李祖平、李佳颖:《主流媒体主力人才的全媒体重塑与创造力突破》,《中国出版》,2021年第3期。

梁平:《论我国广播电视集团的运行机制》,《中国有线电视》,2002年第1期。
梁山:《中美广播电视宏观管理体制比较》,《现代电视技术》,2003年第7期。
刘健、王瑛:《三网融合背景下数字电视与家庭互动研究》,《西部广播电视》,2015年第19期。
刘建洪:《论广电媒体与新媒体的辩证关系》,《今传媒》,2014年第9期。
刘建明:《英美广播电视制度差异探源》,《新闻与传播评论》,2007年第Z1期。
刘俊丽:《从政治传播学角度分析:电视媒体与美国民众的政治生活》,《今日南国》,2010年第4期。
刘纬:《我国广电企业的人力资源管理问题探析》,《有线电视技术》,2011年第4期。
刘玮玮:《浅析私人网络电台的传播效用:以荔枝电台为例》,《戏剧之家》,2014年第18期。
刘松涛:《新媒体环境下广播电视的战略转型》,《新媒体研究》,2015年第1期。
刘鑫:《我国广播电视体制改革中存在的问题与对策》,《河南科技》,2012年第7期。
刘旸:《跨屏、转型、融合:广电业态变革的三大关系重构》,《传媒》,2015年第3期。
刘逸帆:《媒介融合背景下我国广电产业资本运营新态势》,《中国广播》,2014年第12期。
刘晓雪:《媒体融合视角下的传统电视转型思考》,《现代传播》,2015年第12期。
刘云芳:《谷歌人才战略对广电媒体人力资源管理的启示》,《视听界》,2014年第4期。
刘长海、王鹊梅:《电视采访计划书中采访问题的设计要点》,《产业与科技论坛》,2016年第5期。
楼伟民:《关于新常态下地方广电媒体发展的思考》,《视听纵横》,2015年第6期。
陆序:《广播电视与网络电视融合》,《电子制作》,2015年第12期。
陆劲:《英美早期广播电视体制的思想源流》,《新闻爱好者》,2009年第22期。
陆晔、李岚、莫桦、黄田园:《革新图存:加快广电媒体融合发展的"四个转变"》,《传媒》,2015年第23期。
罗小璐:《制播分离后的媒体管理策略》,《传播与版权》,2014年第8期。
罗赟:《芒果TV如何从电视台基因中突变成长:快乐阳光的媒体融合路径研究》,《中国记者》,2014年第11期。
骆正林:《"娱乐"让中国电视渐入"大片时代"》,《当代传播》,2014年第6期。
吕欣:《用移动互联网"转基因"重构电视产业格局:一场正在进行的电视媒介生态变革》,《传媒》,2015年第4期。
吕岩梅、刘旸:《互联网思维与广电媒体的融合发展》,《声屏世界》,2015年第1期。
吕叔湘:《浅谈电视新闻类节目的教育功能》,《当代电视》,2010年第9期。
栾轶玫:《重大主题报道:媒介化治理的传播实践》,《编辑之友》,2022年第3期。
露西·马兹唐:《家庭身份危机与法国电视》,《东南学术》,2003年第3期。

M

马辰:《浅谈电视采访的关键因素与技巧》,《新闻传播》,2012年第12期。

马静芬:《加速智慧广电建设促进广电＋生态发展:ICTC2015聚焦智慧广电全新生态链》,《世界广播电视》,2015年第10期。
马玉菲:《广播电视记者新闻写作技巧》,《新闻传播》,2017年第16期。
孟宪法:《浅谈广播电视体制改革的发展方向》,《智能城市》,2016年第9期。
孟禹熙:《广电不合格广告屡禁不止的原因探析》,《中国记者》,2015年第6期。

N

聂辰席:《树立广电传统媒体与新兴媒体融合发展高度自觉:深入学习贯彻习近平同志关于媒体融合发展的重要论述》,《广播与电视技术》,2014年第41期。
宁静:《浅析广播电视事业单位存货核算及管理》,《电视研究》,2015年第11期。

O

欧阳宏生、梁湘梓、徐书婕:《论互联网时代"广电媒体＋"之融合创新模型的建构》,《西南民族大学学报(人文社科版)》,2016年第1期。
欧阳宏生、姚志文:《媒介融合:广播电视产业创新的路径》,《当代传播》,2008年第6期。
欧阳丽虹:《广播电视新闻采访写作技巧探究》,《西部广播电视》,2014年第22期。

P

潘洪涛:《大数据时代广电新媒体的发展》,《青年记者》,2013年第18期。
潘开亮:《媒介融合时代电视媒体发展策略研究》,《新闻传播》,2015年第21期。
庞井君:《现代视听传媒建设研究论纲》,《天津社会科学》,2015年第6期。
彭剑:《当前我国广电改革及发展趋势分析》,《声屏世界》,2006年第2期。
彭江燕:《县级广电台与新媒体的融合发展》,《新媒体研究》,2015年第1期。

Q

祁麟:《三网融合广播电视新业态:第九届中国广播电视数字新媒体高峰论坛综述》,《视听界》,2010年第5期。
秦芹:《我国广播电视新媒体的发展现状及趋势》,《传播与版权》,2015年第11期。
秦珊:《从"水门事件"的电视报道看美国电视对政治的影响》,《广西社会科学》,1998年第6期。
覃继红、刘逸帆:《媒体融合:广播发展新契机——专访国家新闻出版广电总局党组成员、中央人民广播电台台长王求》,《中国广播》,2015年第2期。

R

任陇婵:《广电治理制度创新的四维顶层设计及驱动》,《南方电视学刊》,2015年第1期。

任陇婵:《互联网电视且慢走》,《视听界》,2015年第6期。

S

商业南、周伟红:《广播电视新闻写作的语旨意识》,《现代传播》,2011年第6期。
邵培仁:《论人类传播史上的五次革命》,《中国广播电视学刊》,1996年第7期。
沈国芳:《中国广播电视体制改革的几个关键问题》,《艺术百家》,2006年第6期。
沈艺奇:《德国广播电视管理体制和机制的考察启示》,《中国广播电视学刊》,2017年第7期。
盛洁:《浅谈如何做好广播新闻采访》,《新闻世界》,2013年第10期。
石博:《电视台制播一体化网络改造:制作网的搭建》,《西部广播电视》,2014年第11期。
石长顺、唐晓丹:《全媒体语境下电视编辑的角色转型与功能拓展》,《中国编辑》,2009年第2期。
时统宇:《科学地认识中国广播电视的做大做强》,《中国广播电视学刊》,2003年第10期。
沈建亚:《探讨广电集团财务管理存在的问题与措施》,《会计师》,2014年第8期。
史敬:《我国广播电视体制改革回顾与创新设想》,《中国有线电视》,2014年第12期。
隋岩:《试论当代电视的大众文化特征》,《当代电视》,2002年第6期。
孙宝国:《吃透政策 学习借鉴 统筹兼顾:关于电视台制播分开改革的思考》,《电视研究》,2015年第11期。
孙苏川:《广电"十三五"科技发展规划总体思路》,《有线电视技术》,2015年第12期。
孙纬:《广播电视的制度变迁背景与产业化进程》,《中国广播电视学刊》,2011年第7期。
孙亚飞、冀丽:《新媒体语境下如何进行广播电视的战略转型及监管》,《科技风》,2014年第18期。

T

谭春鸿:《2015,谋变突围,跨界融合》,《声屏世界:广告人》,2015年第2期。
田进:《加快推动广电媒体融合发展:在2014中国视听传媒发展论坛上的主旨演讲》,《中国广播》,2014年第12期。
田征:《电视编辑艺术性的把握研究》,《西部广播电视》,2013年第18期。

W

汪蓉:《弘扬主旋律 传播正能量:以正面宣传为主做好广电媒体工作的思考》,《中国广播电视学刊》,2015年第1期。
王晨:《对现行广播电视体制的思考》,《青年记者》,2011年第17期。
王承哲:《以资本运营为纽带加速我省广播电视体制创新:关于上海、北京、广东、湖南、浙江等地广播电视集团运营的调查研究》,《河南社会科学》,2002年第4期。
王国川:《县级广电差异化融合三要素》,《中国记者》,2015年第3期。

王虎:《国外融合类媒介管理体制探讨与借鉴》,《现代视听》,2010年第12期。
王敬松:《我国广播电视管理体制及其改革》,《中国行政管理》,2007年第3期。
王蕾、刘志敏:《城市电视台节目创新"电视问政"促进公民政治参与》,《新闻知识》,2012年第10期。
王莉:《制播分离与深化:我国广播电视体制改革》,《新闻采编》,2012年第2期。
王明琴:《广电集团核心竞争力及多元化战略研究》,《中国报业》,2014年第20期。
王平:《媒介对现代家庭关系的影响:以电视和互联网为例》,《新闻世界》,2011年第12期。
王茹刚:《广播电视新闻采访的几点思考》,《科技新闻》,2015年第8期。
王学成、刘晓茜:《四川电信IPTV电视节上赚足眼球》,《通信与信息技术》,2015年第6期。
王艳梅:《浅谈上海广电集团的全面预算管理》,《管理观察》,2008年第9期。
魏佳:《德国广播电视体制探究》,《新闻爱好者》,2008年第7期。
温飚:《发达国家广播电视监管体系与机制浅探(上)》,《中国广播》,2005年第2期。
文建:《国外媒体如何管理职务行为信息》,《中国记者》,2014年第11期。
文江丽:《浅析广播新闻采访的写作技巧》,《西部广播电视》,2016年第3期。
文璐、万小广:《讲好中国故事,创新主题报道:第十三届长江韬奋奖(韬奋系列)获得者、江苏广电总台(集团)台长、大型全媒体新闻纪实节目〈你所不知道的中国〉出品人卜宇访谈》,《中国记者》,2015年第1期。
邬晓红、唐胜伟:《新媒体环境下对广播电视节目的监管》,《视听》,2015年第12期。
吴克宇:《中国电视产业政府管制的政策建议》,《中国广播电视学刊》,2004年第12期。
吴乐乐:《对西方公营广播电视体制的再思考》,《东岳论丛》,2010年第5期。
吴俐萍、李昕:《西方传媒管理体制变迁及对我国的启示:以欧洲模式与美国模式为例》,《武汉纺织大学学报》,2005年第18期。

X

夏飞:《提升广播编辑工作质量的有效措施分析》,《今传媒》,2014年第11期。
肖剑科:《南京广电集团战略人力资源管理研究》,《中国人力资源开发》,2005年第12期。
辛梓:《社交电视:多向互动形成"新收视率"》,《青年记者》,2015年第6期。
熊秀颖:《解析广播编辑的社会责任》,《新闻传播》,2013年第9期。
徐敢峰:《从文化产业角度看广电新媒体发展》,《现代传播》,2008年第3期。
徐敏:《电视的兴起:1980年之际中国内地电子媒介与日常生活》,《文艺研究》,2014年第12期。
徐晓波:《论NHK涉华纪录片的题材选择与价值倾向》,《新闻记者》,2015年第8期。
许超杰:《解析电视采访中现代思维方式的运用》,《西部广播电视》,2014年第22期。
许彭:《广播编辑工作之我见》,《新闻世界》,2011年第9期。
薛洁:《论公共广播电视体制的优势:日本NHK经营模式分析》,《新闻知识》,2004年第

10 期。

薛军:《浅析"经营广电"与"广电经营"策略》,《中国报业》,2014 年第 24 期。

Y

严三九:《融合背景下上海文广制播分开改革深化的动因与方向探析》,《电视研究》,2015 年第 11 期。

杨大勇:《广电新闻短评:如何借助新媒体创新?》,《中国记者》,2014 年第 12 期。

杨杰:《论电视采访中的关键点》,《中国传媒科技》,2012 年第 12 期。

杨金莺:《新形势下加强和改善广电行政管理的思考》,《湖南大众传媒职业技术学院学报》,2013 年第 6 期。

杨明品:《北京广电管理体制调整的政策分析》,《中国广播电视学刊》,2005 年第 6 期。

姚志文:《恐怖主义的身体政治与电视奇观》,《现代传播》,2012 年第 2 期。

易前良:《技术、市场与规制:我国视听新媒体产业发展整体回顾》,《声屏世界》,2015 年第 8 期。

易前良、卢园园:《论罗纳德·科斯的传媒规制观》,《传媒观察》,2015 年第 4 期。

殷乐:《重新连接:移动互联网时代的电视媒体转型路径思考》,《电视研究》,2014 年第 12 期。

殷晓蓉:《美国传播学受众研究的一个重要转折:关于"使用与满足"说的深层探讨》,《中州学刊》,1999 年第 5 期。

虞俊健、陆海波:《广电传媒集团人力资源的分类管理和动态管理》,《视听界》,2008 年第 6 期。

袁侃、周怡:《西方公共广播电视体制变迁研究:以 BBC 为例》,《青年记者》,2005 年第 11 期。

袁翔:《浅谈电视采访中的关键点》,《新闻世界》,2009 年第 7 期。

袁馨:《浅谈美国广播电视产业的演变》,《新闻研究导刊》,2017 年第 3 期。

袁艳:《电视的物质性与流动的政治:来自两个城中村的媒介地理学观察》,《新闻与传播研究》,2016 年第 6 期。

尹鸿、宋欣欣:《新主流电视剧高质量发展之路:中央广播电视总台〈2022 年中国电视剧发展报告(白皮书)〉述评》,《电视研究》,2022 年第 5 期。

Z

曾海芳:《管制、放松与整合:透视当前英国广播电视政策的改革》,《新闻记者》,2007 年第 10 期。

展江:《"1996 年电信法"给美国带来了什么?》,《国际新闻界》,1997 年第 4 期。

赵玲、张静:《移动互联时代中国广电行业发展现状与发展趋势分析》,《电子政务》,2014 年第 11 期。

赵瑜:《媒介市场化、市场化媒体与国家规制:从净化荧屏、反三俗和限娱令谈起》,《新闻大学》,2015 年第 1 期。

赵玉明:《中国广播电视史研究的回顾与展望》,《新闻与传播研究》,1992年第4期。

张兵娟:《日常生活的仪式与共同体的价值建构:从〈舌尖上的中国〉谈饮食文化的传播意义》,《新闻爱好者》,2013年第10期。

张常珊:《试论我国广电媒体融合发展的战略选择》,《中国电视》,2014年第10期。

张春华、樊士德:《2006年中国传媒体制改革理论研究综述》,《新闻知识》,2007年第3期。

张春华:《传媒体制、媒体社会责任与公共利益:基于美国广播电视体制变迁的反思》,《国际新闻界》,2011年第3期。

张春华:《简析美国广播电视体制"公众委托模式"的困境》,《中国电视》,2011年第11期。

张春华:《美国广播电视体制"公众委托模式"的形成机制》,《湖南大众传媒职业技术学院学报》,2009年第9期。

张春华:《美国广播电视体制的嬗变及诱因分析:基于经济学革命的视角》,《世界经济与政治论坛》,2011年第6期。

张建敏:《广电媒体的新媒体发展之路:现状、困境与路径》,《当代电视》,2015年第4期。

张杰:《边缘人还是陌生人?新生代农民工的类型学讨论》,《理论月刊》,2015年第2期。

张军:《在破局与建构中迎接融媒时代:广电媒体与新兴媒体融合之道初探》,《中国广播》,2014年第12期。

张君昌:《媒体融合:思路、方略和趋势——传统广播与新媒体融合实践透视》,《中国广播》,2014年第12期。

张敏:《"三网融合"下的基层广电管理张敏》,《声屏世界》,2010年第10期。

张苏艳:《广电媒体大型活动如何为"创客经济"推波助澜:盐城广播电视台系列"创业之星"评选活动的启示》,《中国记者》,2015年第12期。

张喜杰、李倩:《署局合并背景下广电行政管理创新研究》,《中国行政管理》,2015年第7期。

张晓锋、周海娟:《电视编辑面临的挑战与应对策略》,《中国编辑》,2012年第5期。

张晓萍:《试论电视声画关系与电视解说词写作》,《广播电视大学学报(哲学社会科学版)》,2006年第4期。

张雅杰:《广播电视记者新闻写作技巧之我见》,《新闻世界》,2014年第6期。

张玉:《英国广播电视管理体制管窥》,《兰州学刊》,2006年第10期。

张允若:《评西欧广播电视体制的重大变化》,《中国广播电视学刊》,1992年第2期。

张允若:《外国广播电视体制类型的比较》,《中国广播电视学刊》,1999年第6期。

张同道:《2018年中国纪录片发展研究报告》,《现代传播(中国传媒大学学报)》,2019年第5期。

章剑华:《江苏省级广播电视体制改革回顾与展望》,《中国广播电视学刊》,2002年第9期。

郑亚楠:《西方公共广播电视体制探究》,《新闻传播》,2004年第4期。

郑直:《媒体融合背景下的广电版权管理》,《中国广播》,2015年第3期。

钟大年:《联邦德国广播电视体制简介》,《现代传播》,1988年第1期。
周安华:《在"大融合"中加快广电媒体的差异化发展》,《中国广播电视学刊》,2014年第12期。
周鸿铎:《广播电视体制改革应注意其规律性》,《南方电视学刊》,2010年第3期。
周小普:《我国广播电视新媒体发展现状及未来趋势》,《国际新闻界》,2012年第12期。
周小普、黄彪文:《契机、转机或是危机?——试析数字新媒体对广播电视的影响》,《国际新闻界》,2011年第4期。
朱剑飞、胡玮:《广电改革基因再造》,《视听界》,2014年第4期。
朱胜伟:《重大主题报道的表达创新》,《新闻战线》,2017年第19期。
诸葛蔚东:《日本公共广播电视体制的改革走向》,《传媒》,2007年第11期。
邹广文、常晋芳:《当代大众文化的本质特征》,《学海》,2001年第5期。
邹振东:《政治文化视域下的台湾电视政论节目》,《国际新闻界》,2014年第6期。
詹姆斯·鲁尔:《世界文化中的家庭和电视》,姚平、王建刚译,《国际新闻界》,1990年第2期。

中文著作(以出版时间为序)

《马克思恩格斯全集》(第1卷),人民出版社,1956年版。
《马克思恩格斯全集》(第6卷),人民出版社,1956年版。
《毛泽东选集》(第一卷),人民出版社,1966年版。
《列宁全集》(第38卷),人民出版社,1974年版。
《毛泽东选集》(第五卷),人民出版社,1977年版。
《中国共产党新闻工作文件汇编(中)》,新华出版社,1980年版。
《刘少奇选集(上)》,人民出版社,1981年版。
《毛泽东新闻工作文选》,新华出版社,1983年版。
《邓小平文选》(第三卷),人民出版社,1993年版。
梅益:《少奇同志和广播事业》,载中华人民共和国史广播电视编辑部编《当代中国广播电视回忆录(第一辑)》,中国广播电视出版社,1995年版。
尼葛洛庞帝:《数字化生存》,胡咏、范海燕译,海南出版社,1997年版。
马歇尔·麦克卢汉:《理解媒介:论人的延伸》,何道宽译,商务印书馆,2000年版。
郭镇之:《电视传播史》,北京师范大学出版社,2000年版。
斯坦利·巴兰、丹尼斯·戴维斯:《大众传播理论:基础、争鸣与未来》,曹书乐译,清华大学出版社,2004年版。
罗杰·西尔弗斯通:《电视与日常生活》,陶庆梅译,江苏人民出版社,2004年版。
周庆山:《传播学概论》,北京大学出版社,2004年版。
戴维·莫利:《电视、受众与文化研究》,史安斌译,新华出版社,2005年版。
王丽娟:《视听语言传播艺术》,中国广播电视出版社,2006年版。

邵培仁:《传播学》,高等教育出版社,2007年版。
邵清风、李骏、俞洁:《视听语言》,中国传媒大学出版社,2007年版。
李彬:《全球新闻传播史(公元1500—2000年)》,清华大学出版社,2005年版。
吴玉玲:《广播电视概论》,中国传媒大学出版社,2005年版。
欧阳宏生:《广播电视学导论》,四川大学出版社,2007年版。
郭镇之:《中外广播电视史》,复旦大学出版社,2008年版。
苗棣:《美国有线电视网》,中国广播电视出版社,2008年版。
段鹏:《传播效果研究:起源、发展与应用》,中国传媒大学出版社,2008年版。
宋晓阳:《日本经典电视节目模式》,中国广播电视出版社,2009年版。
尼尔·波兹曼:《娱乐至死·童年的消逝》,章艳、吴燕莛译,广西师范大学出版社,2009年版。
黄匡宇:《广播电视概论》,暨南大学出版社,2010年版。
黄慕雄、黄碧云:《广播电视概论》,暨南大学出版社,2012年版。
郭镇之、苏俊斌:《当代广播电视学》,复旦大学出版社,2012年版。
王菊芳:《BBC之道:BBC的价值观与全球化战略》,生活·读书·新知三联书店,2013年版。
陈若愚:《收视率100问》,中国传媒大学出版社,2014年版。
陆晔、赵民:《当代广播电视概论》,复旦大学出版社,2014年版。
陈相雨:《新闻采访研究导引》,南京大学出版社,2015年版。
陈若愚:《中国广播收听年鉴(2014)》,中国传媒大学出版社,2015年版。
常江:《广播电视学导论》,北京大学出版社,2016年版。
安晓燕:《视听语言》,中山大学出版社,2016年版。
卫欣、陈相雨:《媒介、社会与文化 新闻传播学热点问题研究》,合肥工业大学出版社,2016年版。
丁柏铨、双传学:《马克思主义新闻观:理论与实践》,江苏人民出版社,2016年版。
尤红:《女记者职业生涯中的社会性别建构》,合肥工业大学出版社,2016年版。
钟瑛:《网络传播导论》,中国人民大学出版社,2016年版。
彭兰:《网络传播概论》,中国人民大学出版社,2017年版。
王卫平:《中国电视剧60年大系:编年史》(中国传媒大学电视剧研究所编),中国广播电视出版社,2018年版。

第二版后记

本书于 2018 年 7 月出版以来,得到了广大读者的厚爱与支持,这对本书编写团队而言,无疑是莫大的激励和鞭策。

在得到西安交通大学出版社赵怀瀛编辑是否进行修订的询问后,我随即组织编写团队和相关专家进行论证,经过认真分析和研究,大家认为广播电视行业发展迅速,出现了一些新情况、新问题、新现象,与之相对应的学科体系、学术体系、话语体系也正在发生变化,有必要针对近年来的行业变化对教材进行修订。为了更好完成修订工作,编写团队还认真听取了一线教师使用本书之后的情况反馈,吸纳了不少好的建议。

此次修订,主要任务是:①认真通读全书,对文字进行字斟句酌式的梳理和完善,使语言更加准确、顺畅;②对相对陈旧的数据、案例等资料进行更换,增加一些更加权威、更加新鲜、更加具有代表性的案例资料;③在某些章节中,增补新的内容,将最新的研究成果融入其中。本次修订,对全书的框架、体例未作大的改动。

修订工作历时 3 个月,编写组同仁都付出了辛勤劳动,他们牺牲了本该休息或集中从事科研工作的宝贵暑期时间,在此向他们致以深深的谢意。感谢南京林业大学人文社会科学学院研究生王卫池、李雨洁、戴思贤、丁冉、王晗、王玉等同学的认真校对!西安交通大学出版社赵怀瀛编辑为教材的修订出版付出了辛劳,在此一并致谢。

编 者

2022 年 9 月 26 日

第一版后记

近年来，由数字革命催生的广播电视业变革如火如荼。传统意义上的广播电视正在遭遇极为严峻的挑战，媒介融合已经成为广播电视媒体发展的必由之路。作为20世纪伟大的发明，广播电视不仅给我们带来了无数的欢乐，而且还改变了我们的生活空间，重新塑造了我们的生存和生活方式。面对扑面而来且令人窒息的技术革命和社会变迁，任何事物都难以孤独安静地存在。而且，我们所处的时代，正在经历前所未有的变革。在这样一个大时代，如何对待广播电视的过去、现在和未来，则是一个不同寻常的命题。我们认为，任何变革都不能脱离传统而以"悬置"的方式存在，变革是对传统的扬弃，而非绝对的抛弃。因此，我们编撰这本教材，既侧重到对广播电视一般理论和知识的继承，又试图吸收一些最新的研究成果，以确保学习者的理论和知识视野是与时代同步的。

本书由陈相雨进行框架设计和最后的统稿、润色，参与本书编写的人员及具体分工如下。

前言由南京林业大学陈相雨撰写，第八章第一节由河南牧业经济学院李梦雨参与撰写，后经陈相雨作较大修改，第八章第二、三节及第九章由陈相雨撰写。

第一章、第二章、第六章、第七章由南京大学金陵学院郭静撰写。

第三章由南京林业大学陈瑞娟撰写。

第四章由南京林业大学阮立撰写。

第五章由南京林业大学唐丽雯撰写。

作为概论性教材，本书力求客观、简练、系统地呈现广播电视学的一般性知识，同时尽量吸收和展示最新的研究成果。在写作过程中，由于作者的学识、能力和视野的局限性，难免出现错误和缺陷，敬请读者批评指正。

本书在编写过程中，借鉴和吸收了国内外不少专家和学者的相关研究成果，我们特致以最真诚的谢意。本书的出版得到了西安交通大学出版社的大力支持，并特别感谢责任编辑赵怀瀛为本书所做的认真细致的工作！感谢南京林业大学人文社会科学学院广播电视专业研究生吴启越、邵悦、戴心怡、张力引、黄晨、吴佳琪、曹青云等同学的认真校对及信息录入工作！感谢南京大学新闻传播学院胡翼青教授、南京林业大学人文社会科学学院熊仁国教授的热心帮助！感谢南京林业大学人文社会科学学院院长王全权教授、副院长卫欣教授等领导的关心和支持。

编 者
2018年5月16日